行政纠纷典型案例评析

XINGZHENG JIUFEN DIANXING ANLI PINGXI

杜睿哲 张萍 毛胜利 / 主编

中国法制出版社
CHINA LEGAL PUBLISHING HOUSE

目　录

Contents

五、行政公益诉讼

六、行政赔偿

七、行政强制执行

八、行政确认

九、行政协议

十、行政许可

十一、滥用诉权

十二、履行法定职责

十三、土地行政登记

十四、土地行政批复

十五、土地及房屋征收补偿

一、房屋行政登记

1

基础民事法律关系未经依法解决不能提起行政诉讼

——张某某诉被告陇西县房地产管理所房屋行政登记案[①]

【裁判要旨】

房屋行政登记行为的公定力主要表现在推定登记机关作出登记所依据的材料在登记机关审慎审查的职责范围内符合法律的规定，而并不等于推定房屋登记行为所记载的权利状况具有真实性。由于基础关系的定性决定着房屋登记行为的存废，在基础关系存在争议时，处理行政争议的时机尚不成熟，因此，在已经先解决民事争议的情况下，当事人可以依民事判决直接申请登记机关变更，而不必提起行政诉讼请求撤销房屋行政登记行为。

【索引词】

基础民事法律关系　房屋登记　不予受理

【案情】

原告张某某诉称，第三人汪某、武某恶意串通，办理陇房权证巩字第11×××号（第三人武某名下）过户的行为，侵害了其本人的财产权益。另外，本案另一第

① 一审：甘肃省陇西县人民法院（2013）陇行诉初字第1号；二审：甘肃省定西市中级人民法院（2013）定中行终字第11号。

三人强珍搬家公司从其营业执照来看是个体户，其经营范围没有房屋买卖中介一项。被告陇西县房地产管理所在办理二手房过户的审查中，在房屋买卖双方均没有到场签写有关必须签写的相关申请等书面材料，也没有任何一方的公证书面委托或有法律效力的其他书面委托书的情况下，违反办证程序，办理陇房权证巩字第15×××号（第三人左某名下）过户手续，是一种违法办理的具体行政行为，该违法的具体行政行为侵害了原告张某某的利益。为此，原告张某某起诉要求依法撤销被告陇西县房地产管理所颁发的陇房权证巩字第11×××号（第三人武某名下）和第15×××号（第三人左某名下）房屋产权证。

【审判】

甘肃省陇西县人民法院经审理认为，起诉人诉争的房屋权属不清，涉及民事争议，且民事争议已由本院受理后正在审理。故依据《最高人民法院关于执行〈中华人民共和国行政诉讼法〉若干问题的解释》第三十二条第一款、第六十三条第（一）项，《最高人民法院关于审理房屋登记案件若干问题的规定》第八条之规定，裁定对张某某的起诉不予受理。

张某某不服一审判决上诉称，上诉人于2013年3月10日将起诉状递交原审法院立案审查，直到3月29日作出不予受理裁定，违反了《最高人民法院关于执行〈中华人民共和国行政诉讼法〉若干问题的解释》第三十二条的规定；原审法院认定诉争房屋涉及民事争议是事实，但又认定该民事争议由原审法院正在审理不是事实，因民事争议于2013年3月20日已由原审法院作出（2013）陇民一初字第16号民事判决，怎么能说是正在审理呢？原审法院没有审理，认定诉争的房屋权属不清错误；民事案件审理中，上诉人口头提出中止审理，行政案件迟迟不予立案，直到民事案件作出判决10天后，原审法院才作出不予受理裁定；上诉人所诉应属于行政诉讼的受案范围；民事侵权以物权登记的产权证为准，产权证是否违法登记，只能通过行政诉讼予以撤销，司法解释并不是不予受理的规定。请求撤销一审裁定，指令一审法院立案受理。

甘肃省定西市中级人民法院经审理认为，当事人对每一个具体行政行为都有其法定的救济途径，当事人在一个行政诉讼程序中只能对一个具体行政行为的合法性请求法院审查，法院在一个诉讼程序中也只能审查一个具体行政行为的合法性，起诉人张某某在一个案件中请求审查两个具体行政行为的合法性，即请求撤销陇西县房地产管理所办理的陇房权证巩字第11×××号（第三人武某名下）和第15×××号（第三人左某名下）房屋产权证书，在一个诉讼程序中请求法院撤销两个房屋产权证书，不符合行政诉讼法规定的立案条件，应当直接依法裁定不予受理。起诉人张某某诉称，其从汪某夫妻手中购买了楼房一套，后该房过户至武某名下，之后又从武某名下过户至左某名下，左某称其以21万元购买了武某名下的房屋，并且办理了房屋过户登记手续。张某某购买房屋后应当依照法律规定及时办理房屋过户登记手续，但其没有办理，导致该房屋一房多卖。在该房屋一房多卖中是否存在恶意串通，是否存在善意取得等问题，均需通过民事诉讼程序解决。起诉人张某某起诉房屋登记行为时，作为基础关系的民事诉讼正在一审法院审理中，即使一审民事判决已经作出，但仍未生效，由于基础关系的定性决定着房屋登记行为的存废，在基础关系存在争议时，处理行政争议的时机尚不成熟，因此，在已经先解决民事争议的情况下，一审法院对行政案件不予受理是正确的。因为房屋登记的行政争议只是一个表面形式，其实质完全是民事争议，而行政诉讼无法解决民事争议，因此纠纷无法得到实质性解决。民事争议通过民事诉讼解决之后，没有必要再就房屋登记行为提起行政诉讼，如果基础民事行为不成立、可撤销或者无效，可以通过民事诉讼等程序纠正，纠正后凭生效的民事判决可以通过房屋登记机构直接更正登记加以救济，也就没有必要提起行政诉讼。如果基础行为没有问题，房屋登记行为就更是不宜否定。起诉人张某某诉状书写日期为3月26日，一审法院审查立案时间也为2013年3月26日，一审作出裁定、送达起诉人张某某的时间是3月29日，起诉人张某某所称的3月10日递交了诉状，一审法院违反司法解释规定的上诉理由没有证据支持。综上理由，一审裁定对起诉人张某某的起诉不予受理的结果正确，应予维持。但一审认定诉争的房屋权属不清是错误的，应予纠正。上诉人的上诉理由均不能成立，本院不予支持。依照《中华人民共和国行政诉讼法》第六十一条第（一）项之规定，裁定驳回上诉，维持原裁定。

【评析】

一、背景情况介绍

2007年10月30日，原告张某某经本案第三人武某父亲介绍以96200元的总价订立协议从本案第三人汪某手中购得位于陇西县城区内房屋一套，协议约定房款于2008年9月1日前付清，并约定暂不需要过户。后原告张某某分期付清全部房款。2009年9月23日，在原告不知情的情况下，汪某与武某签订协议并以公证的形式又将该套房屋转让于武某，并于2009年10月10日将该套房屋在被告陇西县房地产管理所过户给武某。直到2011年11月7日，原告张某某去所购楼房时发现房内住着本案另一第三人左某，左某声称该房屋是其花21万元从武某处购买的，且该房已过户到自己名下。在与左某争吵之后，原告张某某强行入住该套房屋至今。此后，左某将武某、强珍搬家公司的王某及与其签订合同并收房款的梁某告上法庭，要求确认其所签合同无效并返回房款及中介费，赔偿损失。陇西县人民法院以（2012）陇民一初字第16号民事案件立案受理，在该案开庭审理后，左某以无法得到执行款而予以书面撤诉。之后左某又以侵权之诉将张某某告上法庭。陇西县人民法院以（2013）陇民一初字第16号民事案件立案受理，经审理，（2013）陇民一初字第16号民事判决将诉争的该套房屋判决归左某所有。张某某起诉陇西县房地产管理所房屋登记行政案件时（2013）陇民一初字第16号民事判决已作出但未生效，张某某不服提出上诉（注：本判决经二审维持现已生效）。

二、确立裁判要旨的理由

当事人对每一个具体行政行为都有其法定的救济途径，当事人在一个行政诉讼程序中只能对一个具体行政行为的合法性请求法院审查，法院在一个诉讼程序中也只能审查一个具体行政行为的合法性，起诉人张某某在一个案件中请求审查两个具体行政行为的合法性，即请求撤销陇西县房地产管理所办理的陇房权证巩字第11×××号（第三人武某名下）和第15×××号（第三人左某名下）房屋产权证书，在一个诉讼程序中请求法院撤销两个房屋产权证书，不符合行政诉讼法规定的立案条件，应当直接依法裁定不予受理。起诉人张某某诉称，其从汪某夫妻手中购买了楼房一套，后该房过户至武某名下，之后又从武某名下过户至左某名下，左某称其以21万元购买了武某名下的房屋，并且办理了房屋过户登记手续。张某某购买房屋后应当依照法律规定及时办理房屋过户登记手续，但其没有办理，导致该房屋一房多卖。在该房屋一房多卖中是否存在恶意串通、是否存在善意取得等问题，均需通过民事诉讼解决。起诉人张某某起诉房屋登记行为时，作为基础关系的民事诉讼正在一审法院审理中，即使一审民事判决已经作出，但仍未生效，由于基础关系的定性决定着房屋登记行为的存废，在基础关系存在争议时，处理行政争议的时机尚不成熟，因此，在已经先解决民事争议的情况下，一审法院对行政案件不予受理是正确的。因为房屋登记的行政争议只是一个表面形式，其实质完全是民事争议，而行政诉讼无法解决民事争议，因此纠纷无法得到实质性解决。民事争议通过民事诉讼解决之后，没有必要再就房屋登记行为提起行政诉讼，如果基础民事行为不成立、可撤销或者无效，可以通过民事诉讼等程序纠正，纠正后凭生效的民事判决可以通过房屋登记机构直接更正登记加以救济，也就没有必要提起行政诉讼。如果基础行为没有问题，房屋登记行为就更是不宜否定。

三、运用裁判要旨应当注意的问题

在房屋行政登记案件中，有一类案件存在“民行交叉问题”，即原告一是对行政机关的颁证行为不服，与行政机关具有争议；二是对相关第三人向行政机关申请办证时所主张的民事法律关系有异议，与第三人具有民事权利争议。处理解决该问题一直是行政审判、民事审判存在分歧较多的难题。自2010年11月18日开始实施的《最高人民法院关于审理房屋登记案件若干问题的规定》解决了这一难题。

本案是典型的民行交叉案件。通常在该类案件中同时存在行政法律关系和民事法律关系，且交叉的行政纠纷与民事纠纷具有关联性，而这种关联性是民行交叉案件的本质特征，也是正确把握民行交叉案件的关键所在。本案在一审法院已经立案受理了一个民事房屋纠纷，且该案尚未审理终结时，与民事房屋纠纷交叉的房屋行政登记纠纷又在一审法院提起。该案中两个纠纷的关联性主要包括以下两方面内容：一是内容上具有关联性，房屋行政登记纠纷因房屋买卖纠纷产生；二是处理结果上具有因果性，即房屋行政登记纠纷的解决本身依赖于房屋买卖纠纷的解决。此外，在交叉的行政纠纷与民事纠纷中，当事人基本具有吻合性，即民事房屋买卖纠纷中的当事人与房屋行政登记纠纷中的当事人部分相同。本案在民事房屋纠纷中的被告张某某以房屋登记管理机构为被告、原房屋权利人等相关人为第三人向一审法院提起房屋行政登记诉讼，要求依法撤销争议房屋首次转移登记行为及后续转移登记行为。

本案中，起诉人张某某提起行政诉讼要求撤销房屋行政登记具体行政行为，这只是一个表面争议，其实质性的争议还是民事房屋买卖争议。

首先，房屋行政登记行为已由传统的行政确权行为转变为现在的物权公示行为，行政机关的审查并登记，是向社会公开，产生物权公信，由此产生信赖利益保护，保护善意第三人，维护交易安全。房屋行政登记行为的公示公信力主要表现在推定登记机关作出登记所依据的材料在登记机关审慎审查的职责范围内符合法律的规定，而并不等于推定房屋登记行为所记载的权利状况具有真实性。房屋登记行为本身不赋予权利或者免除义务，也不创设权利或剥夺权利，即不直接使申请人获得权利，登记发证机关不能以自己的意志改变申请人的民事权利。从《房屋登记办法》(2008 年 7 月 1 日实施）第十一条规定“申请房屋登记，申请人应当向房屋所在地的房屋登记机构提出申请，并提交申请登记材料。申请登记材料应当提供原件。不能提供原件的，应当提交经有关机关确认与原件一致的复印件。申请人应当对申请登记材料的真实性、合法性、有效性负责，不得隐瞒真实情况或者提供虚假材料申请房屋登记”以及《城市房地产转让管理办法》的相关规定来看，房屋登记机关在审查登记行为时，主要是对申请材料是否完整和齐备、是否符合法定形式进行审查，对于相关材料的实质真实性、合法有效性，登记机关只能在职责范围内尽审慎的审查义务。房屋登记机关颁发的房屋所有权证只是其审查申请人提供登记材料的结果，给予申请人作为产权证明，它只是对申请人现有房产权属状态的认可和证明，而不是对相对人和第三人之间特定权利和事实的确权和裁决。

其次，民事诉讼与行政诉讼是两种不同性质的诉讼，其诉讼主体及适用的法律规范不同，裁判结果必然不同。民事诉讼解决的是平等主体之间的民事争议，依据的是《中华人民共和国民法总则》《中华人民共和国物权法》《中华人民共和国合同法》等民事法律规范。行政诉讼解决的是行政主体与作为行政相对人的公民、法人或者其他组织之间的行政争议，主要特征是“不对等性”，即行政主体的地位不平等。作为对被诉具体行政行为的一种事后监督，通过对行政机关行使行政权力的活动进行审查，对违反的行政行为予以纠正。从行政相对人角度看，它是一种法律救济制度，是公民、法人或其他组织通过诉讼途径来维护自己的合法权益不受侵犯，并使受侵害的权益得以恢复和补救。行政诉讼依据的是包括地方性行政法规在内的行政法规和行政规章制度。行政诉讼的裁决结果，只影响行政行为的效力，而对平等主体之间民事争议并未进行裁决。按照行政法律规范的要求，行政机关作出的具体行政行为应符合合法性和合理性两个方面的要求。具体行政行为违法或虽然合法但不合理，都可能对相对人的合法权益造成侵害。但根据《中华人民共和国行政诉讼法》第五条之规定，人民法院审理行政案件，只对具体行政行为的合法性进行审查。在该案中，法院在审理房屋行政登记案件时，只是对房屋登记机关的登记发证这一具体行政行为合法性进行审查，而无法解决民事房屋争议。如果在法院的民事判决改变了房产登记的事项时，当事人可以依判决直接申请登记机关变更，而不必提起行政诉讼请求撤销房屋行政登记行为。

最后，行政诉讼的裁判结果无论是撤销还是维持房屋行政登记行为，都无助于民事争议的实质性解决，房屋权属还是处于争议状态。《最高人民法院关于审理房屋登记案件若干问题的规定》第八条规定："当事人以作为房屋登记行为基础的买卖、共有、赠与、抵押、婚姻、继承等民事法律关系无效或者应当撤销为由，对房屋登记行为提起行政诉讼的，人民法院应当告知当事人先行解决民事争议，民事争议处理期间不计算在行政诉讼起诉期限内；已经受理的，裁定中止诉讼。"该条规定了"民行分开，先民后行"的审判模式。

正如二审裁判中论述，在该房屋行政登记案件中，房屋登记行政争议只是一个表面形式，解决纠纷的实质完全是民事争议，而行政诉讼无法解决民事争议。民事争议通过民事诉讼解决之后就没有必要再就房屋登记行为提起行政诉讼，如果基础民事行为不成立、可撤销或者无效，可通过民事诉讼等程序纠正，待纠正后凭生效的民事判决可以通过房屋登记机构直接更正登记加以救济，也就没有必要提起行政诉讼了；如果基础民事行为没有问题，房屋登记行为就更不宜否定了。

另外，如果本案涉及的房屋争议已解决，一审法院受理了该案，还需要注意的是《房屋登记办法》第八十一条对房屋登记的撤销规定明确规定了阻却事由："司法机关、行政机关、仲裁委员会发生法律效力的文件证明当事人以隐瞒真实情况、提交虚假材料等非法手段获得房屋登记的，房屋登记机构可以撤销原房屋登记，收回房屋权属证书、登记证明或者公共作废，但房屋权利为他人善意取得的除外。"根据该条规定，登记机构在发现当事人以非法手段获得房屋登记的情况下，并不必然发生撤销原房屋登记的结果，而应审查是否存在房屋所有权"为他人善意取得"的情形，在此基础上再决定是否予以撤销。相应地，由于在行政行为的审查中，法院必须审查房屋登记机关是否履行了法定职责、是否有相应的事实与法律依据，所以在法院审查行政行为的司法过程中，也应可直接对本案中陇房权证巩字第15××××号（第三人左某名下）房屋善意取得问题进行审查和判断。

撰稿：祁保忠　甘肃省陇西县人民法院

二、行政案件协调

2

行政诉讼协调过程中七个节点的把握

——陈某诉永昌县人民政府土地征用决定案①

【裁判要旨】

行政诉讼协调过程是实现定分止争的关键期，有必要树立“协调过程论”的思想，而不以“和解撤诉”为唯一目的。协调过程中至少有七个节点，如对信息的全面把握、对案件的全局思考、对差距的比对、对协调意见的落实到位等都事关协调的效果，直接影响判案质量，也是最可能触动当事人对司法权威、司法公信力切实感受的几个“敏感点”。

【索引词】

协调过程　节点　土地征用

【案情】

原告陈某所购房屋位于永昌县水利局（家属区）内。1999 年，被告永昌县人民政府土地管理部门为永昌县水利局（家属区）颁发了永国用（1999）字第 102×××号国有土地使用权证，载明使用面积为 13915.4 平方米。2004 年 7 月

① 一审：金昌市中级人民法院（2013）金中行初字第 1 号；二审：甘肃省高级人民法院（2013）甘行终字第 114 号。

26日，永昌县房地产管理局为陈某颁发了永房权证城字第0401050×××号《房屋产权证》，载明房屋坐落于永昌城关五区文庙北巷61号。2007年5月25日，永昌县人民政府为实施城市规划进行旧城改建，作出永政土发（2007）18号《决定》，并于2007年5月30日向永昌县水利局作出送达。《决定》内容为：决定依法收回县城相府路以东，环城北路以南，文庙北巷以西，云川路以北，县房管局、县水利局（家属区）等4家单位和45户居民使用的49宗国有土地使用权，同时注销相应的《国有土地使用证》及土地登记，对上述国有土地使用权所涉及的地上建筑物、其他附着物等，结合实际情况予以相应的补偿安置。陈某就房屋拆迁安置补偿等向永昌县土地管理局申请行政裁决，裁决做出后，向永昌县人民法院提起行政诉讼。其诉讼请求被驳回后，陈某不服一审判决，向金昌市中级人民法院提起上诉。金昌市中级人民法院维持了一审判决。此后，陈某向金昌市中级人民法院申请中止另一拆迁补偿行政案件的审理，另行起诉永昌县政府作出的土地征收决定。

【审判】

原审法院认为，人民法院审理行政案件，对具体行政行为是否合法进行审查。根据《中华人民共和国土地管理法》第五十八条和《中华人民共和国城镇国有土地使用权出让和转让暂行条例》第四十二条的规定，国家对土地使用权收回是县级以上人民政府的法定职权。永昌县人民政府为实施城市规划进行旧城区改建，对规划范围内的国有土地使用权进行收回，符合法律规定。原告陈某关于被告作出的《决定》违反法定程序和实体规定的主张均不能成立。依照《最高人民法院关于执行〈中华人民共和国行政诉讼法〉若干问题的解释》第五十六条第（四）项之规定，判决：驳回原告陈某的诉讼请求。

陈某不服上诉称，根据上诉人提供的证据，发改委的立项，该地实施的拆迁和建设属于商业开发项目，并非公共利益，该项目不符合收回国有土地使用权的前提条件，行为实施主体不合法；上诉人是所住房屋土地使用权人，被上诉人未将听证通知送达上诉人，剥夺了上诉人听证的权利，违背了正当程序原则，该行为程序违法；原判认定具体行政行为合法的证据不足。请求撤销一审判决。

被上诉人永昌县人民政府答辩称，为了实施城市规划进行旧城区改建，2006

年12月25日，经永昌县发改委作出的永发改字（备）〔2006〕236号备案，2007年5月12日，县建设局以永建规用地〔2007〕15号《建设用地规划许可证》批准用地规划，在县城相府路以东，环城北路以南，文庙北巷以西，云川路以北的规划用地范围内实施县城5号住宅小区（北片）开发建设和街道改扩建项目，本案涉及的土地在该项目拆迁范围内。由于陈某所使用的土地包含在原永昌县水利局家属区土地证的总证内，未办理过土地分割登记，陈某不是该土地的使用权人，收回土地对陈某的权利、义务不产生实际影响，不存在程序违法的问题。为此，2007年5月17日，县人民政府向水利局送达了《关于依法收回国有土地使用权的告知书》，县水利局在规定的时限内未提出听证申请，视为放弃听证。同年5月30日，县人民政府向县水利局送达了《关于依法收回国有土地使用权的决定》（永政土发〔2007〕18号）。一审法院判决认定事实清楚、适用法律准确，请求维持一审判决。

二审法院没有囿于双方争执的法律问题，而是就案件事实部分进行了实地考察，进一步了解到陈某所购房屋位于甘肃金泽房地产开发公司投资建设的金泽庭院住宅小区拆迁区域内，共涉及拆迁户274户，已拆迁268户，仅剩陈某等6户未拆迁，其他5户与陈某的请求相似，也分别提起了相关的行政诉讼。而甘肃金泽房地产开发公司因该6户未同意拆迁搬迁，导致长期停工，项目建设无从进展。鉴于对被上诉人永昌县人民政府、上诉人陈某、案外第三人开发商的利益综合衡量，二审法院认为此类案件的审理不应就案办案，而是要在尊重与维护当事人诉权的前提下，充分考虑当地经济发展、社会稳定等因素，权衡利弊、慎重办案，力争通过协调和解结案。一审法院也曾召集三方协调解决争端，但终因分歧过大，没能达成和解协议。由于工程已被搁置五年有余，当事人之间的矛盾可调难度加大。二审法院再次启动协调程序，三方各执其词，互不相让。二审法院没有丝毫畏难情绪，而是怀着在公共利益与个人利益维护上统筹考量，争取实现多方共赢，以解决问题、实事求是的态度，不断换位思考，不厌其烦地辨法析理，并制订具体的协调方案，在提前沟通的基础上，又用了整整一天的时间进行现场协调，最终三方达成一致，案件得以和解。此案的协调过程重点把握了几个节点：一是树立“协调过程论”的观念，关注协调过程中每一个可调点，而不是仅仅以“和解撤诉结案”为唯一目标。二是拟订切实可行的协调方案，做到按部就班、步步为营。本案协调过程中，合议庭拟订了细致的解决方案，为审理该案指明了方向。三是要全面、准确把握信息，不可偏听偏信。四是合力解决问题，不可单打独斗。该案牵扯到三个不同的利益主体，即政府、拆迁户、开发商。只有顾及各方面利益，并争取相关职权部门的参与，才可能"一揽子"解决问题。五是尊重当事人意愿，并切实维护其合法权益，将协议内容落到实处，不打"白条"，不做"空头支票"。在各方达成共识并在协调意见上签字的同时，将房屋拆补等内容落实到位。陈某向二审法院提出撤诉，并申请一审法院判决不再执行。二审法院依据《中华人民共和国行政诉讼法》第五十一条，《最高人民法院关于执行〈中华人民共和国行政诉讼法〉若干问题的解释》第六十三条第一款第（十）项，《最高人民法院关于行政诉讼撤诉若干问题的规定》第八条第二款之规定，裁定准予上诉人陈某撤回上诉，撤回上诉后，金昌市中级人民法院（2013）金中行初字第1号行政判决不再执行。陈某的房屋补偿方案也得到了其他5户居民的认同，均以撤诉和解结案，一案带动五案同时化解，工程项目得以顺利开展。

【评析】

一、背景情况介绍

在《中国行政审判指导案例》所提供的160个案件中，涉及协调办案的仅有两件，一件是第30号案例《行政诉讼中协调手段的运用与利益衡量——青岛万和热电有限公司诉山东省青岛市李沧区人民政府决定上诉案》①，解决的是协调办案的"入口"问题，即什么案子可以通过协调解决更符合法理与情理；另一件就是第112号案例《当事人在二审中达成和解协议的可准予撤回上诉并载明一审判决不再执行》②，解决的是协调后的"出口"问题，尤其是在二审阶段，如何下结论将直接影响当事人的权益维护。或许是协调过程变化无穷太难以把握，更难以用语言描述，也或许是协调涉及当事人不便为人所知的"秘密"，不便用文字表露，对于协调过程中的经验、一些值得引起大家关注的节点等均没有人行文论及。本案案情并

---

① 最高人民法院行政审判庭主编：《中国行政审判指导案例》（第1卷），中国法制出版社2010年版，第156页。

② 最高人民法院行政审判庭主编：《中国行政审判指导案例》（第3卷），中国法制出版社2012年版，第159页。

不复杂，协调过程具有一定的代表性，一些协调手段、协调中几个节点较好把握，在协调办案中极为常见，也颇有指导意义。

二、对行政诉讼“协调和解目的论”的反思——“协调过程论”的树立

行政诉讼中的协调一直以来倡导“协调和解撤诉”的目的论，和解撤诉率成了办案效果能否达到“法律效果与社会效果统一”的重要指标。而事实上，协调和解也并非没有副作用，并非无懈可击。学界也有不少关于和解效果的反思。如有学者认为，和解是对审判制度的一种冲击，只能达到一种二流正义，是“对大众社会的投降，它既不应当鼓励也不应当称赞”；由于和解剥夺了司法发现事实和进行法律解释及法律处理的机会，虽然解决了纠纷，却不一定能够实现正义，甚至可能会破坏一些公共价值和法治的制度安排。通过对协调和解过程的动态考察，有些学者甚至对和解中自愿与双方合意的效果提出质疑：由于当事人双方力量不平衡，作为和解基础的合意经常是被强迫的，而且和解缺乏法律依据和司法审查，因此和解的正当性值得怀疑。[①] 这些论点是对协调和解效果的考察，在一定程度上，也是对“协调和解目的论”的反思。

和解协议不具有法律效力，仅从诚信的角度约束当事人之承诺。如果一方当事人反悔，则和解协议归于无效，另一方当事人除了回到起诉的原点几乎没有更好的办法，况且，和解期间谈判的内容也无法作为证据使用，和解就成了一方当事人“竹篮打水一场空”的悲剧。这种情形无形中增加了协调和解过程的不确定性，加大了当事人对能否达到自己意愿的顾虑，也增加了背信弃约方损人利己的概率。协调仅仅是办案的一个手段，也是办案的一个过程，如果一味地强调达到“和解撤诉”的目的，甚至为此“不达目的誓不休”，往往会背离协调的真正目的。协调的真正目的是要解决当事人之间的矛盾，消除分歧，而和解结案仅仅是办案的一种方式，而不是协调的唯一目的。强调协调过程，不仅仅要求法官在办案中要“和风细雨用真情，释法析理解民怨”，而且应关注协调过程中的每一个节点，每一个节点都是案件的“关口”，往往与案件朝哪一个方向运转息息相关。因此，协调过程中每一个环节都可能是结果，都可能影响到案件的进一步审理，都值得关注。树立“协调过程论”要求将协调过程的每一个细节都放在案件解决的全局中来考虑，在

① Owen M. Fiss. Against Settlement. Yale Law Journal, 1984.

法定范畴与尊重当事人意思表示的前提下，在细枝末节处寻求问题解决的答案，即使双方不能达成一致，也要尽可能朝问题的解决努力一步，至少不应在协调过程中激化矛盾，触发新的争执。“协调过程论”要求办案法官将每一个可能达成一致的意见作为结果，而不是将“和解撤诉”作为唯一路径，在每一份记录协调意见的书面文书上，都应该有当事人的签字。如此做法，既是对办案过程中当事人意愿的尊重，也是对法官及参与协调人员劳动的尊重，更是实事求是记载法官运用法律、社会、经济等多方面知识综合判案的过程，可以为下一步案件的审理打下基础，也可以为以后办案人员的学习、总结，甚至对司法制度的改进，提供最真实、最原始的素材。

三、协调过程中七个节点的把握

尽管协调过程千头万绪，具有不确定性等特征，但是并非无章可循。正因为协调过程是当事人真实意思的外示，往往将案件中所反映的矛盾更加集中、更加具体地展现出来，所以协调过程是解决问题的一个极为关键的时期，法官应在全面把握相关信息的基础上，动员各方力量一同协商解决矛盾。协调过程中至少有七个节点的把握能够促进当事人之间协商、沟通的顺利开展，也为案件的进一步审理打下根基，值得总结与探讨。

其一，要树立解决案件争端的全局、整体思维。该案的审理直接影响到工程项目的开展，与当地经济发展、社会安全稳定等息息相关，鉴于该案的复杂性与重要性，法院领导与相关政府部门负责同志均予以高度重视，办案人员也感到重任在肩。二审法院对案件在全局、整体思维的指引下，通过耐心细致做工作消弭了当事人之间的分歧，从根本上解决了问题。

其二，对涉案信息有一个全面、准确的把握。“信息是一种资源，可被用来促成事情发生，可以是权力的来源。权力有让将事情发生的能力，但是，可以让什么事情发生，总是取决于我们拥有的资源（其中就包括信息）。”① 每个当事人往往从更有利于维护自己权益的角度出发提供信息，因此每个案件所集中的信息基本上都不一致，甚至相互矛盾，法官的智慧就体现在对这些信息的辨伪与甄别上，除此之

---

① ［美］迈克尔·施瓦布著：《生活的暗面——日常生活的社会学透视》，汪丽华译，北京大学出版社2008年版，第200页。

外，还潜藏着许多导致案件发生、发展的真实信息，当事人未必提供，而在协调过程中这些信息往往被推向前台，成为解决争端的焦点，因此对信息的全面、准确把握事关协调办案的效果。当事人之间也会有"一个人的无知是另一个人的优势。你所不知道的可能会被有权势的人用来对付你"的顾虑。①也正是基于这些根本性原因，当事人之间相互猜疑，如果法官没有自己基于法律与事实的独立判断，左右摇摆，那么双方当事人就很难达到真正的和解。

其三，动员多方力量，凝结成有利于问题解决的合力。在全面把握相关信息的基础上，协调过程中法官还要做好各方的思想"动员"，一起朝和解目标努力，尽可能拉近双方的距离，不断增加共识与增进谅解。基于此，二审法院合议庭从权衡各方利益入手，就该案的协商解决反复做当事人的思想工作，相关行政部门负责人也来到所涉拆迁房屋现场，一起研究解决方案。该案的和解是彼此沟通、协商的结果，也是各方共同努力的结晶。

其四，从当事人的要求中比对差距，逐步推进。当事人更看重纠纷解决究竟能够给自己带来多少利益。利益衡量或者说成本计算是当事人最为关注的因素。本案中，国有土地征收牵涉三方不同的利益集体：第一方是意在为当地建设项目开工，实现经济繁荣的政府部门；第二方是因土地上房屋拆迁，以及土地补偿安置等所涉及的单位或住户；第三方是希望尽快施工，在如期完成项目开发后，实现自己经济利益最大化的开发商。通过实地调查，了解到陈某等六人的起诉理由中虽然没有提到拆迁补偿安置的问题，但实际上拆迁补偿条件的差异才是整个案件的动因。办案人员为纠纷各方提供了对话沟通，争取协商解决问题的平台。通过条件比对，找出其中的分歧点，然后逐步拉近彼此的距离，将分歧点逐一解决，直到促使各方基本上能够接受对方的要求。

其五，找准问题解决的着力点与突破口。协调过程应引导当事人按照经济理性的思维来解决问题。经济理性是一种协商、合作理念主导下解决纠纷最为合理的途径。"人们总是在特定的约束条件下，在各种可能的选择中，做出最有利于其目标之实现的选择。"②每个案件都有不止一个的分歧点，有些分歧不具有调和性，有

---

① [美] 迈克尔·施瓦布著：《生活的暗面——日常生活的社会学透视》，汪丽华译，北京大学出版社2008年版，第252页。

② 林毅夫著：《论经济学方法》，北京大学出版社2005年版，第112页。

些分歧的解决需要等待其他合意的形成，也就是环环相扣，解决这些问题就如拉拉链一样，要找准突破口，逐一化解。本案一审并没有追加开发商甘肃金泽房地产开发公司作为第三人，因而二审也不便追加。开发商虽不是当事人，但其既是项目的开发者，也是项目的获益者，在权衡各方面利弊的情形下，合议庭决定将开发商邀请到前面来，直接与当事人对话，牵住了问题的“牛鼻子”，找到了问题的突破口，为纠纷的实质性解决奠定了基础。

其六，协调过程务必要信守承诺，善始善终。协调结案后最大的问题就是落实到位。由于法律规定的局限，和解协议无法作为法院执行的依据，即不具有强制执行力，能否兑现，完全仰仗于双方的信誉与法院的督促力度。协调经验告诉我们，能够即时履行的一定要当即履行完毕，不得不延期的，也要限期完成，并做好书面承诺协议，使得各方在实现自己利益的同时，兑现自己的承诺。将和解方案落到实处，是避免当事人反悔等致使和解协议功败垂成、协调过程虎头蛇尾的最好策略，是和解结案的点睛之作。本案当事人意见基本达成一致后，办案人员趁热打铁，将口头协议马上落实到书面，双方在和解协议上签字后，又连夜安排陈某到安置楼房处选房，随即签订房屋拆迁和补偿协议，不留后遗症。

其七，将当事人所能达成的合意记录在卷。时下协调办案最大的症结是因为受“协调和解目的论”的影响，法官往往不远千里奔赴现场，结果却是要么和解撤诉，要么无功而返。一旦当事人之间没有达成和解协议，当事人的协商意见难有体现，法官的辛苦劳作无从展现，下一步对案件的审理又回到案件的原点。协调过程中所展示的一些真实信息有必要用书面的文字记录下来，如果当事人均同意，应建议当事人在书面记录上签字，如果不同意，也可以将记录放在副卷中，作为办案的参考，为下一步案件的审理，或诉讼中的协调打下基础。但是，必须予以说明的是，协调意见的达成是在一种特殊场景下为了纠纷解决所达成的意见，有可能双方各让一步，由此所做的意思表示不应成为法庭上不利于自己的证据。所以，协调过程中所达成的意见，当事人也大可不必担心自己的言行会产生“自认”的效果。

协调是一项集办案经验、社会阅历于一体的综合定分止争艺术，值得不断加以研究与探讨。协调过程能够充分体现法官的法律素养与法治理念，发挥法官灵活适用法律、据实裁断的水平，整个过程的圆满解决也潜在地体现了自然法的朴素法理。以上所列协调过程的七个节点仅仅是协调“美丽矿藏”中的“沧海一粟”。协调过程中，法官的作用犹如努力掌控航向的“掌舵者”，除了做到秉持司法良知、不偏不倚之外，更为重要的是要正确引导当事人“必须知道在哪里怀疑，在哪里肯定，在哪里顺从”。①

撰稿：何克祥　石鹏飞　甘肃省高级人民法院

① [法] 帕斯卡尔著：《思想录》，商务印书馆1985年版，第268页。

三、行政承诺

3

行政承诺的司法判断标准

——冯某某诉武威市人民政府、武威市体育局行政承诺案①

【裁判要旨】

如何将行政承诺与民事合同进行区分一直是行政审判实践中的一个难点问题，国家利益是否受损与行政承诺是否有效息息相关，在明确了行政承诺属于行政机关作出的有效行政行为后，作出机关应积极兑现，除非其有损国家集体利益。

【索引词】

行政承诺　有效　判断标准

【案情】

2009年9月1日，武威市人民政府办公室印发了武政办发〔2009〕169号文件，对市体校优秀毕业生安置条件作出规定。该规定明确：一、安置对象为：本市生源的市体校优秀毕业生。二、安置条件：符合下列条件之一者，予以安置：1. 参加国际比赛（不限成绩）；2. 参加全国运动会进入录取名次；3. 参加全国其他各类体育比赛（包括锦标赛、冠军赛、邀请赛、民运会、城运会、农运会、大运

① 一审：甘肃省金昌市中级人民法院（2016）甘03行初5号；二审：甘肃省高级人民法院（2018）甘行终467号。

会、残运会、各单项比赛等）获得前六名；4. 参加全省运动会个人项目获得前三名或者集体项目获得第一名的主力队员；5. 参加全省体校运动会个人项目获得第一名。三、安置办法：1. 符合条件的优秀毕业生安置到生源县区农村中小学工作，安置到教育岗位的必须有教师资格证书。2. 不服从组织分配的毕业生，取消安置资格。四、安置程序：1. 安置工作根据市体校优秀毕业生情况进行。2. 符合条件的毕业生凭毕业证、身份证、运动员荣誉证和参赛成绩册等相关证件，向市体校提出书面申请。3. 市体校将符合条件的毕业生报市体育局、市教育局审查，经市人事局审核后报市政府审批。五、该安置办法自发布之日起施行。

2014 年 8 月 19 日，冯某某参加了甘肃省第十三届运动会女子乙组 3000 米障碍和女子乙组 10000 米项目的比赛，分别获得第二名、第三名的成绩。冯某某认为自己符合武政办发〔2009〕169 号文件规定的安置条件第四项，被告市体育局未就其符合安置条件的情况上报上级部门。冯某某的毕业时间为 2015 年 7 月 10 日。2015 年 9 月 8 日至 10 日，冯某某等人就此事先后到市体校、市体育局等部门上访。

2015 年 9 月 16 日，市体校作出武市体校〔2015〕35 号《关于对市体校 2014 届和 2015 届毕业生张兴梁等人反映“按照〈武威市体育运动学校优秀毕业生安置办法〉，要求尽快予以安置”问题的答复意见》：2014 年 4 月 26 日，中华人民共和国国务院令第 652 号颁布了《事业单位人事管理条例》，自 2014 年 7 月 1 日起施行。该条例第八条规定：“事业单位新聘用工作人员，应当面向社会公开招聘。但是，国家政策性安置、按照人事管理权限由上级任命、涉密岗位等人员除外。”鉴于《事业单位人事管理条例》就特定事项（事业单位新聘用人员）已作出明确规定，武政办发〔2009〕169 号文件主要内容与《事业单位人事管理条例》规定相抵触。武政办发〔2009〕169 号文件自 2014 年 7 月 1 日起自动失效，无法律效力。

2015 年 10 月 15 日，市体育局作出武体信复字〔2015〕1 号《信访事项复查意见书》。认为包括冯某某在内的武威体校 2014 年、2015 年共 11 名中专班毕业生参赛成绩符合〔2009〕169 号文件规定的条件之一，但武政办发〔2009〕169 号文件主要内容与《事业单位人事管理条例》第八条规定相抵触，上述 11 人毕业时间均在 2014 年 7 月 1 日后，故冯某某等 11 人反映的诉求只能按照《事业单位人事管理条例》相关规定执行。

2015年11月16日，武威市政府信访事项复查复核委员会作出武政信复字〔2015〕18号《信访事项复核意见书》，维持了武威市体育局信访事项复查意见书。于是冯某某起诉，请求武威市人民政府、武威市体育局依法履行安置优秀运动员的法定职责。

【审判】

一审法院经审理认为，根据甘体青函〔2014〕7号《关于认真落实国办发〔2010〕23号文件精神推动各级体校全面发展的通知》《事业单位人事管理条例》等文件规定，我国对于事业单位人员聘用一直采取公开招聘制度。其间，对于退役运动员虽然有过相应的政策，但是，人员聘用坚持“一统三单”办法的制度没有改变。武政办发〔2009〕169号文件系市政府办公室出台的地方性行政规范性文件，该文件系授益性行政规范性文件，对安置对象、安置条件、安置办法、安置程序均作了明确规定，庭审中，两被告对冯某某达到了该文件规定的条件，符合该文件规定的安置对象也无异议。但是，该文件违背了国家一直倡导的事业单位新聘人员实行统一考试、公开招聘制度，特别是与2014年7月1日实施的《事业单位人事管理条例》第八条规定相抵触，武威市政府以《事业单位人事管理条例》的相关规定进行抗辩并无不妥。冯某某认为武政办发的〔2009〕169号文件是地方性法规，该文件与《事业单位人事管理条例》相抵触，应当由国务院裁决的说法没有事实和法律依据。综上，冯某某要求武威市政府、武威市体育局依法履行安置优秀运动员的法定职责之请求，没有法律法规依据。依照《中华人民共和国行政诉讼法》第六十九条规定，判决：驳回冯某某的诉讼请求。

上诉人冯某某上诉称：一、上诉人符合武政办发〔2009〕169号文件规定的安置条件；二、对上诉人等优秀运动员的安置属于国家政策性安置，符合《事业单位人事管理条例》第八条的规定，武政办发〔2009〕169号文件并不与《事业单位人事管理条例》相抵触，一审法院适用法律错误。请求二审法院撤销一审判决，判令二被上诉人为上诉人办理工作安置事宜。

二审法院在查明案情原由之后，通过协调，上诉人冯某某撤回了上诉和起诉。

【评析】

在由权威行政向法治行政、服务型行政的转变过程中，行政承诺代表了一种从政府与民众之间的管理关系向契约关系、协商关系的过渡。行政承诺的出现，使得“公”与“私”的界限不再那么清晰，行政承诺不能简单定性为民事行为或者行政行为。

一、行政承诺概述

行政承诺是近年来我国涌现出的一种新型行政管理措施，是行政机关以及法律法规授权组织在行使职权过程中，公开向全社会作出的旨在严格依法办事、提高工作效率、改善服务环境等方面的一种自觉性允诺行为。2004 年的《最高人民法院关于规范行政案件案由的通知》正式确立了行政承诺这一法律用语。“行政承诺”又称“行政允诺”，是指行政机关向不特定或特定的社会公众，公开做出一个有拘束力的意思表示，保证将来采取特定的作为、容忍或不作为。

行政承诺具备行政主体要素、行政职权要素、对外要素应该没有疑义，而是否是一项具有法律意义、能产生法律效果的行为却存在疑问，正是在法律意义、法律效果这一要素上存在差异，现实中丰富多彩的行政承诺具有不同的性质，具体可以分为 3 大类：

（1）政策性行政承诺。政策性行政承诺的典型代表就是每年人民代表大会上行政首长在政府工作报告中所作出的行政承诺，如在第十届全国人大四次会议上，温家宝总理在政府工作报告中就作出了努力增加城乡居民收入、调整投资方向等 5 项承诺。政策性行政承诺一般是行政主体就一定时期内要完成的工作任务、遵循原则、方式步骤等作出承诺，其一般内容较宏大，具有纲领性、政治性，不针对具体对象，一般不影响特定人的权利义务，性质上是一种政策。

（2）政务性行政承诺。这类行政承诺是针对行政性事务作出承诺，一般是将法定职权和义务或一定的服务理念以承诺的方式进行表述，予以介绍和宣示。应该说这种承诺更多的是行政主体将已有的职权和义务予以公示，并没有设定新的权利和义务，性质上是一种政务公开，若行政主体没有按承诺行事，实际上是违背了法律法规的规定，应依相应的法律法规进行处理。政务性行政承诺在日常生活中也极为常见，典型的就是不少行政机关的依法行政承诺。

（3）作为行政行为预备性阶段的行政承诺。这类行政承诺只是表明当一定条件成立或到一定时期会作出一定行政行为，行政承诺本身不包含对相对人的权利义务的实际影响，性质上是以后将要作出的行政行为的一个预备性环节，具有阶段性。

现实中大量存在的行政奖励承诺就属于此类，该种承诺的基本模式是行政主体向公众发出公告，说明某人完成某一行为或达到某种条件，行政主体就将给予其一定的物质或精神奖励。仔细分析这一行政活动过程，不难发现虽然行政主体的奖励承诺没有最终的处理性，对行政相对人的权利义务未产生现实的影响，是其后实施行政奖励行为的预备性行为。但是，这种作为行政行为预备性阶段的行政承诺可能会为行政主体设定了为或不为特定活动的义务，进而影响相对人的权益。实践中一般表现为：承诺在法定期间内的一定期限完成某项职责、提供优质服务、改善执法环境、自觉接受民众监督等。

二、本案的典型意义

一是明确主要焦点问题，认定规范性文件也构成行政承诺主要载体。本案中，根据甘体青函〔2014〕7号《关于认真落实国办发〔2010〕23号文件精神推动各级体校全面发展的通知》《事业单位人事管理条例》等文件规定可知，我国对事业单位人员聘用一直采取公开招聘制度。其间，对于退役运动员虽然有过相应的政策，但是，人员聘用坚持“一统三单”办法的制度没有改变。

武政办发〔2009〕169号文件系市政府办公室出台的地方性行政规范性文件，该文件系授益性行政规范性文件，针对市体校优秀毕业生的安置作出规定，其中对安置对象、安置条件、安置办法、安置程序均作了明确规定。庭审中，两被告对冯某某达到了该文件规定的条件，符合该文件规定的安置对象也无异议。该规范性文件构成了行政承诺的载体。

二是明确界定行政承诺的性质，突破规范行政承诺的重点难题。在实践中，自“公开承诺”成为地方政府热衷的行为以来，失约之事常见，但因“公开承诺”不到位而承担法律责任的人和部门却不多见。对此，某市农业局作出了这样的辩解：“公开承诺”的政府和被“承诺”的民众之间不存在任何形式的合同关系，何来法律责任？有学者认为，行政承诺属于一种国家民事行为，若发生争议应适用民法调整。也有学者认为行政承诺属于一种相关行政行为，行政机关不履行行政承诺或出现履行瑕疵，属于违反自己事前允诺的行为，由此引发的争议，就应当适用行政诉讼法来调整。但行政承诺的表现形式不一，在具体考察某一行政承诺违诺的法律责任时又必须进行详细梳理和分析，这也增加了认定和追究责任的复杂性。然而最大的问题在于行政承诺违诺责任的认定在实践操作上缺乏严格适用的法律，对于行政机关违反规范性文件的司法救济问题仍待解决。

追究行政承诺违诺责任的最大难点在于如何认定行政承诺的法律效力，效力上的失之毫厘会导致其法律责任的截然不同。但我国行政诉讼法对人民法院受理行政案件的依据作出严格规定，而行政承诺的可诉性问题实际上是规范性文件能否作为提起行政诉讼和行政赔偿诉讼依据的问题。因此，应根据不同的效力等级将行政承诺层层分离，从而细致考察行政承诺的法律效果以及不履行该行政承诺的法律责任。例如有学者提出，可以根据行政承诺的瑕疵程度，将其分为适法的、违法的和无效的行政承诺。对于适法行政承诺，由于行政裁量权的普遍存在，除非满足行政裁量缩减要件，否则就无法对行政机关追究法律责任；对于违法行政承诺，当行政承诺所产生的信赖大于法律保护的利益时，可以要求行政承诺主体承担赔偿责任，反之，行政机关只承担补偿责任；对于无效行政承诺，行政机关原则上不承担法律责任，相对人只能就其损害获得一定补助。根据法律规定，行政行为作出后即被推定有效，即使不合法，未经有权机关经正当程序撤销或者存在其他理由，该行为享有存续效果。但是，行政行为由于存在重大、明显的瑕疵而不具有公定力，从而自始、当然无效。行政承诺违反强制性法律规定的，当属此列，应当按无效对待。

在本案中，武威市办发的〔2009〕169 号文件系市政府办公室出台的地方性行政规范性文件，该文件系授益性行政规范性文件。但 2014 年 4 月 26 日，中华人民共和国国务院令第 652 号颁布了《事业单位人事管理条例》，自 2014 年 7 月 1 日起施行。本案原告冯某某于 2015 年毕业，武政办发〔2009〕169 号文件主要内容与《事业单位人事管理条例》规定相抵触。武政办发〔2009〕169 号文件自 2014 年 7 月 1 日起自动失效，无法律效力，因此，针对 2015 年毕业的冯某某来说，应属无效的行政承诺。

三是准确界定行政承诺的司法救济，依法保护公民个人合法权利。司法救济是指当宪法和法律赋予人们的基本权利遭受侵害时，人民法院应当对这种侵害行为作有效的补救，对受害人给予必要和适当的补偿，以最大限度地救济他们的生活困境和保护他们的正当权益。当前，在面对政府不履行承诺，造成行政承诺失败以后，一般可以直接进行诉讼，但其中有一定的局限性。《中华人民共和国行政诉讼法》中针对行政承诺、行政合同的诉讼没有明确的裁判依据，现有的行政诉讼判决类型有：维持、撤销、变更、履行法定职责以及确认违法、驳回诉请等。根据有些学者的研究，建议引入新的裁判依据，把“不履行行政义务”添加进《中华人民共和国行政诉讼法》，扩大行政承诺“法定”的范围，引进信赖保护利益原则，要求行政机关履行行政承诺的义务，这样，就可以从司法渠道约束和监督行政承诺的实现。

撰稿：薛扬　甘肃省高级人民法院

郭鸿凯　西北师范大学法学院研究生

四、行政处罚

4

出租车违法运营的行政处罚应遵循比例原则

——常某某诉兰州市城运处交通行政处罚案①

【裁判要旨】

随着“网约车”、私家车载客现象的出现，这种有关公民生命财产安全的客运行为，关系到政府对公共服务领域的有序管理。一方面运营者应当在法律、法规的框架内依法、有序进行，另一方面行政机关对违法运营行为行使行政处罚时，应当以事实为依据，符合法律目的，排除不相关因素的干扰。对于违法事实、性质、情节及社会危害后果相同或相近的违法行为，适用法律依据及处罚种类、幅度应当基本相同。所适用的措施和手段应当必要。行政执法机关可以采取多种方式实现行政管理目的，行政处罚的实施应该符合法律的目的和精神，不应当轻错重罚或重错轻罚。总之，行政处罚不应该是目的，而是一种手段。在保证行政管理目标实现的同时，兼顾保护行政相对人的合法权益，行政处罚以达到行政执法目的和目标为限，并尽可能使相对人的权益遭受最小的损害。

【索引词】

违法运营　行政处罚　比例原则

① 一审：兰州铁路中级法院（2017）甘71行初29号；二审：甘肃省高级人民法院（2017）甘行终429号。

【案情】

2015年11月28日17时45分左右，被告兰州市城运处在兰州市城关区亚欧商厦附近例行检查时，发现原告常某某驾驶车号为甘A·2S3××骊威东风日产牌轿车搭载乘客1人，服务路线从亚欧到野猪湾路程，协议收费10元。被告市城运处工作人员制作现场笔录及甘兰城暂扣〔2015〕机1－666号《车辆暂扣凭证》，并向原告常某某当场送达该车辆暂扣凭证，将原告常某某驾驶的甘A·2S3××号骊威东风日产牌轿车予以暂扣。2015年11月29日，经被告市城运处负责人审批，就常某某未取得出租汽车经营许可擅自从事出租汽车经营活动进行立案调查，同日决定暂扣甘A·2S3××号车辆。2015年12月3日，被告市城运处对原告常某某进行询问并制作询问笔录，且同日向原告常某某先后分别直接送达了甘兰城违通〔2015〕机1－666号《违法行为通知书》、甘兰城罚〔2015〕稽－1929号《行政处罚决定书》、甘兰城行解〔2015〕稽－2067号《解除行政强制措施通知书》，决定给予常某某2万元的行政处罚。原告常某某于2015年12月3日向被告市城运处财务部门缴纳罚款2万元整。在送达文件名称为《违法行为通知书》《行政处罚决定书》《解除行政强制措施通知书》的文书送达回证上手写体注明“本人自愿不放弃陈述、申辩及听证的权利。常某某”。原告常某某不服该行政处罚决定，向兰州铁路运输中级法院提起行政诉讼。该院于2016年8月18日作出（2016）甘71行初4号行政判决，以被告市城运处作出的被诉行政处罚决定违反法定程序为由，判决：一、撤销被告兰州市城市交通运输管理处2015年12月3日对原告常某某作出的甘兰城罚〔2015〕稽－1929号行政处罚决定；二、被告兰州市城市交通运输管理处在本判决生效之日起三十日内重新作出行政行为。宣判后，双方当事人均未提出上诉，一审判决生效。

被告市城运处于2016年9月19日制作甘兰城违通〔2016〕稽－2501号《违法行为通知书》，并于2016年9月23日直接送达原告常某某，书面告知原告常某某涉嫌未取得出租汽车经营许可，擅自从事出租汽车经营活动的行为，违反了《出租汽车经营服务管理规定》第八条、第九条、第十条的规定，依据《出租汽车经营服务管理规定》第四十七条第（一）项的规定，拟作出罚款2万元整的处罚决定，并根据《中华人民共和国行政处罚法》第三十一条、第三十二条、第四十二条的规定，告知原告常某某享有陈述、申辩和听证的权利及逾期未提出意见的后果。原告常某某于2016年9月23日向被告市城运处提交了书面申辩书，主要意见为：一、被告作出的处罚金额过高，原告无力承受，且与相关法律规定的数额相差很多。二、原告认为自己没有从事过出租汽车经营活动，故被告违法行为通知认定的情况无事实依据。三、原告认为被告在违法行为认定上适用法律不当，原告未从事出租车经营服务，故《出租汽车经营服务管理规定》第四十七条的规定不适用于原告的行为，请求被告查明事实，重新考虑常某某的实际情况，酌情免除对其处罚。2016年9月26日，被告市城运处对常某某未取得出租汽车客运经营许可擅自从事经营活动一案进行重大案件集体讨论并形成记录，对常某某提出的陈述意见不符合法律规定，不予采纳。2016年9月27日，被告市城运处对原告常某某作出甘兰城罚〔2016〕稽-2501号行政处罚决定，决定罚款2万元，并于次日邮寄送达原告常某某。常某某不服，遂提起行政诉讼。

【审判】

一审法院经审理认为，根据《中华人民共和国行政处罚法》第十七条规定："法律、法规授权的具有管理公共事务职能的组织可以在法定授权范围内实施行政处罚。"2012年修正的国务院《中华人民共和国道路运输条例》第七条第三款规定："县级以上道路运输管理机构负责具体实施道路运输管理工作。"《甘肃省道路运输管理条例》第六条第一款规定："县级以上人民政府交通运输部门主管本行政区域内的道路运输工作，道路运输管理机构负责具体实施道路运输管理工作。"本案被告市城运处系法规授权的具备行政执法主体资格的组织，负责管理兰州市辖区内公路客运、出租汽车、旅游客运等，就本案被诉行政处罚决定具有法定职权。

根据《中华人民共和国行政处罚法》第三十一条规定："行政机关在作出行政处罚决定之前，应当告知当事人作出行政处罚决定的事实、理由及依据，并告知当事人依法享有的权利。"该法第三十二条第一款规定："当事人有权进行陈述和申辩。行政机关必须充分听取当事人的意见，对当事人提出的事实、理由和证据，应该进行复核；当事人提出的事实、理由和证据成立的，行政机关应当采纳。"第四十二条第一款规定："行政机关作出责令停产停业、吊销许可证或者执照、较大数额罚款等行政处罚决定之前，应当告知当事人有要求举行听证的权利；当事人要求听证的，行政机关应当组织听证。当事人不承担行政机关组织听证的费用……"本案中，被告市城运处以《违法行为通知书》的形式向原告常某某书面告知其拟作出行政处罚决定的事实、理由和依据以及应当享有陈述、申辩、听证的权利，并于2016年9月23日直接送达原告常某某。原告常某某同日以书面形式向被告市城运处提交了申辩书。对此，被告市城运处亦举行重大案件集体讨论进行了复核。故被告市城运处对原告常某某作出的被诉行政处罚决定程序并无不当。根据《中华人民共和国行政处罚法》第三十九条第一款规定："行政机关依照本法第三十八条的规定给予行政处罚，应当制作行政处罚决定书。行政处罚决定书应当载明下列事项：（一）当事人的姓名或者名称、地址；（二）违反法律、法规或者规章的事实和证据；（三）行政处罚的种类和依据……"本案被告市城运处作出的被诉行政处罚决定书虽未载明原告常某某的行为违反法律、法规或者规章的证据、处罚的种类和原告的地址，属于行政处罚决定书制作瑕疵，但并非行政程序违法情形。因此，原告常某某认为被告市城运处作出的被诉行政处罚决定程序违法的诉讼理由不能成立，本院不予支持。

关于原告常某某认为被告市城运处作出的被诉行政处罚决定认定事实不清、其无任何营运行为的诉讼理由。本案原告常某某驾驶其私家车载客1人，进行非法营运的事实已经生效判决所认定，现原告常某某认为其未实施任何营运行为的事实根据不足，故该理由本院不予采纳。

关于原告常某某认为被告市城运处作出罚款2万元的行政处罚过高，不符合行政比例原则的诉讼理由。根据《中华人民共和国行政处罚法》第四条第二款规定："设定和实施行政处罚必须以事实为依据，与违法行为的事实、性质、情节以及社会危害程度相当。"该法第三十八条规定："调查终结，行政机关负责人应当对调查结果进行审查，根据不同情况，分别作出如下决定：（一）确有应受行政处罚的违法行为的，根据情节轻重及具体情况，作出行政处罚决定；（二）违法行为轻微，依法可以不予行政处罚的，不予行政处罚；（三）违法事实不能成立的，不得给予行政处罚；（四）违法行为已构成犯罪的，移送司法机关。对情节复杂或者重大违法行为给予较重的行政处罚，行政机关的负责人应当集体讨论决定……"自2015年1月1日起施行的中华人民共和国交通运输部2014年第16号令《出租汽车经营服务管理规定》第四十七条规定："违反本规定，有下列行为之一的，由县级以上道路运输管理机构责令改正，并处以5000元以上20000元以下罚款。构成犯罪的，依法追究刑事责任：（一）未取得出租汽车经营许可，擅自从事出租汽车经营活动的……”本案中，原告常某某未取得出租汽车经营许可，擅自从事出租汽车经营活动，被告市城运处对其作出的甘兰城罚〔2016〕稽－2501号行政处罚决定，给予原告常某某2万元的罚款在处罚幅度内，具体罚款数额属于被告市城运处自由裁量权范畴，无明显不当。故原告常某某的该诉讼理由，本院亦不予采纳。综上，被告市城运处作出的被诉行政处罚决定认定事实清楚，证据确凿，适用法律、法规正确，符合法定程序，处罚并无明显不当。原告常某某的诉讼理由依法不能成立，该院不予支持。据此，依照《中华人民共和国行政诉讼法》第六十九条之规定，判决驳回原告常某某的诉讼请求。

上诉人常某某不服一审判决，上诉称：1. 一审判决认定事实不清，证据不足。被上诉人收集的现有证据并不能证明上诉人存在未经许可擅自从事客运经营的事实，上诉人实际并未完成客运经营行为。2.《行政处罚决定书》的内容不符合法定要求，被上诉人重新作出的行政处罚决定书仍未载明生效判决所指出的“违反法律、法规或者规章的证据、处罚的种类和原告的地址”等内容，被诉行政处罚决定认定事实不清，程序严重违法。3. 一审判决未认定被上诉人行政执法程序违法。被上诉人在生效判决作出后一直未退还2万元行政罚款。被上诉人提交的《现场笔录》中有执法人员杨某的签字，但被上诉人未提交杨某的执法资格证。4. 一审法院未依法审查被上诉人的裁量权力，违反比例原则。被上诉人对上诉人作出2万元的行政处罚，将其所认定的违法行为及后果全部归责于上诉人，未考虑上诉人行为的性质、主观目的及社会影响，处罚数额畸重，严重违反比例原则，明显不当。5. 一审法院所作判决前后矛盾，违反同案同判原则。综上，请求二审法院撤销一审判决，撤销被诉行政处罚决定书，并判令被上诉人返还罚款2万元。

被上诉人市城运处答辩称：1. 一审判决认定事实清楚，证据确实、充分，适用法律正确，符合法定程序。上诉人驾驶非营运私家车搭载乘客，双方互不认识，没有依法领取《道路运输证》，以营利为目的搭载乘客，从事非法运营活动，违背《中华人民共和国道路运输条例》的规定。2. 被上诉人系依法具有行政处罚权的行政主体，对上诉人行政处罚事实清楚，证据确实、充分，适用法律正确，符合法定程序。上诉人利用滴滴快车网络平台，预约招揽并协议为乘客提供客运服务，上诉人驾驶私家车搭载乘客，协议收费10元，以上违法事实有上诉人笔录等证据予以佐证。3. 行政处罚程序合法，适用法律正确，遵循了《中华人民共和国行政处罚法》关于行政处罚程序的规定。调取证据客观公正。综上，请求驳回上诉，维持原判。

二审法院认为，本案争议的焦点是市城运处作出的行政处罚是否存在明显不当的问题。行政机关实施行政处罚，纠正违法行为，应当坚持处罚与教育相结合的原则，教育公民、法人或者其他组织自觉守法。行政处罚的实施应该与法律的目的和精神相吻合，不应当轻错重罚或重错轻罚。根据《中华人民共和国行政处罚法》相关规定，行政机关负责人应当对调查结果进行审查，根据不同情况，分别作出如下决定：确有应受行政处罚的违法行为的，根据情节轻重及具体情况，作出行政处罚决定。据此，被上诉人市城运处在作出交通行政处罚时，应当遵循该条规定的“过罚相当原则”，综合考虑处罚相对人的主观过错程度，违法行为的情节、性质、后果及危害程度等因素行使自由裁量权。《甘肃省规范行政处罚自由裁量权规定》第四条第（二）项规定，行政处罚实施机关行使行政处罚自由裁量权应当遵守合理性原则。行使行政处罚自由裁量权，应当以事实为依据，符合法律目的，排除不相关因素的干扰。在保证行政管理目标实现的同时，兼顾保护行政相对人的合法权益，行政处罚以达到行政执法目的和目标为限，并尽可能使相对人的权益遭受最小的损害。如果行政机关作出的行政处罚明显违背“过罚相当原则”，使行政处罚结果与违法程度不相适应，则应当认定属于行政处罚显失公正，明显不当。就本案而言，综观已查明的基本事实，上诉人常某某未取得出租客运经营许可，以营利为目的搭载乘客，从事出租汽车客运经营行为的事实清楚，但是，其行为属于第一次被发现，且协议收取费用为 10 元，在行驶途中即被查处，并未实际收取费用。被上诉人按照处罚上限作出 2 万元行政处罚时，既未考虑上诉人只有一次违法行为且未实际收取费用的客观事实，被上诉人市城运处也没有提供上诉人的违法行为对社会造成严重危害后果的事实证据，该行政处罚的结果与违法行为的社会危害程度之间明显不适当，其行政处罚 2 万元缺乏适当合理性和违反比例原则，属于行政处罚明显不当，依法应当予以变更。根据本案中上诉人违法行为的具体情节和危害程度，依据《出租汽车经营服务管理规定》第四十七条第（一）项的规定，应当从轻给予处罚，以达到纠正违法行为，教育其自觉守法的执法目的。综上，一审判决认定事实基本清楚，审判程序合法，但适用法律错误，依法应予纠正。上诉人的部分上诉理由成立，本院予以采纳。依照《中华人民共和国行政诉讼法》第八十九条第一款第（二）项、第七十七条第一款之规定，判决：一、撤销兰州铁路运输中级法院（2017）甘71行初87号行政判决；二、变更被上诉人城运处作出甘兰城罚（2016）稽-2501号给予常某某罚款2万元的行政处罚决定，改为罚款5000元。

【评析】

本案的争议焦点是市城运处作出的行政处罚是否存在明显不当的问题。行政机关实施行政处罚，纠正违法行为，应当坚持处罚与教育相结合的原则，教育公民、法人或者其他组织自觉守法。行政处罚的实施应该与法律的目的和精神相吻合，不应当轻错重罚或重错轻罚，因此，行政行为应当遵循比例原则。

一、关于比例原则的问题

比例原则是行政法的重要原则，是指行政主体实施行政行为应兼顾行政目标的实现和保护相对人的权益，如果行政目标的实现可能对相对人的权益造成不利影响，则这种不利影响应被限制在尽可能小的范围和限度之内。

比例原则着眼于法益的均衡，以维护和发展公民权益为最终归宿，是行政法上控制自由裁量权行使的一项重要原则。但行政比例原则在我国并没有明确规定，特别是运用行政裁量权较多的《中华人民共和国行政处罚法》和《中华人民共和国城乡规划法》中并没有规定“比例原则”。类似于比例原则的规定是当“行政处罚明显不当”时，法院可以对行政行为的合理性进行审查。我国通说认为，比例原则是属于合理行政原则的一项子原则。2004年，国务院《全面推进依法行政实施纲要》中对合理行政原则进行了完整的描述，它规定行政机关实施行政管理应当遵循公平、公正的原则。要平等对待行政管理相对人，不偏私、不歧视。行使自由裁量权应当符合法律目的，排除不相关因素的干扰，所采取的措施和手段应当必要、适当，行政机关实施行政管理可以采用多种方式实现行政目的，应当避免采用损害当事人权益的方式。这是对行政比例原则的完整表述，对司法实践具有积极的指导作用。比例原则在监督行政机关依法行使职权保护行政相对人权益方面发挥着不容忽视的积极有效作用。

二、本案裁判要旨的理由

本案争议的焦点是市城运处作出的行政处罚是否存在明显不当的问题。行政机关作出行政处罚应当坚持处罚与教育相结合的原则，一方面要预防违法行为的再次发生，力争损害降到最小，另一方面要实施合理合法的处罚措施，坚持依法行政，全面贯彻行政合理性原则，采取的措施要符合立法目的，应当坚持过罚相当原则。

就本案而言，需要探讨的第一个问题是行政相对人是否存在出租车违法运营的情形。结合法院查明的事实，2015 年 11 月 28 日 15 时 30 分，常某某驾驶私家车甘 A·2S3××，在没有取得出租车汽车经营许可证的情况下，通过滴滴快车网约车平台擅自搭载乘客，协议收取 10 元的违法运营行为可以认定为出租汽车非法运营。我们知道出租车经营事关人民群众生命安全，必须要经过相关政府部门的审查批准，有了相关的资质后才可经营，一方面是为了安全考虑，另一方面是为了规范出租车运营市场，方便政府管理，提高出租车市场的效率。交通运输部 2014 年第 16 号令《出租汽车经营服务管理规定》第四十七条第（一）项规定，“违反本规定，有下列行为之一的，由县级以上道路运输管理机构责令改正，并处以 5000 元以上 20000 元以下的罚款。构成犯罪的，依法追加刑事责任：（一）未取得出租车汽车经营许可，擅自从事出租汽车经营活动的”，本案中常某某就属于该规定的情形。

本案探讨的第二个问题是行政执法机关兰州市城运处作出的罚款 2 万元的行政处罚是否存在明显不当的问题。根据《中华人民共和国行政处罚法》第四条第二款的规定，设定和实施行政处罚必须以事实为依据，与违法行为的事实、性质、情节以及社会危害程度相当。第三十八条第一款第（一）项规定，调查终结，行政机关负责人应当对调查结果进行审查，根据不同情况，分别作出如下决定：确有应受行政处罚的违法行为的，根据情节轻重及具体情况，作出行政处罚决定。该条的内涵就是“过罚相当原则”，行政机关作出行政处罚应当综合考虑相对人的主观过错程度、违法行为情节、性质、后果及危害程度等因素行使自由裁量权。《甘肃省规范行政处罚自由裁量权规定》第四条第一款第（二）项规定，行政处罚实施机关行使行政处罚自由裁量权应当遵守合理性原则。行使行政处罚自由裁量权，应当以事实为依据，符合法律目的，排除不相关因素的干扰。在保证行政管理目标实现的同时，兼顾保护行政相对人的合法权益，行政处罚以达到行政执法目的和目标为限，并尽可能使相对人的权益遭受最小的损害。如果行政机关作出的行政处罚明显违背“过罚相当原则”，使行政处罚结果与违法程度不相适应，则应当认定属于行政处罚显失公正，明显不当。本案中，兰州市城运处只是简单以常某某是非法运营为由处以罚款2万元，没有考虑到常某某只是协议收取10元的运费，最终还没有支付，既没有考虑行政相对人的主观过错，也没有考虑社会危害程度及情节，存在权力滥用之嫌。根据上述所列法条，其主要的立法目的就是防止行政执法机关滥用职权，侵害相对人的合法利益，在10元运费与2万元罚款之间明显没有达到平衡，该行政处罚的结果与违法行为的社会危害程度之间明显不适当、不合理，应当依法予以变更。

本案探讨的第三个问题是被告市城运处对原告常某某作出的被诉行政处罚程序是否违法。本案中，市城运处作出并送达给常某某的行政处罚决定书并未载明应该载明的必要内容。根据《中华人民共和国行政处罚法》第三十九条第一款规定："行政机关依照本法第三十八条的规定给予行政处罚，应当制作行政处罚决定书。行政处罚决定书应当载明下列事项：（一）当事人的姓名或者名称、地址；（二）违反法律、法规或者规定的事实和证据；（三）行政处罚的种类和依据……"本案被告市城运处作出的被诉行政处罚决定书未载明原告常某某的行为违反法律、法规或者规定的证据、处罚的种类和原告的地址，显属明显不当，依法应当予以撤销。

撰稿：刘晶　甘肃省高级人民法院

张宏伟　西北师范大学法学院研究生

5

交通违章手机短信不具备行政处罚的构成要件，不具有可诉性

——马某某诉庄浪县公安交通警察大队交通管理行政处罚案[①]

【裁判要旨】

将车辆违章行为的信息以短信方式告知车辆相关人既没有直接的处罚内容，亦

① 一审：甘肃省庄浪县人民法院（2014）庄行初字第8号；二审：平凉市中级人民法院（2015）平中行终字第5号。

没有对外发生新的约束力，仅仅具有告知、提示功能，不符合成就行政处罚的法定要件，不具有可诉性。

【索引词】

交通违章　短信通知　行政处罚　可诉性

【案情】

2014 年 3 月 6 日 15 时，马某某将其甘 L99 × × × 号轿车停放在庄浪县中宁南街十字路口处，被交通技术监控设备抓拍，庄浪县公安交通警察大队（以下简称庄浪交警大队）认为马某某属于违章停车，遂处以罚款 100 元的行政处罚。原告因对该处罚不服，到庄浪交警大队处查看摄像图片、向庄浪交警大队陈述申辩其意见和理由，庄浪交警大队认为原告违法事实清楚，对马某某提出的意见未予采纳，之后庄浪交警大队对该处罚未制作行政处罚决定书，亦未向原告送达行政处罚决定书，马某某以庄浪交警大队作出行政处罚事实不足，处罚理由不能成立、不合法为由，于 2014 年 10 月 30 日提起行政诉讼，请求撤销被告庄浪交警大队于 2014 年 3 月 6 日对其作出的违章停车处以罚款 100 元的行政处罚。

原告马某某诉称，2014 年 7 月 23 日其手机收到“2014 - 03 - 06 15：48：18 在中宁街十字 800 米实施了违规停车驾驶员不在现场（1039），违法记分 0 分，最高罚款金额 200 元……”的违章信息。那天其去彩票房给朋友捎东西停留了一会儿，车停在门口边，没有影响交通安全和秩序，也没有交警要求驶离而本人拒绝的行为和过程。庄浪交警大队因此片刻停车实施处罚，理由不足，执法不准。遂起诉要求撤销庄浪交警大队该项错误处罚。

被告庄浪交警大队辩称，2014 年 3 月 6 日 15 时 48 分，原告车辆在庄浪县中宁南街十字 800 米处违法停放，属于违章停车，事实清楚；其根据《道路交通安全违法行为处理程序规定》规定，通过经庄浪电视台向社会进行公布的交通技术监控设备（电子警察）进行抓拍，收集、固定违法行为证据，程序合法；根据《中华人民共和国道路交通安全法》第五十六条、第九十三条、第九十条，《甘肃省道路交通安全条例》第六十三条，《甘肃省道路交通安全条例》第五十四条的规定，对马某某给予处罚，适用法律正确。

【审判】

庄浪县人民法院经审理认为，具有行政处罚权的行政机关在实施行政处罚行为时要在遵守《中华人民共和国行政处罚法》的基本原则和一般规定的前提下进行，所依据的行政法规、规章不得与《中华人民共和国行政处罚法》相冲突。依照《中华人民共和国行政处罚法》第三十四条、第三十九条、第四十条，及公安部《道路交通安全违法行为处理程序的规定》第四十二条、第四十三条、第四十六条、第四十七条、第四十九条等相关规定，被告在听取或复核违法行为人陈述和申辩并不采纳后，应及时制作行政处罚决定书并进行送达；能当场向被处罚人交付的当场交付，不能当场交付的，依照公安部《公安机关办理行政案件程序规定》第三十三条的有关具体规定进行送达。本案中，庄浪交警大队没有在马某某陈述和申辩后及时制作行政处罚决定书并送达，亦未书面告知处罚所认定的违法事实、适用法律以及原告享有的行政复议和提起行政诉讼的权利等事项，行政处罚过程中程序违法。综上，依照《中华人民共和国行政诉讼法》第五十四条第（二）项之规定，判决撤销被告庄浪交警大队对原告马某某的车辆于2014年3月6日15时在中宁南街停放时以违章停车处以罚款100元的行政处罚。

一审宣判后，庄浪交警大队不服，以其依照行政法规规定就甘L99×××号机动车辆所涉道路交通安全违法行为向机动车辆所有人进行告知，未针对该道路交通安全违法行为对被上诉人作出具体行政处罚，原判认定上诉人在作出行政处罚过程中程序违法，并撤销行政处罚无事实依据为由上诉至平凉市中级人民法院。

平凉市中级人民法院经审理认为，上诉人庄浪交警大队在交通安全管理过程中通过电子监控设备发现被上诉人的车辆存在违章停车驾驶人不在场的违法行为，将违法行为信息录入道路交通违法信息系统后，通过手机短信告知被上诉人马某某，其执法程序符合公安部《道路交通安全违法行为处理程序规定》第二十条“交通技术监控设备记录的违法行为信息录入道路交通违法信息管理系统后三日内，公安机关交通管理部门应当向社会提供查询；并可以通过邮寄、发送手机短信、电子邮件等方式通知机动车所有人或者管理人”的规定。该短信仅是通知车辆登记人或管理人其车辆有违章情况，而具体的违法行为人、处罚内容等均不确定，尚需车辆登记人到交通管理部门进行核实，接受处理，交通管理部门才做出具体的行政处罚。被上诉人马某某在上诉人庄浪交警大队尚未完成行政行为，即对本案中的短信通知行为（也即过程行为）提起诉讼，不具有可诉性。原审法院未从行政处罚决定的实质要件进行审查，将该通知行为认定为具体的行政处罚行为，并以上诉人未使用书面形式及未告知行政相对人有关权利为由判决撤销该通知行为，明显不当。故依据《最高人民法院关于执行〈中华人民共和国行政诉讼法〉若干问题的解释》第七十九条第（一）项之规定，裁定撤销庄浪县人民法院（2014）庄行初字第8号行政判决；驳回被上诉人马某某的起诉。

【评析】

一、背景情况介绍

随着经济的发展，个人汽车拥有量急剧增加，导致道路拥挤，交通违章频发，违章数量巨大与实地执法力量薄弱、执法手段单一矛盾显著。为此，公安系统利用信息网络化优势，推出了交通违章信息短信通知便民业务，通过网络办案提高工作效率。实践中，交通违章行为人一般会根据收到的交通违章信息，到相应代收罚款银行交纳罚款，自觉接受处罚。然而，对交通违章手机短信的法律性质如何定性成为人们争议的焦点。本案正是围绕该问题展开的典型案例。

二、确立裁判要旨的理由

本案中，针对交警部门向登记备案的手机号码发送违章信息的法律性质，存在两种争议意见：一种意见认为，公安交警部门发送的短信内容，既有违法时间、地点和具体违法行为等违法事实，也有以违章代码所对应的处罚法律依据，还有基本确定的罚款金额，违法行为人也往往认可该种简易形式的处罚而自觉向相关机构交纳罚款，因此该类短信本身构成行政处罚，且该种处罚方式符合交通违章量大从简的执法需求。本案中，因为庄浪交警大队未采取法律和行政法规规定的书面形式载明处罚事实、理由、告知相应的救济权利和期限，其行政执法程序违法，一审法院据此判决撤销该行政处罚正确。另一种意见认为，是否成立行政处罚应以法律规定的行政处罚构成要件为审查标准，根据《中华人民共和国行政处罚法》和《道路交通安全违法行为处理程序规定》的相关规定，公安交警部门通过手机短信向有关手机持有人告知交通违章信息属于行政执法过程中的告知行为，是行政处罚前调查核对事实的过程行为，不具有可诉性，本身不构成行政处罚，对本案中马某某针对过程行为提起的诉讼，应予驳回。

本案二审采纳了第二种意见，理由如下：

第一，行政处罚的载体应当是书面形式，并载有必备事项。根据《中华人民共和国行政处罚法》第三十四条第二款规定，简易程序下的行政处罚决定书应当载明当事人的违法行为、行政处罚依据、罚款数额、时间、地点以及行政机关名称，并由执法人员签名或者盖章。第三十九条规定，一般程序下行政机关依法给予行政处罚，应当制作行政处罚决定书，并应当载明当事人的姓名或者名称、地址；违反法律、法规或者规章的事实和依据；行政处罚的种类和依据；处罚履行的方式和期限；不服处罚决定时申请行政复议或者提起行政诉讼的途径和期限；处罚决定的行政机关名称和作出决定的日期；处罚决定书必须盖有作出处罚决定的机关印章。《道路交通安全违法行为处理程序规定》第四十三条规定，“简易程序处罚决定书应当载明被处罚人的基本情况、车辆牌号、车辆类型、违法事实、处罚的依据、处罚的内容、履行方式、期限、处罚机关名称及被处罚人依法享有的行政复议、行政诉讼权利等内容”。可见，行政处罚决定必须以书面为载体，处罚的对象、事实、依据、内容、机关、日期等作为必要记载事项必须载入其中。本案中，马某某所诉的仅是一条电子数据形式的手机短信，并非字号齐备的书面决定；该短信内容虽记载有违法时间、地点、违法车辆牌号和行为，却无被处罚人的基本情况、处罚的行政机关及印章、处罚的时间等法定内容，更是使用了“最高罚款金额200元”“请尽快到庄浪县公安交通警察大队相关部门办理相关业务”等不确定性、礼貌性用语，且“最高罚款金额200元”与公安交警的办案系统中记载拟处罚100元并不一致，明显不符合行政公文明确、严肃的特征。

第二，关于交通违章短信的法律属性。事实上，公安交警部门通过电子监控设备掌握的只是车辆的违法行为，并不掌握实施该违法行为的驾驶人。实践中，车辆所有人与车辆驾驶人因借用、租赁、盗用等原因而分离，车辆登记时备案的车辆所有人手机号码、开通车辆违章短信告知业务的手机号码与违章驾驶人持有的手机号码不必然对应均已成为常态，这就使得即使公安交通部门希望对车辆违章行为通过手机短信方式实施行政处罚以节省行政执法成本却不可能实现。于是，公安交警部门根据《道路交通安全违法行为处理程序规定》第二十条“交通技术监控设备记录的违法行为信息录入道路交通违法信息管理系统后三日内，公安机关交通管理部门应当向社会提供查询；并可以通过邮寄、发送手机短信、电子邮件等方式通知机动车所有人或者管理人”的规定，向已备案或已掌握的手机号码发送车辆违法行为信息，敦促收到该信息的人员到指定地点“办理相关业务”，以确定该次车辆违章的行为人，为可能实施的行政处罚查明事实，成为其调查案件的一种手段。因此，与通信企业合作，为车辆所有人开通车辆违章短信告知业务，以短信方式告知车辆违章信息是公安交警部门适应时代发展需要，调查违法行为人的新的方式和手段，是行政处罚前的过程行为，而行政处罚尚未真正成立，该行为对接收短信人的利益并未造成实际影响。本案中马某某起诉所针对的公安交警部门的短信告知行为，不具有可诉性。

三、运用裁判要旨应注意的问题

第一，对行政行为性质的认定不应以当事人的互认为依据。《最高人民法院关于行政诉讼证据若干问题的规定》第六十五条“在庭审中一方当事人或者其代理人在代理权限范围内对另一方当事人陈述的案件事实明确表示认可的，人民法院可以对该事实予以认定。但有相反证据足以推翻的除外”规定了自认规则，但该规定是就当事人一方对另一方的事实主张或者证据的认可所确立的自认规则，实际上属于认证范畴，解决的是对案件事实的认定问题。对于行政行为性质的认定则不能适用该条规定的自认规则，而是需要司法人员结合法律规定，根据特定行政行为的具体特征进行司法认定。本案原告马某某以收到的该条手机短信成立行政处罚为由提起诉讼，被告庄浪交警大队自认为其已作出行政处罚进行答辩，一审法院未按照行政处罚法规定的成立行政处罚行为的法定要式载体及必备内容对手机短信进行分析审查，而将行政机关的告知行为认定为欠缺形式要件的行政处罚行为予以撤销显然是不正确的。

第二，对交通违章行政处罚程序应作系统性理解。《道路交通安全违法行为处理程序规定》（公安部令第105号）规定的“交通技术监控”一节归属于第三章的“调查取证”，在第二十条规定了可以通过邮寄、发送手机短信、电子邮件等方式通知机动车所有人或者管理人车辆违章信息之后，在第二十一条规定了对交通技术监控设备记录或者录入道路交通违法信息管理系统的违法行为信息的九项情形，应当予以消除。由此可见，交通技术监控设备记录的车辆违章信息并不当然成为行政处罚的证据，还需进一步筛选甄别，更不可能直接成立行政处罚。只有在查明包括违法行为人在内的若干违章事实后，才能在法定时限内按照法定程序作出行政处罚。2012年《公安机关办理行政案件程序规定》第一百四十一条第一款规定，“公安机关办理治安案件的期限，自受理之日起不得超过三十日；案情重大、复杂的，经上一级公安机关批准，可以延长三十日。办理其他行政案件，有法定办案期限的，按照相关法律规定办理”；《道路交通安全违法行为处理程序规定》第四十九条规定，“对违法行为事实清楚，需要按照一般程序处以罚款的，应当自违法行为人接受处理之时起二十四小时内作出处罚决定；处以暂扣机动车驾驶证的，应当自违法行为人接受处理之日起三日内作出处罚决定；处以吊销机动车驾驶证的，应当自违法行为人接受处理或者听证程序结束之日起七日内作出处罚决定，交通肇事构成犯罪的，应当在人民法院判决后及时作出处罚决定”，第五十条规定，“对交通技术监控设备记录的违法行为，当事人应当及时到公安机关交通管理部门接受处理，处以警告或者二百元以下罚款的，可以适用简易程序；处以二百元（不含）以上罚款、吊销机动车驾驶证的，应当适用一般程序”，这里存在一个关键的时限点，即“违法行为人接受处理”时或“听证程序结束”日。根据上述规定，车辆所有人（或者相关人）在接到车辆违章信息手机短信后，应当及时到指定的地点接受处理，确认交通违法行为人身份及违法事实，自该日起公安机关应当在24小时、3日或者7日内作出行政处罚决定；若存在他人违法行为，接收信息人则有义务协助公安机关查明事实，自实际违章驾驶人接受处理之日另行起算作出行政处罚决定的时限。实践中，在交通违章案件处理程序中，人们对何谓“接受处理”普遍存有争议：究竟是指违法行为人到指定地点向公安交警部门表明自己意见，甚至就证据提出异议就算接受处理，还是指通过办案系统先行交纳了罚款才算？一种意见认为，基于交通违章案件量大、面广、时效短的特点，公安机关不可能在一一听取意见后再行处罚，因此“接受处理”的表现形式就是先交纳罚款；另一种意见认为，不能将“接受处理”等同于“接受处罚”，若理解为接受处罚，恰好违反了法定的成立行政处罚的形式和程序规定，这也正是出现本案的根本原因。分析两种意见不难发现，第一种意见明显存在程序上的矛盾，即如果先行交纳罚款表明“接受处理”而不问对证据是否存在异议，那么接下来对第二十一条规定的九项违法信息需要消除，该当如何处理，此阶段是对证据的甄别程序，还是对行政处罚的救济程序？因此，对“接受处理”的正确理解应当是向公安交警部门说明情况，要么表明事实清楚，要么表明具有法定可予消除的情形或法定事由请求核实，公安交警部门接受该意见并作出处理后，才能选择适用简易程序还是一般程序，是在24小时还是在3日、7日的时限内作出处罚决定，当事人对处罚不服时再依法申请复议或提起诉讼，这样作系统性理解才不至于造成办案程序相互冲突。

撰稿：石鹏飞　甘肃省高级人民法院
穆雯　岳学敏　平凉市中级人民法院

6

司法应当尊重行政机关对其专业领域的执法判断

——田某诉武威市房地产管理局行政处罚案[①]

【裁判要旨】

对于未按照《住宅室内装饰装修管理办法》等相关规定进行房屋装修并且存在潜在的安全隐患的装饰、装修行为的，应当由城市房地产行政主管部门责令恢复原状并处以罚款。

【索引词】

装饰装修　责令整改　公共安全

【案情】

涉案楼房为修建于20世纪90年代的砖混结构的楼房。白某某和田某分别居住在武威市凉州区南关东路南苑园区×号楼×单元401室和501室，系楼下与楼上的邻居关系。2017年3月，田某未经相关行政主管部门批准，在凉州区南关东路南苑园区×栋×单元501室的房屋装饰装修的过程中，将卫生间与厨房的墙体拆除，另砌墙体扩大卫生间面积。2017年3月30日、4月20日，白某某分别向武威市房地产管理局（以下简称房管局）投诉及补充投诉，称其居住在凉州区南关东路南苑园

① 一审：甘肃省金昌市中级人民法院（2017）甘03行初73号；二审：甘肃省高级人民法院（2018）甘行终7号。

区×栋×单元401室，上面住户田某因违章装修，扩大卫生间面积，擅自将原卫生间与厨房墙拆除后外移，加重楼板集中荷载，且下面无承载墙支撑，存在重大安全隐患，请求派人现场检查核实并依法处理，还本人安全居住的环境。2017年4月5日、4月17日，房管局向田某分别下达了《整改通知书》《拟行政处罚通知书》，书面通知田某立即对拆除墙体恢复原状，消除对建筑物的潜在安全隐患，但田某未依法整改。2017年4月21日，房管局作出武房罚字〔2017〕001号行政处罚决定。依照《住宅室内装饰装修管理办法》第三十五条、第三十八条等规定，决定对田某作出如下行政处罚：一、责令田某对拆改墙体立即恢复原状；二、对田某处以800元罚款。

【审判】

一审法院经审理认为，根据建设部令第110号《住宅室内装饰装修管理办法》第四条第三款规定，直辖市、市、县人民政府房地产行政主管部门负责本行政区域内的住宅室内装饰装修活动的管理工作。被告具有作出涉案行政处罚决定的职权依据。《住宅室内装饰装修管理办法》第五条规定，“住宅室内装饰装修活动，禁止下列行为：（一）未经原设计单位或者具有相应资质等级的设计单位提出设计方案，变动建筑主体和承重结构；（二）将没有防水要求的房间或者阳台改为卫生间、厨房间；（三）扩大承重墙上原有的门窗尺寸，拆除连接阳台的砖、混凝土墙体；（四）损坏房屋原有节能设施，降低节能效果；（五）其他影响建筑结构和使用安全的行为。本办法所称建筑主体，是指建筑实体的结构构造，包括屋盖、楼盖、梁、柱、支撑、墙体、连接接点和基础等。本办法所称承重结构，是指直接将本身自重与各种外加作用力系统地传递给基础地基的主要结构构件和其连接接点，包括承重墙体、立杆、柱、框架柱、支墩、楼板、梁、屋架、悬索等。”第三十五条规定，“装修人未申报登记进行住宅室内装饰装修活动的，由城市房地产行政主管部门责令改正，处5百元以上1千元以下的罚款。”庭审中被告提供的检查笔录、现场拍摄照片等证据证明，原告田某对其住宅装修时，有变动建筑主体的行为，田某也认可对自己的住宅装修时未申报、未经原设计单位或具有相应资质等级的设计单位提出设计方案，其行为违反上述规定。被告在作出涉案行政处罚决定前向原告送达了《行政处罚事先告知书》，依法履行了告知义务，程序并无不当。被告房管局对原告作出罚款800元并无不当。《住宅室内装饰装修管理办法》第三十八条规定，“住宅室内装饰装修活动有下列行为之一的，由城市房地产行政主管部门责令改正，并处罚款：（一）将没有防水要求的房间或者阳台改为卫生间、厨房间的，或者拆除连接阳台的砖、混凝土墙体的，对装修人处5百元以上1千元以下的罚款，对装饰装修企业处1千元以上1万元以下的罚款；……（四）未经原设计单位或者具有相应资质等级的设计单位提出设计方案，擅自超过设计标准或者规范增加楼面荷载的，对装修人处5百元以上1千元以下的罚款，对装饰装修企业处1千元以上1万元以下的罚款。”庭审中，被告未提交原告田某所有房屋的原设计规划与标准，现有证据无法证明田某是否“将没有防水要求的房间改为卫生间、厨房间”，原告田某虽未经原设计单位或者具有相应资质等级的设计单位提出设计方案，但被告认定田某“擅自超过设计标准或者规范增加楼面荷载”系被告主观认识，庭审中并未提供相应证据材料加以证明，其认定田某违反该条规定的主要证据不足。《住宅室内装饰装修管理办法》第三十八条规定有上述行为处理方式是“责令改正”，被告在该行政处罚决定中却作出“立即恢复原状”，该项决定既无事实依据，亦不符合法规规定。综上所述，依照《中华人民共和国行政诉讼法》第七十条第（一）项之规定，判决如下：一、驳回原告田某请求撤销被告房管局作出的武房罚字〔2017〕001号行政处罚决定第二项，即对田某处以罚款800元的部分；二、撤销被告房管局作出的武房罚字〔2017〕001号行政处罚决定第一项，责令田某对拆改墙体立即恢复原状的部分。

二审法院经审理认为，本案的审理焦点是：1. 上诉人白某某（原审第三人）是否有权提起上诉；2. 被诉行政处罚决定是否合法；3. 原审判决是否适当。

关于上诉人白某某（原审第三人）是否有权提起上诉的问题。《中华人民共和国行政诉讼法》第二十九条第二款规定：“人民法院判决第三人承担义务或者减损第三人权益的，第三人有权依法提起上诉。”根据上述法律规定，只有一审判决第三人承担义务或者减损权益的情况下，第三人才有权提起上诉。上诉人白某某对被上诉人田某的投诉举报，属于影响到投诉举报者自身的合法权益的情形，行政机关对于举报投诉所作的处理行为与上诉人白某某（投诉举报人）自身合法权益有直接的利害关系。本案中，一审判决撤销“原审被告房管局作出的武房罚字〔2017〕001号行政处罚决定第一项，责令田某对拆改墙体立即恢复原状的部分”后，不能消除建筑物存在的潜在安全隐患，可能影响楼下住户白某某的居住安全，故上诉人白某某虽然不是被诉行政处罚的相对人，但一审判决结果间接减损了第三人的权益，其上诉符合法律规定。关于原审被告房管局行政处罚职权的问题。建设部《住宅室内装饰装修管理办法》第四条第三款规定："直辖市、市、县人民政府房地产行政主管部门负责本行政区域内的住宅室内装饰装修活动的管理工作。"据此，原审被告房管局在其管辖区域内根据法律、规章的授权，有对住宅室内装饰装修活动管理的职权。

关于被诉行政处罚决定是否合法的问题。建设部《住宅室内装饰装修管理办法》第五条第一款规定："住宅室内装饰装修活动，禁止下列行为：（一）未经原设计单位或者具有相应资质等级的设计单位提出设计方案，变动建筑主体和承重结构；（二）将没有防水要求的房间或者阳台改为卫生间、厨房间；（三）扩大承重墙上原有的门窗尺寸，拆除连接阳台的砖、混凝土墙体；（四）损坏房屋原有节能设施，降低节能效果；（五）其他影响建筑结构和使用安全的行为。"本案中，被上诉人田某将其位于凉州区南关东路南苑园区×栋×单元501室的房屋在装饰装修的过程中，未经原设计单位或者具有相应资质等级的设计单位提出设计方案，擅自变动卫生间与厨房的墙体，将连接卫生间与厨房的墙体拆除，另行砌墙扩大卫生间面积，属于其他影响建筑结构和使用安全的行为，该行为违反上述规章的规定，依法应当予以处罚。根据建设部《住宅室内装饰装修管理办法》第三十八条第（一）项、第（四）项规定，住宅室内装饰装修活动中将没有防水要求的房间或者阳台改为卫生间、厨房间的，或者拆除连接阳台的砖、混凝土墙体的和未经原设计单位或者具有相应资质等级的设计单位提出设计方案，擅自超过设计标准或者规范增加楼面荷载的，由城市房地产行政主管部门责令改正，并处罚款。本案中，原审被告房管局在收到上诉人白某某的投诉后，经实地察看、多次召集被上诉人田某和相关人员进行调解，在未达成调解意见的情况下，于2017年4月5日、4月17日向被上诉人田某分别下达了《整改通知书》《拟行政处罚通知书》，书面通知被上诉人田某立即对拆除墙体恢复原状，消除对建筑物的潜在安全隐患，但被上诉人田某未依法整改。2017年4月21日，原审被告房管局针对被上诉人田某作出武房罚字〔2017〕001号行政处罚决定：1. 责令被上诉人田某对拆改墙体立即恢复原状；2. 对被上诉人田某处以800元罚款。该处罚决定符合《住宅室内装饰装修管理办法》第三十八条的规定。据此，原审被告房管局作出的武房罚字〔2017〕001号行政处罚决定认定事实清楚，适用法律及处罚程序合法。

关于原审判决是否适当的问题。《中华人民共和国行政诉讼法》第八十七条规定："人民法院审理上诉案件，应当对原审人民法院的判决、裁定和被诉行政行为进行全面审查。"为此，二审应当对原审判决及被诉行政处罚决定进行全面审查。建设部《住宅室内装饰装修管理办法》第三十八条规定了"责令改正"，责令改正是一种行政处罚的形式，是促使被处罚人继续履行原来应当履行的义务或者通过其他方式达到与履行义务相同的状态。本案原审被告房管局作出的行政处罚决定中责令被上诉人田某对拆改墙体立即恢复原状，属于"责令改正"的一种形式。一审判决认定"《住宅室内装饰装修管理办法》第三十八条规定有上述行为处理方式是'责令改正'，被告在该行政处罚决定中却作出'立即恢复原状'，该项决定既无事实依据，亦不符合法规规定"，是对"责令改正"的错误理解。据此，一审判决撤销原审被告房管局作出的武房罚字〔2017〕001号行政处罚决定第一项，责令被上诉人田某对拆改墙体立即恢复原状的部分，属于适用法律错误，依法应予纠正。

综上，原审被告房管局作出的武房罚字〔2017〕001号行政处罚决定认定事实清楚，适用法律及处罚程序合法。被上诉人田某请求撤销被诉行政处罚的理由不能成立，依法应予驳回。一审判决认定事实基本清楚，但适用法律及判决结果不当，依法应予纠正。上诉人白某某的上诉理由成立，依法应予支持。依照《中华人民共和国行政诉讼法》第八十九条第一款第（二）项、第六十九条之规定，判决如下：一、撤销甘肃省金昌市中级人法院（2017）甘03行初73号行政判决；二、驳回被上诉人（原审原告）田某的诉讼请求。

【评析】

随着我国社会经济的不断发展，人民的生活水平及居住条件也随之改善，特别是近年来我国房地产业的发展日新月异。因居住条件的改善，房地产装饰、装修引发的举报投诉案件大量发生，引发房屋装修行政处罚案件也逐年上升。同时，因违规进行房屋室内外装饰、装修引起住宅楼房使用公共安全问题相对突出。特别是我国西北地区大量存在修建于20世纪90年代的砖混结构的住宅楼房，因类似楼房使用年限已久，且房屋构造相对落后，使用功能也相对滞后，违规装饰、装修房屋更易威胁房屋的安全使用状态。本案的裁判将正确引导城市房地产行政主管部门对因住宅楼房室内外装饰、装修行为而引起的纠纷，或者因可能装饰、装修行为引起潜在楼房使用公共安全行为的行政执法尺度，对此类装饰、装修应当严格根据《住宅室内装饰装修管理办法》规定，责令立即恢复原状，维护住宅楼房使用安全，维护社会公共安全。

一、相关法律法规

建设部《住宅室内装饰装修管理办法》第五条第一款规定：“住宅室内装饰装修活动，禁止下列行为：（一）未经原设计单位或者具有相应资质等级的设计单位提出设计方案，变动建筑主体和承重结构；（二）将没有防水要求的房间或者阳台改为卫生间、厨房间；（三）扩大承重墙上原有的门窗尺寸，拆除连接阳台的砖、混凝土墙体；（四）损坏房屋原有节能设施，降低节能效果；（五）其他影响建筑结构和使用安全的行为。”本案中，被上诉人田某将其位于凉州区南关东路南苑园区×栋×单元501室的房屋在装饰装修的过程中，未经原设计单位或者具有相应资质等级的设计单位提出设计方案，擅自变动卫生间与厨房的墙体，将连接卫生间与厨房的墙体拆除，另行砌墙扩大卫生间面积，本案中武威市房地产管理局对涉案房屋的装修情况进行实地察看，依据该法条认定田某的装修行为属于其他影响建筑结构和使用安全的行为，依法应当予以处罚。

同时，《住宅室内装饰装修管理办法》第三十五条规定，“装修人未申报登记进行住宅室内装饰装修活动的，由城市房地产行政主管部门责令改正，处5百元以上1千元以下的罚款。”第三十八条规定，住宅室内装饰装修活动有下列行为之一的，由城市房地产行政主管部门责令改正，并处罚款：（一）将没有防水要求的房间或者阳台改为卫生间、厨房间的，或者拆除连接阳台的砖、混凝土墙体的，对装修人处5百元以上1千元以下的罚款，对装饰装修企业处1千元以上1万元以下的罚款；……（四）未经原设计单位或者具有相应资质等级的设计单位提出设计方案，擅自超过设计标准或者规范增加楼面荷载的，对装修人处5百元以上1千元以下的罚款，对装饰装修企业处1千元以上1万元以下的罚款。本案即依照《住宅室内装饰装修管理办法》第三十五条、第三十八条等规定，结合认定的事实问题，决定对田某作出如下行政处罚：一、责令田某对拆改墙体立即恢复原状；二、对田某处以800元罚款。

二、本案典型意义

一是明确房屋室内外装饰、装修行为应该合法合规，不应对公共安全造成影响。楼房使用人为改善居住条件进行的房屋室内外装饰、装修行为，应当严格依法按照建设部《住宅室内装饰装修管理办法》等相关规定，并经有资质的机构提出设计方案后，才可进行装饰、装修改造。对于未按照《住宅室内装饰装修管理办法》的规定进行房屋装饰、装修的，或者擅自将原有卫生间与厨房墙拆除后整体外移，加重楼板集中荷载等存在重大安全隐患装饰、装修行为的，城市房地产行政主管部门应当严格依法查处，如果因住宅楼房装饰、装修而改变房屋结构的，或者可能引起潜在的楼房使用安全的，应当严格按照该办法的规定，责令立即改正并处以罚款的处罚。

二是司法机关应该尊重行政机关的认定事实，并且尊重行政机关在其专业领域的执法判断。《住宅室内装饰装修管理办法》第三十八条第（一）项、第（四）项规定，住宅室内装饰装修活动中将没有防水要求的房间或者阳台改为卫生间、厨房间的，或者拆除连接阳台的砖、混凝土墙体的和未经原设计单位或者具有相应资质等级的设计单位提出设计方案，擅自超过设计标准或者规范增加楼面荷载的，由城市房地产行政主管部门责令改正，并处罚款。据此，《住宅室内装饰装修管理办法》中规定的“责令改正”应当是一种行政处罚的形式，是促使被处罚人继续履行原来应当履行的义务或者通过其他方式达到与履行义务相同的状态。即“责令改正”是因行政相对人擅自超过设计标准或者规范增加楼面荷载的装饰、装修工程，对严重违法装饰、装修应当拆除并责令恢复楼房原来的使用状态。同时，该《住宅室内装饰装修管理办法》第五条第一款第（五）项规定，住宅楼房室内装饰装修活动，禁止其他影响建筑结构和使用安全的行为。具体到本案，田某将其位于凉州区南关东路南苑园区×栋×单元501室的房屋进行装饰、装修时，未经原设计单位或者具有相应资质等级的设计单位提出设计方案，擅自变动卫生间与厨房的墙体，将连接卫生间与厨房的墙体拆除，另行砌墙扩大卫生间面积，属于其他可能影响建筑结构和使用安全的装饰、装修行为，存在潜在危及楼房使用安全的行为。从公共安全角度讲，对于可能存在潜在的危及住宅楼房公共安全的装饰、装修行为的，应当严格禁止。城市房地产行政主管部门作为监管责任主体，对违规违法装饰、装修行为以及装饰、装修行为可能引起建筑物存在潜在的安全隐患的，应当依法严格处罚，特别是对存在住宅楼房使用安全的装饰、装修行为应当依法责令恢复原有使用状态并予以罚款。

本案房管局在收到白某某的投诉后，经实地察看、多次召集田某、白某某等相关人员进行调解，在未达成调解一致意见的情况下，分别向田某下达了《整改通知书》《拟行政处罚通知书》，书面通知田某立即对拆除墙体恢复原状，消除对建筑物的潜在安全隐患，但田某未依照城市房地产行政主管部门的通知要求进行整改。房管局于2017年4月21日作出了武房罚字〔2017〕001号行政处罚决定。《住宅室内装饰装修管理办法》第三十八条规定了“责令改正”，责令改正是一种行政处罚的形式，是促使被处罚人继续履行原来应当履行的义务或者通过其他方式达到与履行义务相同的状态。本案房管局作出的行政处罚决定中责令被上诉人田某对拆改墙体立即恢复原状，属于“责令改正”的一种形式。本案田某的装饰、装修行为违反了《住宅室内装饰装修管理办法》第五条第一款第（五）项、第三十八条第（一）项、第（四）项的规定，原审被告作出的处罚决定符合《住宅室内装饰装修管理办法》的规定。一审法院判决认定，《住宅室内装饰装修管理办法》第三十八条规定有上述行为处理方式是“责令改正”，行政机关在该行政处罚决定中却作出“立即恢复原状”，该项决定既无事实依据，亦不符合法规规定，是对《住宅室内装饰装修管理办法》法律条文的理解错误，也属于对行政机关对其专业领域中的“责令改正”的错误理解，二审判决应当依法应予纠正。

三、行政执法中“责令改正”的内涵分析

一是“责令改正”的含义及适用范围。在很多行政执法案件中，行政机关在做出处罚决定的同时，会责令相对人改正自己先前的违法行为。“责令改正”是行政主体责令违法行为人停止和纠正违法行为，以恢复原状，维持法定的秩序或者状态的一种行政管理手段，具有事后救济性。我国《行政处罚法》第二十三条规定：“行政机关实施行政处罚时，应当责令当事人改正或者限期改正违法行为。”在日常行政管理过程中，“责令改正”的适用范围广，不同的行政部门在其专业领域有不同的理解和认定。所以，厘清“责令改正”的性质和适用范围对监督行政主体依法行政和保障相对人合法权益具有重要意义。

根据我国法律法规及规章制度的规定，行政机关作出“责令改正”行为主要有两种情形：第一种情形是有违法事实，但情节轻微，其行为没有达到给予行政处罚的程度，无须给予行政处罚，应当下达《责令改正通知书》；第二种情形就是情节较重，必须给予行政处罚，《责令改正通知书》将成为对拒不改正违法行为当事人给予从重处罚的依据。无论是哪一种情形，在具体案件中，《责令改正通知书》都将作为一个独立环节存在于行政程序中，同理“责令改正”行为亦是一个单独的针对特定相对人的行政行为。《责令改正通知书》以书面的形式指出相对人的违法行为，引导其限期改正，这对教育违法当事人、规范社会监管秩序、提高监管实效具有重要意义，同时也是行政机关做出行政处罚决定的重要依据。本案中，房管局在收到上诉人白某某的投诉后，在未达成调解意见的情况下，于2017年4月5日、4月17日向被上诉人田某分别下达了《整改通知书》《拟行政处罚通知书》，书面通知被上诉人田某立即对拆除墙体恢复原状，消除对建筑物的潜在安全隐患，这即第一种情形。但被上诉人田某拒不改正且未消除隐患，2017年4月21日，原审被告房管局针对被上诉人田某作出武房罚字〔2017〕001号行政处罚决定，这即第二种适用情形，此时被上诉人田某拒不改正违法行为，已属情节较重的情形，因此武威市房地产管理局对其做出了行政处罚的决定。

二是“责令改正”是否系行政处罚。关于责令改正是否系行政处罚的问题，在《最高人民法院司法观点集成》行政及国家赔偿卷中，公报案例“邵仲国诉黄浦区安监局安全生产行政处罚决定案”认为“责令改正属于行政处罚”。但从法律的规定来看，根据《中华人民共和国行政处罚法》第八条对行政处罚种类的规定，责令改正并非该法明确规定的六种行政处罚方式之一。《中华人民共和国行政处罚法》第八条规定行政处罚的种类包括：（一）警告；（二）罚款；（三）没收违法所得、没收非法财物；（四）责令停产停业；（五）暂扣或者吊销许可证、暂扣或者吊销执照；（六）行政拘留；（七）法律、行政法规规定的其他行政处罚。但本法第二十三条规定：行政机关实施行政处罚时，应当责令当事人改正或者限期改正违法行为。将行政处罚与“责令改正”和“限期改正”并列，如果这两种行政行为属于行政处罚，且作为普遍的行政处罚结果，但由于其并未在第八条中明确规定，这在理论上存在一定的矛盾。

三是在司法实践中的认定。从法律关系修复的角度看，行政处罚的制度目的在于对行政相对人违反特定的制度规范后的惩戒。但惩戒并不足以在完全意义上修正被损害的法律关系。所以对被破坏的法律关系的救济仍需要责令改正的补足，这也是设置《中华人民共和国行政处罚法》第二十三条的目的。而责令改正与行政强制在实现目的上是一致的，即对特定的法律关系的修正，虽然行政处罚和责令改正均有可能进入行政强制阶段，但行政处罚进入行政强制，其纠正的是对特定主体行政处罚的执行状态，并不在于实现对特定民事法律关系的纠正。因此“责令改正”在纠正被损害的法律关系方面，其现实意义要大于行政处罚的结果。

从相对人权利救济的角度看，责令改正和行政处罚均由行政机关的业务部门作出，往往并存于同一份行政处罚决定书上，出于对行政相对人权利救济的简便性，对“责令改正”适用行政处罚的权利救济模式也较为适当。具体到本案中，武威市房管局适用《住宅室内装饰装修管理办法》第三十八条第（一）项、第（四）项规定“住宅室内装饰装修活动中将没有防水要求的房间或者阳台改为卫生间、厨房间的，或者拆除连接阳台的砖、混凝土墙体的和未经原设计单位或者具有相应资质等级的设计单位提出设计方案，擅自超过设计标准或者规范增加楼面荷载的，由城市房地产行政主管部门责令改正，并处罚款”的条款作出行政决定。本案基于房屋住宅安全的特殊性考虑，责令相对人改正装修行为，使房屋恢复到原有的安全使用状态，其实是处罚中的实质部分，因此将该决定认定为行政处罚，就使该决定具有了可诉性，也便于相对人田某的权利救济。

四、法院对行政执法判断合法性的认定标准

一是行政执法行为是否严格遵守法定程序。行政程序的价值在于扩大公民参与行政权行使的途径，保护行政相对人的程序权益，同时兼顾提高行政效率。行政机关的执法行为必须符合合法的程序，作出行政行为必须严格按照法律规定的方式、步骤和期限来完成，不得逾越程序的限制。同时，合法的程序也应具备正当性。程序的正当性体现在行政机关拟作出不利于行政相对人的决定时，要在一定期限内告知行政相对人作出行政行为的理由、事实依据和法律依据，并且听取相对人的辩解理由。本案中，武威市房地产管理局在作出处罚决定前，经过了实地察看、组织调解、限期责令整改的一系列程序，相对人的权利得到充分保障，程序正当合法。本案中，法院应该将程序的合法性作为判断行政行为合法的重要标准。

二是行政执法判断是否符合事实认定。行政机关应尊重事实，作出行政行为应该以事实的认定为依据，并且充分发挥自身在专业领域的优势，综合实际情况，科学判断。作出的行政行为要符合事实认定的结果，符合专业领域的法律法规和技术标准。本案即房管局作为专门的行政管理部门，对案涉房屋的装修情况进行了符合法律法规及专业知识的判断，作出的处罚决定是合法合理的。法院应该充分考虑实际情况，对行政机关在自身领域的执法判断给出合理的认定结果。

撰稿：姚振勇　甘肃省高级人民法院

李汶泽　西北师范大学法学院研究生

7

推荐性标准不能作为认定食品安全违法行为的标准

——小吴批发部诉庄浪县食品药品监督管理局、平凉市食品药品监督管理局行政处罚案[①]

【裁判要旨】

对产品质量的监管和对食品安全的监管是两个不同的概念，属于两个不同的执法领域。因此，推荐性标准可以作为产品质量的认定标准，但不能作为食品安全违法行为认定的标准。

【索引词】

食品安全　认定标准　行政处罚

【案情】

2016年1月21日，庄浪县食品药品监督管理局（以下简称庄浪食药监局）在对吴某某经营的小吴批发部的检查中，提取其销售的河南省济源市能力源生物饮品有限公司生产的“天坛山”杏仁露植物蛋白饮料可疑产品抽检样品，委托甘肃国信润达分析测试中心进行检验，该中心经检验认为被检杏仁露植物蛋白饮料脂肪含量

---

① 一审：平凉市崆峒区人民法院（2016）甘0802行初7号；二审：平凉市中级人民法院（2017）甘08行终14号。

0.4克/100克，不符合QB/T2438－2006的标准要求，判定被检饮料为不合格食品。2016年5月3日，庄浪食药监局作出（庄）食药监食罚〔2016〕10号行政处罚决定书，以吴某某经营的食品脂肪不符合食品安全标准，构成经营不符合食品安全标准食品的违法行为为由，依据《中华人民共和国食品安全法》（以下简称《食品安全法》）第一百二十四条第一款、第二款之规定，决定对吴某某处以罚款371000元，没收违法所得700元。2016年5月30日，小吴批发部向平凉市食品药品监督管理局（以下简称平凉食药监局）提出行政复议申请。平凉食药监局于2016年7月15日作出平食药监复发〔2016〕4号行政复议决定书，维持了（庄）食药监食罚〔2016〕10号行政处罚决定。小吴批发部遂于2016年8月1日向平凉市崆峒区人民法院提起行政诉讼，请求撤销该行政处罚决定及行政复议决定。

【审判】

一审法院经审理认为，根据2015年《食品安全法》第二十五条“食品安全标准是强制执行的标准。除食品安全标准外，不得制定其他食品强制性标准”和1988年《中华人民共和国标准化法》（以下简称《标准化法》）第六条“对需要在全国范围内统一的技术要求，应当制定国家标准。国家标准由国务院标准化法行政主管部门制定。对没有国家标准而又需要在全国某个行业范围内统一的技术要求，可以制定行业标准。行业标准由国务院有关行政主管部门制定，并报国务院标准化法行政主管部门备案，在公布国家标准之后，该项行业标准即行废止……”的规定，2014年12月5日，国家质量监督检验检疫总局、中国国家标准化管理委员会发布了中华人民共和国国家标准GB/T31324－2014《植物蛋白饮料 杏仁露》标准，于2015年12月1日实施，中华人民共和国轻工行业标准QB/T2438－2006《植物蛋白饮料 杏仁露》即行废止。而本案原告经营的涉案“天坛山”杏仁露，生产日期为2016年1月1日，外包装明示标准仍适用已废止行业标准QB/T2438－2006，脂肪为1.2克。涉案产品经甘肃国信润达分析测试中心检测，脂肪含量为0.4克，结论为不合格。因原告经营的涉案杏仁露既不符合已废止的行业标准，又不符合国家标准脂肪≥1.3克的要求。依据《食品安全法》的相关规定，食品安全标准是强制执行标准，即保障人体健康、人身和财产安全的标准是强制性标准，必须执行；不符合强制性标准的产品，禁止生产、销售。据此，原告经营的涉案杏仁露脂肪未达到食品安全强制性标准规定的行为违反了法律规定，被告庄浪食药监局根据2015年《食品安全法》第一百二十四条第二款的规定，对原告经营不符合食品安全标准的食品作出的行政处罚，认定事实清楚。又据2015年《食品安全法》第一百三十六条“食品经营者履行了本法规定的进货查验等义务，有充分证据证明其不知道所采购的食品不符合食品安全标准，并能如实说明其进货来源的，可以免予处罚……”的规定，在立案调查中，原告虽向被告庄浪食药监局提供了厂家的营业执照、生产许可证、济源市质量技术监督检验测试中心的检验报告、发货清单，但所提供的检验报告日期（生产批次为2015年11月26日）与产品生产日期（2016年1月1日）不一致，发货清单载明的内容（2016年2月2日、收货人孔某某、地址静宁县）与吴某某于2016年1月21日的相关陈述矛盾，可见原告在进货时未履行查验等法定义务。综上，被告庄浪食药监局对原告经营不符合食品安全标准的食品作出的行政处罚决定，认定事实清楚、适用法律正确、程序合法。被告平凉食药监局作出的平食药监复发（2016）4号行政复议决定，程序合法，适用法律正确。根据《中华人民共和国行政诉讼法》第六十九条之规定，判决驳回原告的诉讼请求。

二审法院经审理认为，被上诉人庄浪食药监局认定违法事实所依据的QB/T2438－2006《植物蛋白饮料 杏仁露》标准，属于行业推荐性标准，且于2015年12月1日被《植物蛋白饮料 杏仁露》（GB/T31324－2014）所替代，该新的标准虽属国家标准，但仍属推荐性标准，并非《食品安全法》第二十五条规定的国家强制性标准，因而不属于认定食品安全的标准。被上诉人庄浪食药监局依据推荐性标准，认定行为人的违法事实错误，其依据2015年《食品安全法》第一百二十四条第二款规定作出的（庄）食药监食〔2016〕10号行政处罚决定，对吴某某给予行政处罚，适用法律错误。上诉人小吴批发部提出行政复议申请，被上诉人平凉食药监局作出的复议维持决定亦错误。原审法院对二被上诉人的上述错误未予纠正，判决驳回上诉人小吴批发部的诉讼请求，认定事实和适用法律均错误。故依据《中华人民共和国行政诉讼法》第八十九条第一款第（二）项、第三款之规定，判决撤销平凉市崆峒区人民法院作出的（2016）甘0802行初7号行政判决；撤销（庄）食药监食罚〔2016〕10号行政处罚决定、平食药监复发〔2016〕4号行政复议决定。

【评析】

一、裁判要旨

对食品安全的监管和对产品质量的监管是两个不同的执法领域。国家职能部门对食品生产、流通企业的食品安全行使监督管理的职能，具体是负责食品生产加工、流通环节食品安全的日常监管；实施生产许可、强制检验等食品质量安全市场准入制度；查处生产、制造不合格食品及其他质量违法行为。产品质量的监督管理是指由产品质量法确认的产品质量监督管理机构、制度、办法和措施的总称。它是促进产品的生产和经营者提高产品质量的基本手段，是国家从宏观上对产品的质量进行监督管理的重要措施，其目的主要是通过建立和完善各种产品质量监督管理制度和办法，实现国家对产品生产的调控职能，促进产品质量的提高。监督的对象是产品、服务、质量体系、生产条件、有关的质量文件和记录等。违反食品安全的行为与违反产品质量的行为，依据不同的法律规定所应受到的处罚轻重相差悬殊。在行政执法过程中，区分食品安全标准和产品质量标准尤为关键。食品安全标准是强制执行的标准，任何生产经营食品这一特定产品的个人或者企业都必须执行。反过来，无论是行业制定还是国家制定的推荐性标准，只有经生产经营企业自愿采用，才能成为认定产品质量的标准，但不能作为认定食品安全的标准。一般来说，不符合推荐性标准的食品，可以认定为不合格食品，但不能认定为不安全食品。不安全食品肯定是不合格食品，但不合格食品不一定都是不安全食品。作为行政执法机关只有准确认定违法事实，才能保证适用法律的正确，其执法效果才不至于违背相关立法的目的，做到立法、司法、执法的统一。

二、确立裁判要旨的理由

本案争议的焦点是认定不安全食品的标准问题。为此，存在两种意见：一种意见认为，依据1988年《标准化法》第七条第一款“国家标准、行业标准分为强制标准和推荐性标准。保障人体健康，人身、财产安全的标准和法律、行政法规规定强制执行的标准是强制标准，其他标准是推荐性标准”，《行业标准管理办法》第十六条“行业标准代号由国务院标准化行政主管部门规定。行业标准的编号由行业标准代号、标准顺序号及年号组成。……（二）推荐性行业标准编号……”，《国家标准管理办法》第四条“国家标准的代号由大写汉语拼音字母构成。强制性国家标准的代号为‘GB’，推荐性国家标准的代号为‘GB/T’……”的规定，被上诉人庄浪食药监局作为认定违法事实所适用的QB/T2438－2006《植物蛋白饮料 杏仁露》属于行业推荐性标准，并非2015年《食品安全法》第二十五条、第二十七条第一款“食品安全国家标准由国务院卫生行政部门会同国务院食品安全监督管理部门制定、公布，国务院标准化行政部门提供国家标准编号”规定的国家强制性标准，该决定认定事实所适用的标准错误，进而以2015年《食品安全法》第一百二十四条第二款“……生产经营不符合……食品安全标准的食品……”的规定为依据作出的行政处罚，适用法律错误。

另一种意见认为，上诉人小吴批发部经营的杏仁露，其产品外包装标示的执行标准为QB/T2438，脂肪含量1.2克。检测机构鉴定后认为该产品的脂肪含量实际为0.4克，不符合QB/T2438－2006中理化指标要求≥1克的标准，认定为不合格产品。自2015年12月1日，国家质量监督检验检疫总局和国家标准化管理委员会发布GB/T31324－2014国家标准后，行业标准QB/T2438－2006自行废止，但该国家标准要求杏仁露的脂肪含量的理化指标≥1.3克，即被抽检产品亦不符合国家标准。根据《标准化法》第七条及2015年10月1日起施行的《食品安全法》第二十五条之规定，GB/T31324－2014国家标准在《食品安全法》出台之后开始实施，虽为推荐性标准，但此后国家并未出台关于杏仁露的强制标准。在行业标准已废止，又没有强制标准的情形下，GB/T31324－2014国家标准是唯一可适用的标准，被上诉人庄浪食药监局作为食品安全监管部门，为保障公民的食品安全，依据《食品安全法》第一百二十四条第二款“……生产经营不符合……食品安全标准的食品……”的规定，对经营者进行处罚，并不违反法律规定。

本案二审采纳了第一种意见，具体理由包括以下几个方面：

第一，2009年2月28日通过的《食品安全法》第二十二条第一款规定，“国务院卫生行政部门应当对现行的食用农产品质量安全标准、食品卫生标准、食品质量标准和有关食品的行业标准中强制执行的标准予以整合，统一公布为食品安全国家标准”。为此，原卫生部出台了《食品安全国家标准“十二五”规划》，按照该规划国家卫生和计划生育委员会于2013年年底就已将食品安全国家标准和地方标准清理完毕，到2015年完成了所有食品安全标准的清理、整合、重新认定和公布工作。2015年4月24日，全国人大常委会作出决定，对《食品安全法》进行修订，修订后的《食品安全法》第二十七条删除了原第二十二条第二款“本法规定的食品安全国家标准公布前，食品生产经营者应当按照现行食用农产品质量安全标准、食品卫生标准、食品质量标准和有关食品的行业标准生产经营食品”的规定。也就是说，自2015年10月1日起就不得再按照整合前标准作为食品安全监管的标准，而必须按照国务院卫生行政部门发布的标准对食品生产者、经营者的食品安全行为进行规范。本案“天坛山”杏仁露生产日期为2016年1月1日，发现小吴批发部实施涉嫌违法行为的日期为2016年1月21日。因此，只能按照《食品安全法》规定的食品安全标准来评价小吴批发部经营食品的行为。

第二，尽管基于1988年《标准化法》第七条和《中华人民共和国标准化法实施条例》第十八条“国家标准、行业标准分为强制性标准和推荐性标准。下列标准属于强制性标准：（一）药品标准，食品卫生标准，兽药标准……强制性标准以外的标准是推荐性标准……”的规定，在食品卫生方面曾存在着大量的行业标准，但在2009年6月1日《食品安全法》实施后，原《食品卫生法》被废止，根据《食品安全法》第三章的规定，食品安全标准的认定仅有国家标准、地方标准和企业标准，并不包括行业标准。也就是说，在食品安全国家标准出台后，行业标准虽然不是强制性标准，不受《食品安全法》调整，但会受到《标准化法》等法律的调整。本案被上诉人庄浪食药监局适用的原轻工业部制定的QB/T2438－2006《植物蛋白饮料 杏仁露》并不属于《食品安全法》所规定的标准，显然不能成为认定上诉人小吴批发部经营的食品是否符合食品安全标准的依据。

第三，2015年《食品安全法》第二十五条规定：食品安全标准是强制执行的标准。除食品安全标准外，不得制定其他食品强制性标准。此规定表明，食品安全的认定标准只有强制性标准，而不存在推荐性标准，否则将违反法律的禁止性规定。本案被上诉人庄浪食药监局辩称所适用的GB/T31324－2014《植物蛋白饮料 杏仁露》虽属国家标准，但仅从其标准代号上判断，依据《国家标准管理办法》第四条“国家标准的代号由大写汉语拼音字母构成。强制性国家标准的代号为‘GB’，推荐性国家标准的代号为‘GB/T’……”的规定，属于推荐性标准。国家质量监督检验检疫总局和国家标准化管理委员会发布并于2015年12月1日实施该标准，自然不会与法律的禁止性规定相悖。正确的理解应当是该推荐性国家标准一经企业采用，可以成为食品质量认定标准，受《中华人民共和国产品质量法》（以下简称《产品质量法》）的调整，而不能作为食品安全的认定标准，受《食品安全法》调整。

第四，GB/T31324－2014《植物蛋白饮料 杏仁露》国家标准所规定的理化指标中关于“脂肪”含量的要求，确实比其所替代的QB/T2438－2006《植物蛋白饮料 杏仁露》的指标要求更高，但与国家卫生和计划生育委员会于2015年11月13日发布、2016年11月13日实施的GB7101－2015《食品安全国家标准 饮料》中就理化指标的规定相比，后者仅对以杏仁为原料的饮料中锌、铜、铁总和理化指标作出要求，而对脂肪含量未予限定。尽管在2016年5月3日被上诉人庄浪食药监局作出行政处罚时该食品安全国家标准尚未实施，但可以“前瞻”性视角审查“脂肪”这一特定物质对食品安全影响之大小（基于法律有关规定而专供婴幼儿和其他特定人群的食品除外），以致本案正处于缺乏国家强制标准时，是否有必要通过“扩大”解释对行为人给予巨额处罚（与按照产品质量违法处罚相比），以彰显食品安全红线即底线不可逾越的立法目的？同时，如若按不符合食品安全标准给予处罚，则必然以2016年11月13日的时间节点为界，因适用标准的不同而出现处罚结果的过度悬殊，造成了执法上的不公。

第五，《食品安全法》已经规定了认定食品安全的标准，就应该以此标准来判定食品是否符合安全标准，而不应该再以其他标准认定是否符合食品安全。

第六，按照第二种意见，推荐性标准是在没有国家强制性标准的时候唯一能确定杏仁露是否安全的标准。但推荐性标准是更为严格的标准，只有在企业、个人自愿采用的时候才能作为认定食品质量的标准，并不能以此来认定食品是否符合安全的标准。否则，变相地加重了企业的责任和对企业的要求，不利于行为人一方。

第七，在《食品安全法》中明确的食品安全标准的内容中不包含脂肪含量，脂肪含量不能当作食品安全标准。另外，产品外包装成分含量表中有脂肪含量低于推荐性标准，可以认定为虚假宣传，建议执法部门责令其整改，令其按照标称的标准进行生产，消费者可以通过消协来维护自己的权益；因为执行的是推荐性标准，不会影响食品安全，也可以把产品外包装成分含量表中的脂肪含量当作瑕疵，而不能以此认为不符合食品安全标准。

第八，采用推荐性标准的食品实际上不符合食品安全的标准，消费者请求适用《食品安全法》关于惩罚性赔偿的规定进行处理的，人民法院应当支持；如果食品达到了食品安全标准，但尚未达到其采用的推荐性标准，也可以认定其行为构成违约，依法承担违约责任。对于尚无食品安全标准的新品种食品，应当以《食品安全法》规定的食品安全的基本标准作为认定食品是否合格的依据。

三、运用裁判要旨应注意的问题

第一，不同的标准因受不同法律的调整而产生的法律效果不同。食品质量标准包括强制性标准和推荐性标准。强制性标准包括国家标准、地方标准和企业标准。食品符合质量标准包含两层含义：一是指强制性的食品质量标准，即符合法定的食品安全标准；二是指推荐性的食品质量标准，即国家鼓励采用的严于食品安全标准的企业标准。食品行业标准由食品行业主管部门制定，其中有的是强制性标准，有的是推荐性标准，食品安全标准只整合其中的强制性标准。一般情况下，行业标准严于国家标准，食品安全标准出台后，行业标准还将继续存在，其虽不是强制性标准，不受《食品安全法》调整，但会受《标准化法》《产品质量法》等法律的调整。适用不同的法律应该运用不同的认定标准，不能出现概念的混乱，应正确识别各个概念，法律认定时做到事实清楚。

第二，生产经营者适用的标准与食品安全的认定标准既有联系又有区别。对于《食品安全法》规定的国家标准、地方标准、企业标准，就强制性标准而言，国家标准优先适用，只要有国家标准，就不得适用地方标准和企业标准；只要有地方标准，在其行政区域内就不得适用企业标准，没有前两种标准，适用经政府主管部门批准的企业标准。就推荐性标准而言，是严于国家标准和地方标准的标准，只要食品企业选择适用，就应当以此来衡量食品质量是否合格，但是经鉴定证明食品实际上不符合食品安全标准的，仍然适用《食品安全法》的相关规定处理。一般来说，不符合推荐性标准的食品，可以认定为不合格食品，但不能认定为不安全食品。不安全食品肯定是不合格，反之，不合格食品不一定都是不安全食品。两者适用的法律依据不同。

第三，《产品质量法》与《食品安全法》是一般法与特别法的关系，应当按照立法法规定的法律适用规则适用法律。诸如，2009 年《产品质量法》第四十九条“生产、销售不符合保障人体健康和人身、财产安全的国家标准、行业标准的产品的，责令停止生产、销售，没收违法生产、销售的产品，并处违法生产、销售产品（包括已售出和未售出的产品，下同）货值金额等值以上三倍以下的罚款；有违法所得的，并处没收违法所得；情节严重的，吊销营业执照；构成犯罪的，依法追究刑事责任”，第七十条“本法规定的吊销营业执照的行政处罚由工商行政管理部门决定，本法第四十九条至第五十七条、第六十条至第六十三条规定的行政处罚由产品质量监督部门或者工商行政管理部门按照国务院规定的职权范围决定……”与《食品安全法》第一百二十四条“违反本法规定，有下列情形之一，尚不构成犯罪的，由县级以上人民政府食品药品监督管理部门没收违法所得和违法生产经营的食品、食品添加剂，并可以没收用于违法生产经营的工具、设备、原料等物品；违法生产经营的食品、食品添加剂货值金额不足一万元的，并处五万元以上十万元以下罚款；货值金额一万元以上的，并处货值金额十倍以上二十倍以下罚款；情节严重的，吊销许可证：……除前款和本法第一百二十三条、第一百二十五条规定的情形外，生产经营不符合法律、法规或者食品安全标准的食品、食品添加剂的，依照前款规定给予处罚……”的规定，无论是从执法主体、认定违法行为的标准，以及处罚的种类与幅度都存在相互交叉的情形，在实践中应当根据具体情形由相应的执法机关作出处理，而不能不加区分越权行政。对于交叉部分只有依据具体情形，才能作出正确的处理方式，执法部门应当认真区分，做到于法有理有据。

第四，鉴定机构在进行食品抽样检测中应根据不同的执法需求作出相应的鉴定结论。诸如，针对产品质量的检测需要应当作出食品合格与不合格的结论，而针对食品安全的检测或认证，应当作出安全与不安全的结论，而不能将两种执法程序混为一谈。

第五，在运用法律时首先应当正确认定事实，只有对事实认定正确，才能正确适用法律。

第六，在新旧法的适用上正确处理新旧法的衔接。

第七，要正确理解和运用法律术语的含义，才能准确认定法律事实。

撰稿：岳学敏　穆雯　平凉市中级人民法院

张富媛　西北师范大学法学院研究生

五、行政公益诉讼

8

行政机关应积极全面履行保护环境监管职责，维护社会公共利益

——嘉峪关市人民检察院诉嘉峪关市农林局公益诉讼案

【裁判要旨】

在检察院检察建议发出前，破坏生态环境的行为已经存在，在检察建议发出后，具有履行保护环境监管职责的行政机关在有能力、有条件履行的情况下拖延履行监管职责的行为，违反法律法规的规定，履责未能全面到位，应被人民法院确认违法。

【索引词】

公益诉讼　履行职责

【案情】

2016 年 12 月 29 日，嘉峪关市人民检察院（以下简称嘉峪关检察院）向嘉峪关市农林局发出嘉检民（行）行政违监〔2017〕62020000001 号检察建议书，建议嘉峪关市农林局依法对新城镇新城村六组赵某福等村民的违法行为进行处理。2017 年 4 月 18 日，嘉峪关市农林局向 2013 年之后开垦荒地的赵某福、赵某忠、马某德、胡某军、马清某分别下发了《关于查处在湿地保护范围内私自开荒的通知》，责令于 2017 年 6 月底之前恢复开垦荒地原貌。2017 年 8 月 2 日，公益诉讼人向法

院提起行政公益诉讼，请求确认嘉峪关市农林局怠于履行法定职责行为违法，并判令嘉峪关市农林局依法履行湿地保护监管职责。

【审判】

酒泉市中级人民法院经审理认为，本案的争议焦点问题为被告履责是否全面到位问题。本案被告嘉峪关市农林局对发现的嘉峪关市新城镇新城村六组村民赵某福等四人非法开垦活动，未督促违法行为人停止违法行为或责令违法行为人恢复原状并处以相关的行政处罚，至公益诉讼人嘉峪关检察院发出检察建议前，涉案土地被破坏的生态状态依然存在未予恢复，其造成的违法行为仍在继续，被告其行为属于不履行法定职责的情形；且在收到检察建议后的一段时间内，嘉峪关市农林局在其有能力、有条件履行的情况下，拖延履行作为义务的行为违反法律法规的规定。被告虽在起诉前责令案外人赵某福等四人停止违法行为并限期恢复原貌，但被告未提供证据证明相关当事人自行或委托第三方进行恢复原状，被告也未严格依据《甘肃省湿地保护条例》第二十条规定，对相关当事人处以行政处罚，湿地区域生态环境保护的公共利益仍处在被侵害的状态，尽管被告在诉讼中代为组织恢复荒地，履行了相关生态保护监管职责，但仍属于未依法全面履行法定职责。因此，被告自2013年12月31日国家林业局批准甘肃嘉峪关草湖公园为国家湿地公园（试点）至2017年11月6日被告对涉案荒地进行恢复原貌之日，被告存在疏于监管怠于履责的行为，导致湿地资源及生态环境遭到一定程度的破坏，其行为应被确认违法。在本案审理过程中，因被告嘉峪关市农林局依法履行了恢复被破坏湿地原状的监管职责，嘉峪关检察院撤回了请求嘉峪关市农林局依法履行湿地保护监管职责的诉讼请求，符合《最高人民法院关于行政诉讼撤诉若干问题的规定》第二条及《最高人民法院、最高人民检察院关于检察公益诉讼案件适用法律若干问题的解释》第二十四条的规定，本院予以准许。

【评析】

行政机关没有依法履行法定职责与国家和社会公共利益受到侵害是检察机关提起行政公益诉讼的必要条件。判断负有监督管理职责的行政机关是否依法履职，关键要厘清行政机关的法定职责和行政机关是否依法履职到位；判断国家和社会公共利益是否受到侵害，要看违法行政行为造成国家和社会公共利益的实然侵害，发出检察建议后要看国家和社会公共利益是否脱离被侵害状态。诉讼中，被告嘉峪关市农林局依法履行了恢复被破坏湿地原状的监管职责，积极纠正违法行为，使得公益诉讼人部分诉讼请求得以实现，依法适时撤回诉讼请求，提高了诉讼效率，节约了司法资源。检察机关提出检察建议和提起行政公益诉讼，目的都是督促涉案行政机关积极依法履行职责，有效维护国家和社会公共利益。

撰稿：郑杰　酒泉市中级人民法院

六、行政赔偿

9

违法拆除建筑案件中行政赔偿标准的司法考量

——王某某诉兰州市城市管理综合行政执法局兰州高新技术产业开发区分局房屋行政赔偿案①

【裁判要旨】

在行政机关违法拆除建筑给行政相对人造成实际损失的情形下，对于财产不能恢复原状或者灭失的，人民法院原则上应按照侵权行为发生时的市场价格计算直接损失，但在受到侵权损害的时间较长且受损财产价值发生较大波动的状况下，按照财产原值计算直接损失，显然有失公允。当市场价格不足以弥补受害人损失的，可以采取其他合理方式计算损失，以更加充分地救济受害人的权利。

【索引词】

违建　拆除　行政赔偿　司法衡量

【案情】

2002年6月6日，兰州市城关区城乡规划土地管理局给第三人兰州二中就北面滩村×××号土地颁发兰国用（2002）字第C06×××号《国有土地使用证》。

① 一审：兰州铁路运输中级法院（2017）甘71行赔初1号；二审：甘肃省高级人民法院（2017）甘行赔终20号。

2005年8月16日，案外人张某某与原告王某某签订房地产买卖契约合同，将兰州市城关区某乡幢号为1、2、3、4、7、8、9、10、11、12的房地产（面积为3085.22平方米）出售给王某某，价款为800万元。2006年6月2日，兰州高新技术产业开发区建设和房地产管理局给原告王某某颁发了兰房（高私）产字第2015号房屋所有权证，证载幢号为：8、9、10、11、12，面积分别为229.60平方米、229.60平方米、549.78平方米、209.53平方米和549.78平方米，上述房屋均在兰国用（2002）字第C06×××号《国有土地使用证》范围内。2011年3月15日，兰州市城市管理综合行政执法局兰州高新技术产业开发区分局（以下简称高新执法分局）对兰州二中作出兰城高罚字（2011）第010号行政处罚决定，认定兰州二中在北面滩×××号院内未经批准修建的43栋房屋，除部分房屋涉及法院裁定、判决及房屋产权证超出其职权范围而不作处理外，其余房屋的建设行为，未办理建设工程规划许可证，属于违法建设行为，决定责令停止建设，限期自行拆除。2012年6月15日，被告高新执法分局就上述证载10、11、12号三幢房屋予以强制拆除。原告王某某向城关区人民法院起诉，要求确认被告高新执法分局强制拆除行为违法。王某某在诉讼中一并提起行政赔偿诉讼，要求被告立即将违法拆除的房屋恢复原状或赔偿损失2000万元。该院裁定中止行政赔偿诉讼，经审理于2016年4月29日作出（2014）城行初字第164号行政判决书，判决确认被告高新执法分局于2012年6月15日对原告所有的三幢房屋实施的拆除行为违法。被告高新执法分局不服，提起上诉。兰州市中级人民法院于2016年11月16日作出（2016）甘01行终32号行政判决，驳回上诉，维持原判。

在本案一审诉讼中，原告王某某申请对涉案被拆的三幢房屋的市场价值进行评估，一审兰州铁路运输中级人民法院于2017年4月7日委托甘肃信诺房地产咨询估价有限公司（以下简称信诺估价公司）评估，该公司于2017年5月5日作出“房地产价格咨询报告”，涉案三幢房屋不同评估时点的市场价值分别为：2012年6月15日的市场单价为5600元/平方米，市场总价为845.09万元；2016年11月16日的市场单价为8098元/平方米，市场总价为1222.06万元；2017年4月26日的市场单价为8700元/平方米，市场总价为1312.91万元。

【审判】

一审法院经审理认为，被告高新执法分局违法强拆行为，造成原告王某某房屋灭失，应依法承担行政赔偿责任。《中华人民共和国房地产管理法》第三十二条规定：“房地产转让、抵押时，房屋所有权和房屋占有范围内的土地使用权同时转让、抵押。”依照上述法律规定，在不动产登记机关对房屋和土地权属主体作出不同登记的情况下，应当认可原告王某某对涉案房屋占用或分摊土地有实际占用的权利。关于房屋市场价值的估价时点的确定问题。鉴于从2012年原告房屋被拆除以来，兰州市房地产价格有较大幅度的上升，故以2012年6月强拆行为发生的时间为估价时点对王某某而言明显不具有合理性。而如果根据王某某的要求以本案审理时的时间为估价时点，则将使赔偿标准欠缺应有的统一性，对高新执法分局而言亦不具有合理性。根据《中华人民共和国国家赔偿法》第二条第二款规定，赔偿义务机关应当依照本法及时履行赔偿义务。本案被告应当在行政强拆行为确认违法之日，及时履行赔偿义务。综合考虑，以2016年11月16日被诉的强拆行为被确认违法的时间为估价时点，对王某某所属的房地产市场价值进行评估，符合公平、合理的原则。因此，选择估价报告中时点为2016年11月16日的市场价格，即每平方米8098元、市场总价为1222.06万元认定房屋价值损失。原告其他赔偿请求没有事实和法律依据，不予支持。依据《中华人民共和国国家赔偿法》第二条、第四条第（四）项、第九条、第三十二条第一款、第三十六条第（三）项、第（四）项、第（八）项，《最高人民法院关于审理行政赔偿案件若干问题的规定》第三十三条之规定，判决：一、被告高新执法分局自本判决生效之日起六十日内向原告王某某赔偿房屋权益损失，合计人民币1222.06万元。二、驳回原告的其他赔偿请求。本案评估费7万元由被告高新执法分局负担。高新执法分局和兰州二中不服一审判决，提出上诉。

二审法院经审理认为，本案双方当事人争议的焦点问题是：一、上诉人高新执法分局是否应当对其拆除被上诉人王某某房屋的行为承担行政赔偿责任？二、被上诉人王某某被拆除房屋的损失如何计算？

一、关于上诉人高新执法分局是否应当对其拆除被上诉人王某某房屋的行为承担行政赔偿责任的问题。《中华人民共和国国家赔偿法》第二条第一款规定：“国家机关和国家机关工作人员行使职权，有本法规定的侵犯公民、法人和其他组织合法权益的情形，造成损害的，受害人有依照本法取得国家赔偿的权利。”第四条第（四）项规定：“行政机关及其工作人员在行使行政职权时有下列侵犯财产权情形之一的，受害人有取得赔偿的权利：（四）造成财产损害的其他违法行为；”第九条规定：“赔偿义务机关有本法第三条、第四条规定情形之一的，应当给予赔偿……”我国行政赔偿责任的构成要件包括四方面：一是行为主体，即具体实施侵权行为的行政机关及其工作人员；二是侵权行为，指行政机关及其工作人员违反法律规定，利用职权实施了侵害公民、法人或者其他组织合法权益的行为；三是损害结果，指侵权主体职务违法行为所造成的客观后果；四是因果关系，指侵权主体所为之职务行为与损害结果之间具有前因后果之间的关联性。本案中，高新执法分局于2011年3月15日对兰州二中作出兰城高罚字（2011）第010号行政处罚决定，该处罚决定书明确载明：除部分房屋涉及法院裁定、判决及房屋产权证超出其职权范围不作处理外，其余房屋的建设行为因未办理建设工程规划许可证，属于违法建设行为，决定责令停止建设，限期自行拆除。上诉人高新执法分局在被上诉人王某某持有涉案三幢房屋产权证的情形下，于2012年6月15日对该房屋实施拆除，该拆除行为违反法律规定，且已被生效判决确认违法。上诉人高新执法分局的拆除行为侵害了被上诉人王某某合法的财产权益，造成了王某某三幢房屋灭失的损害结果，且上诉人高新执法分局拆除房屋的行为与王某某房屋灭失的损害后果之间具有因果关系。故上诉人高新执法分局的拆除行为符合上述行政赔偿责任的构成要件，根据上述法律规定，上诉人高新执法分局应当对其违法拆除被上诉人王某某房屋所造成的损失承担行政赔偿责任。

二、关于被上诉人王某某的被拆除房屋的损失如何计算的问题。该问题具体包括两方面：1. 损失的范围确定问题，即被上诉人王某某的损失是否应包含涉案房屋所占用范围内的土地使用权价值？2. 损失如何计算的问题，即一审法院以拆除涉案房屋行为被确认违法时房屋的市场价值计算被上诉人王某某的损失是否公平合理？

1. 关于损失的范围确定问题。公示公信原则是我国物权法的基本原则。公示原则是指物权的设立、变动必须依据法定的公示方法予以公开，使第三人能够及时了解物权的变动情况。《中华人民共和国物权法》第六条规定：“不动产物权的设立、变更、转让和消灭，应当依照法律规定登记。动产物权的设立和转让，应当依照法律规定交付。”该规定确立了物权的公示方法，原则上应当采用不动产登记、动产交付的规则。该原则具有明确物权，维护交易安全，提高物的利用效率的制度功能。公信原则是指对于通过法定的公示方法所公示出来的权利状态，相对人有合理的理由相信其为真实的权利状态，并与登记权利人进行了交易，对这种信赖法律应当予以保护。该原则实质上是赋予了登记所公示的内容具有公信力，旨在保护公示的公信力。该原则表现为两方面的内容：一是登记记载的权利人在法律上推定其为真正的权利人；二是凡是信赖登记所记载的权利而与权利人进行交易，在法律上应当受到保护。信赖利益保护是行政法的基本原则，是指当个人对行政机关作出的行政行为已产生信赖利益，并且这种信赖利益因其具有正当性而应当得到保护时，行政机关不得撤销这种信赖利益，或者如果撤销必须补偿其信赖损失。本案中，被上诉人王某某通过与张某某签订买卖合同，支付对价后，房屋登记机构为其颁发涉案房屋的所有权证书。被上诉人王某某正是基于对房屋登记机构颁发给张某某房屋所有权证书的信赖，而与证载权利人张某某进行交易取得涉案房屋所有权证书，故其基于此种对行政机关房屋登记公示行为的信赖所产生的利益应当得到法律保护。在被上诉人王某某持有的涉案房屋所有权证未被有权机关依法确认无效或者撤销的情况下，基于该物权凭证的公示公信效力，其证载下的物权应当得到法律保护。《中华人民共和国城市房地产管理法》第三十二条规定：“房地产转让、抵押时，房屋的所有权和该房屋占用范围内的土地使用权同时转让、抵押。”根据该规定，本案被上诉人王某某通过买卖取得涉案房屋所有权，张某某将涉案房屋转让给王某某时，该房屋所有权和房屋占用范围内的土地使用权同时转让给王某某。在被上诉人王某某持有合法的涉案房屋所有权证书的情况下，房屋所有权和房屋占有范围内的土地使用权依法应当得到保护。故本案中赔偿损失的范围应当包括房屋所有权价值和房屋占用范围内的土地使用权价值。这不仅是公示公信原则的要求，亦是维护市场交易安全，促进市场经济有序发展的需要。因此，上诉人高新执法分局提出涉案建筑物的价值不应包括涉案建筑物占用范围内的土地使用权价值的上诉理由不能成立。

关于上诉人兰州二中认为（2017）甘民终 340 号民事裁定书中已确认涉案房屋为违章建筑，不能获得赔偿的上诉理由能否成立的问题。经审查，在兰州二中起诉请求确认王某某占有的 10 幢房屋及涉案房屋的拆迁补偿款归其所有的民事案件中，兰州市中级人民法院一审作出（2016）甘01民初694号民事判决，判决驳回诉讼请求。本院二审作出（2017）甘民终340号民事裁定，认为对违法建筑物的认可和处理属于国家有关行政机关的职责范围，兰州二中的主张不属于民事案件受案范围，应不予受理，裁定撤销一审民事判决，驳回兰州二中的起诉。即该民事裁定书并未对涉案房屋是否属于违章建筑作出确认，且高新执法分局在对兰州二中作出的兰城高罚字（2011）第010号行政处罚决定书中，明确载明将具有房产证的房屋排除在外。故兰州二中的该项上诉理由不能成立。

关于上诉人兰州二中认为其持有涉案土地的土地使用权证，一审判决的赔偿款中包含了涉案土地使用权价值，相应减损了其可获得利益的上诉理由能否成立的问题。本院认为，本案是一起行政赔偿案件，解决的是高新执法分局违法拆除王某某涉案三幢房屋后，对其造成的损失如何进行赔偿的问题。高新执法分局拆除涉案三幢房屋的侵权行为与王某某作为房屋所有权人受损害的事实之间存在因果关系，行政赔偿法律关系发生在王某某与高新执法分局之间。高新执法分局拆除房屋的行为并未损害兰州二中的土地使用权，二者之间不存在因果关系，故兰州二中与高新执法分局之间并未产生行政赔偿法律关系。涉案房屋系兰州二中在涉案土地的性质为教育用地的情形下，与华宇公司达成协议建造而成。即使其土地使用权益受损，亦可以依法针对相关侵权主体另行寻求救济。本案发生的根源是兰州二中违法将划拨土地承包给他人建设，这种违法租地行为引起了后续一系列纠纷，最终发展到高新执法分局承担行政赔偿责任的严重后果。本案赔偿范围虽然只需从王某某损失的角度予以考量，无须涉及兰州二中实际持有涉案土地使用证的问题，但兰州二中在本案诉讼中提出土地赔偿款应向其支付的主张，说明其对自身违法租地行为没有清醒认识，实质上是其将本案中涉及的行政赔偿法律关系与民事法律关系相混淆。因此，上诉人兰州二中的该项上诉理由亦不能成立。

2. 关于损失如何计算的问题。本院认为，“无损害即无救济”，损害是行政赔偿的必备构成要件，只有在合法利益受到侵害的情况下，才可视为有损害的发生。本案被上诉人王某某持有涉案三幢房屋的产权证书，其受到的损害是涉案三幢房屋灭失。《中华人民共和国国家赔偿法》第三十六条第（四）项规定：“应当返还的财产灭失的，给付相应的赔偿金。”在上诉人高新执法分局的行政强制行为被确认违法，涉案房屋已经灭失的情形下，涉案三幢房屋价值应以何时的房屋价格计算？

《中华人民共和国国家赔偿法》对财产灭失情形下赔偿金的计算标准未作具体规定。最高人民法院于2016年2月公布的《关于审理民事、行政诉讼中司法赔偿案件适用法律若干问题的解释》（法释〔2016〕20号，以下简称《解释》）第十二条第二款规定："财产不能恢复原状或者灭失的，应当按照侵权行为发生时的市场价格计算损失；市场价格无法确定或者该价格不足以弥补受害人所受损失的，可以采用其他合理方式计算损失。"该解释的内容符合《中华人民共和国国家赔偿法》的立法宗旨，突出权利救济和实质公平的理念，强调尽善补救人民群众所受损害，其确立的赔偿原则和法理精神可供本案参照。即对于财产不能恢复原状或者灭失的，原则上按照侵权行为发生时市场价格计算直接损失，但对于一些特定财产如不动产、稀缺物品或者大宗商品等，受到侵权损害的时间较长且受损财产价值发生较大波动的，按照财产原值计算直接损失显然有失公允。当市场价格无法确定或者该市场价格不足以弥补受害人损失的，可以采取其他合理方式计算损失，以更加充分地救济权利。本案中，王某某向一审法院提出对涉案房屋进行评估的申请，一审法院依法委托信诺估价公司进行司法评估，并根据评估价格计算损失，符合上述《解释》规定的赔偿原则和精神。鉴于房屋这一特定财产的特殊性，且兰州市房屋的市场价值自2012年以来出现逐年较大幅度价格上涨的情况，本案如果按照侵权行为发生时的市场价格计算直接损失，对被上诉人王某某而言，将明显不足以弥补其实际损失。如此不仅有失公允，也违背公平合理的原则。本案一审判决选取2016年拆除房屋行为被确认违法时作为估价时点来计算被拆除房屋的损失，既考虑到自2012年6月涉案房屋被强制拆除后，被上诉人王某某合法财产权益受侵害时间较长的因素，又考虑到房屋市场价值发生较大波动的现实状况，是合理、公允的计算方式，据此计算的赔偿金额并无不当。

综上，上诉人高新执法分局、兰州二中的上诉理由不能成立，其请求不予支持。一审判决认定事实清楚，适用法律正确，审判程序合法，判决结果并无不当，应予维持。依照《中华人民共和国行政诉讼法》第八十九条第一款第（一）项的规定，判决如下：驳回上诉，维持原判。

【评析】

近年来，全国各地发生了诸多行政机关违法强制拆除房屋的情形，甚至引发许多恶性事件，由此导致行政赔偿纠纷矛盾极其尖锐。在行政机关违法拆除房屋后、判决赔偿前，房屋的价格已经发生较大幅度上涨的情形下，如何计算赔偿金额便是审理此类案件的难点和重点。本案即一起案情重大复杂、纠纷历时较长、矛盾极其尖锐、涉及赔偿数额巨大的侵犯公民个人合法产权的典型行政赔偿案件。

一、相关法律规定

根据《中华人民共和国国家赔偿法》第二条第一款之规定“国家机关和国家机关工作人员行使职权，有本法规定的侵犯公民、法人和其他组织合法权益的情形，造成损害的，受害人有依照本法取得国家赔偿的权利”。对于赔偿方式在《中华人民共和国国家赔偿法》第三十六条第（四）项中规定：“应当返还的财产灭失的，给付相应的赔偿金”，但是其对财产灭失情形下赔偿金的计算标准未作具体规定，最高人民法院于2016年2月公布的《关于审理民事、行政诉讼中司法赔偿案件适用法律若干问题的解释》第十二条第二款规定：“财产不能恢复原状或者灭失的，应当按照侵权行为发生时的市场价格计算损失；市场价格无法确定或者该价格不足以弥补受害人所受损失的，可以采用其他合理方式计算损失。”

二、本案的典型意义

一是正确阐释我国行政赔偿责任构成要件，依法保护行政相对人合法权益。我国行政赔偿责任的构成要件包括四方面：一是行为主体，即具体实施侵权行为的是行政机关及其工作人员；二是侵权行为，指行政机关及其工作人员违反法律规定，利用职权实施了侵害公民、法人或者其他组织合法权益的行为；三是损害结果，指侵权主体职务违法行为所造成的客观后果；四是因果关系，指侵权主体所为之职务行为与损害结果之间具有前因后果之间的关联性。本案中，高新执法分局于2011年3月15日对兰州二中作出兰城高罚字（2011）第010号行政处罚决定，该处罚决定书明确载明：除部分房屋涉及法院裁定、判决及房屋产权证超出其职权范围不作处理外，其余房屋的建设行为因未办理建设工程规划许可证，属于违法建设行为，决定责令停止建设，限期自行拆除。高新执法分局在被上诉人王某某持有涉案三幢房屋产权证的情形下，于2012年6月15日对该房屋实施拆除，该拆除行为违反法律规定，且已被生效判决确认违法。上诉人高新执法分局的拆除行为侵害了被上诉人王某某合法的财产权益，造成王某某三幢房屋灭失的损害结果，且上诉人高新执法分局拆除房屋的行为与王某某房屋灭失的损害后果之间具有因果关系。故上诉人高新执法分局的拆除行为符合上述行政赔偿责任的构成要件，上诉人高新执法分局应当对其违法拆除被上诉人王某某房屋所造成的损失承担行政赔偿责任。

二是准确界定行政赔偿的范围，依法全面保护公民个人合法产权。关于损失的范围确定问题是本案审理的一个重点问题。即在本案存在房地分离的情形下，赔偿损失的范围是否包含涉案房屋所占用范围内的土地使用权价值？公示公信原则是我国物权法的基本原则。公示原则是指物权的设立、变动必须依据法定的公示方法予以公开，使第三人能够及时了解物权的变动情况。《中华人民共和国物权法》第六条规定："不动产物权的设立、变更、转让和消灭，应当依照法律规定登记。动产物权的设立和转让，应当依照法律规定交付。"该规定确立了物权的公示方法原则上应当采用不动产登记、动产交付的规则。该原则具有明确物权，维护交易安全，提高物的利用效率的制度功能。公信原则是指对于通过法定的公示方法所公示出来的权利状态，相对人有合理的理由相信其为真实的权利状态，并与登记权利人进行了交易，对这种信赖法律应当予以保护。该原则实质上是赋予了登记所公示的内容具有公信力，旨在保护公示的公信力。该原则表现为两方面的内容：一是登记记载的权利人在法律上推定其为真正的权利人；二是凡是信赖登记所记载的权利而与权利人进行交易，在法律上应当受到保护。信赖利益保护是行政法的基本原则，是指当个人对行政机关作出的行政行为已产生信赖利益，并且这种信赖利益因其具有正当性而应当得到保护时，行政机关不得撤销这种信赖利益，或者如果撤销必须补偿其信赖损失。本案中，王某某通过与张某某签订买卖合同，支付对价后，房屋登记机构为其颁发涉案房屋的所有权证书。被上诉人王某某正是基于对房屋登记机构颁发给张某某房屋所有权证书的信赖，而与证载权利人张某某进行交易，取得涉案房屋所有权证书，故其基于此种对行政机关房屋登记公示行为的信赖所产生的利益应当得到法律保护。在被上诉人王某某持有的涉案房屋所有权证未被有权机关依法确认无效或者撤销的情况下，基于该物权凭证的公示公信效力，其证载下的物权应当得到法律保护。《中华人民共和国城市房地产管理法》第三十二条规定："房地产转让、抵押时，房屋的所有权和该房屋占用范围内的土地使用权同时转让、抵押。"根据该规定，本案王某某通过买卖取得涉案房屋所有权，案外人张某某将涉案房屋转让给王某某时，该房屋所有权和房屋占有范围内的土地使用权同时转让给王某某。在王某某持有合法的涉案房屋所有权证书的情况下，房屋所有权和房屋占有范围内的土地使用权依法应当得到保护。故本案中赔偿损失的范围应当包括房屋所有权价值和房屋占有范围内的土地使用权价值。这不仅是公示公信原则的要求，亦是维护市场交易安全，促进市场经济有序发展的需要。

三、深入探求《国家赔偿法》立法宗旨

由于多数国家的国家赔偿责任理论来源于民事侵权责任理论，故多数国家对侵犯财产权的赔偿方式和标准基本沿袭民事侵权赔偿的有关规定。关于国家赔偿的标准主要有三种：补偿性标准；惩罚性标准；抚慰性标准。

所谓惩罚性原则，即赔偿标准在对待侵害方时持有惩罚性的态度，侵害方不仅有赔偿足够地用于弥补受害人所受到的损害的费用之外，还要支付对自身侵犯他人各种合法权利的行为必须承担责任的各种惩罚性费用。这实际上表明赔偿额等同于损失额以及惩罚金额之和，因而这一原则所规定的赔偿金额是相对较高的。在英美法系国家，惩罚性赔偿的运用是相当广泛并且普遍存在争论的制度，这种制度“不单单对美国法造成了很多影响，对其他英美法系国家亦如此，其影响甚至波及很多大陆法系国家”。所谓补偿性赔偿原则，是指侵权人对受害人支付的赔偿金额和受害人实际所遭受到的损失基本相同的一类赔偿标准。在当前世界各国，补偿性赔偿标准是一种相对比较通用的确定行政损害赔偿金数额的标准。在这种赔偿原则下的标准赔偿额可以有效补偿受害人遭受到的实际损失，补偿性赔偿原则下的赔偿标准与受害人实际所受损失额相等。所谓抚慰性赔偿标准，即指国家给予受害者的赔偿数额不足以乃至远远低于受害人实际遭受的损失的一种赔偿标准。这种赔偿标准的重要功能是国家对受害人承认自己所犯错误进行表示的一种态度，给予受害人适当的抚慰，行政赔偿对受害人实际遭受的损失进行的赔偿额一般只带有象征性的价值。该种原则表明行政赔偿不会对受害人遭受的实际损失进行足额充分的救济，国家机关自身的属性以及特征注定行政赔偿仅仅是一种象征性的抚慰，赔偿的具体金额不得超出实际所造成的损失额。采纳抚慰性的赔偿标准比较适合经济发展程度不高的国家，该种赔偿标准仅实现行政赔偿制度的基本作用。然而，侵权者不必全部赔偿受害者的实际损害，这和《中华人民共和国侵权行为法》的一般规定存在矛盾，导致这种赔偿标准具有诸多弊端。

自《国家赔偿法》实施以来，学术界和司法实践普遍认为，我国国家赔偿制度确定的赔偿标准是抚慰性标准。但近年来情况发生变化，尤其是最高人民法院于

2016年2月公布《最高人民法院关于审理民事、行政诉讼中司法赔偿案件适用法律若干问题的解释》，赔偿标准正逐步由抚慰性赔偿标准向补偿性赔偿标准转变。《中华人民共和国侵权责任法》关于损害的本质，存在两种学说，利益说（差额说）和组织说。利益说认为损害是指财产或法益所遭受的不利益状态。衡量损害时，应当以受害人的财产状况为准确定其差额，也即将损害发生后的情况和假使没有发生损害的状况进行对比，从而考察其具体差额，以确定利益的损害程度。侵权人的赔偿义务，应当与因其行为所造成的损害是同等的。如果没有侵权行为的发生，受害人所能够获得的全部利益，都应当由侵权人承担。组织说认为，损害包括受害人财产上的积极损失和可得利益的损失，它是行为人的行为给受害人造成的一种不利益状态，要根据受害人受到法律所保护的利益遭受侵害以后，客观上遭受的损失予以确定。目前在认定侵权责任时，原则上采用差额说。

四、确定公平合理的赔偿标准

想要确立公平合理的赔偿标准，首先要确定违法拆除房屋价值评估的时间点。行政机关违法拆除房屋后、判决赔偿前房屋的价格已经发生较大幅度上涨的情形下，将哪个时间点的房屋评估价值作为行政赔偿的标准计算赔偿金额便是审理此类案件的难点和重点。

“无损害即无救济”，损害是行政赔偿的必备构成要件，只有在合法利益受到侵害的情况下，才可视为有损害的发生。本案上诉人王某某持有涉案三栋房屋的产权证书，其受到的损害是涉案三栋房屋。本案的焦点问题是：在上诉人高新执法分局的行政强制行为被确认违法，涉案房屋已经灭失的情形下，上诉人王某某的损失如何计算的问题。《中华人民共和国国家赔偿法》第三十六条第（四）项规定：“应当返还的财产灭失的，给付相应的赔偿金。”国家赔偿法对于财产灭失情形下赔偿金的计算标准未作具体规定。最高人民法院于2000年9月发布《关于民事、行政诉讼中司法赔偿若干问题的解释》第十一条规定：“民事、行政诉讼中司法赔偿的赔偿方式主要为支付赔偿金。包括：支付侵犯人身自由权、生命健康权的赔偿金；财产损坏的，赔偿修复所需费用；财产灭失的，按侵权行为发生时当地市场价格予以赔偿；财产已拍卖的，给付拍卖所得的价款；财产已变卖的，按合法评估机构的估价赔偿；造成其他损害的，赔偿直接损失。”该解释中对于财产灭失后，赔偿金的计算标准作出明确的规定，即按照侵权行为发生时当地市场价格予以赔偿。随着社会经济的不断发展，该解释的规定已经不能适应社会实际和司法审判的需要。鉴于此，最高人民法院于2016年2月公布《最高人民法院关于审理民事、行政诉讼中司法赔偿案件适用法律若干问题的解释》（以下简称《解释》），修订了2000年的司法解释。新修订的《解释》第十二条第二款规定："财产不能恢复原状或者灭失的，应当按照侵权行为发生时的市场价格计算损失；市场价格无法确定或者该价格不足以弥补受害人所受损失的，可以采用其他合理方式计算损失。"该解释虽规范人民法院在民事、行政诉讼过程中违法采取相关措施或者对裁判文书执行错误时，侵犯公民、法人和其他组织合法权益并造成损害时进行国家赔偿的相关规定，但该解释的内容符合国家赔偿法的立法宗旨，突出权利救济和实质公平的理念，强调尽量补救人民群众所受损害，且具体细化统一裁量标准，本案可以参照适用。司法解释起草小组发布《非刑事司法赔偿中的若干重大法律问题——对〈最高人民法院关于审理民事、行政诉讼中司法赔偿案件适用法律若干问题的解释〉的理解》，其中对侵犯财产权的损害赔偿问题进一步明确，对于财产不能恢复原状或者灭失的，原则上按照侵权行为发生时市场价格计算直接损失，但对于一些特定财产如不动产、稀缺物品或者大宗商品等，受到侵权损害的时间较长且受损财产价值发生较大波动的，按照财产原值计算直接损失，显然有失公允。为此，《解释》进一步规定市场价格无法确定或者该市场价格不足以弥补受害人损失的，可以采取其他合理方式计算损失，以更加公允地计算财产损失，更加充分地救济权利。这里所说的其他方式可以是资产重置的方法，可以根据财产所在地价格统计数据来计算，还可以委托有关专业机构评估等，具体由人民法院结合案件实际情况决定。鉴于房屋这一特定财产的特殊性，兰州市房屋的市场价值出现较大幅度的价格波动，本案如果按照侵权行为发生时市场价格计算直接损失，上诉人王某某的涉案房屋的损失将明显不足以弥补其实际损失。上述法律和司法解释对于行政赔偿的标准和计算方式的规定比较原则，具体如何计算仍需探求立法本意并考虑现实状况。

本案中关于赔偿损失的估价时点确定问题是审理中最为核心的问题，即涉案房屋损失应以哪一年的估价时点作为赔偿依据？本案存在争议的有三个时间节点：一是2012年6月15日涉案房屋被拆除时；二是2016年11月16日拆除房屋行为被确认违法时；三是2016年8月5日兰州市城关区人民政府征收涉案房屋时。《中华人民共和国国家赔偿法》第二条第二款规定，赔偿义务机关应当依照本法及时履行赔偿义务。被上诉人高新执法分局应当在行政强拆行为被确认违法之日，及时履行赔偿义务。本案一、二审法院综合考虑上述理论来源和法理精神，根据国家赔偿法的规定和法释〔2016〕20号《解释》的精神，结合利益说的计算方式，选取2016年拆除房屋行为被确认违法时作为估价时点来计算被拆除房屋的损失。该计算标准既考虑到自2012年6月涉案房屋被强制拆除后，受害人王某某合法财产权益受侵害时间较长的因素，又考虑到房地产市场价值发生较大波动的现实状况，符合《国家赔偿法》弥补受害人损失的立法本意，亦符合国际上国家赔偿的潮流，是合理、公允的计算方式，全面保护了行政相对人的合法产权人的权利。

责任政府是现代民主政治的基本理念，政府接受人民的委托，行使管理社会公共事务的权力。作为受委托人的政府在行使权力的过程中，必须严格依法行政。一、二审法院在查明案件事实的基础上，对被告高新执法分局违法拆除受害人王某某房屋的行为严格依法监督，判决高新执法分局依法承担赔偿责任。本案的判决既深入贯彻《中共中央国务院关于完善产权保护制度依法保护产权的意见》所规定的及时补偿、合理补偿和公平补偿的原则精神，也体现了国务院制定的《全面推进依法行政实施纲要》所强调的“有权必有责，用权受监督、违法受追究、侵权须赔偿”的理念。

撰稿：毛胜利　甘肃省高级人民法院
邢文旭　西北师范大学法学院研究生

七、行政强制执行

10

行政机关强制执行案件的审查要点

——李某某诉七里河区人民政府行政强制违法案[①]

【裁判要旨】

当行政相对人不履行其应当履行的法定义务时，行政机关或人民法院可以依法进行强制执行。行政强制执行的实施，应当依照法定的权限、范围、条件和程序。违反法定程序的行政强制执行行为应当被确认违法。

【索引词】

行政强制执行　法定程序　审查要点

【案情】

原告李某某经营的元鑫停车场位于兰州市七里河区南滨河路天奇物流园北面的河滩内，该地块原系原告设立的兰州陇鑫建材有限责任公司用于黄河河道临时占用采砂的审批用地。2013 年，原告在该地块修建元鑫停车场并经营使用。根据兰州市人民政府清理黄河河道内违法违章建设的紧急通知，兰州市城市管理综合行政执法局分别于2014 年6 月5 日和7 月9 日通知元鑫停车场限期自行清理。由于原告未在

① 一审：甘肃省武威市中级人民法院（2016）武中行初第250 号；二审：甘肃省高级人民法院（2017）甘行终108 号。

限定期限内自行清理，兰州黄河风情线管理办公室于 2014 年 7 月 21 日取缔该停车场未果。2015 年 7 月 28 日，七里河区政府作为责任单位组织相关部门对原告经营的元鑫停车场进行了取缔。原告不服，提起行政诉讼。

【审判】

一审法院经审理认为，本案的争议焦点为：七里河区政府作为本案被告是否适格；涉案取缔行为是否合法。

关于七里河区政府作为本案被告是否适格的问题。本案中，根据兰州市人民政府办公厅厅督字〔2015〕18 号通知内容，被告七里河区政府系取缔原告停车场的责任单位，七里河区政府在行政答辩状中亦认可其组织实施了取缔原告元鑫停车场的行为，故七里河区政府作为本案被告主体适格。

关于被告七里河区政府实施的强制取缔行为是否合法的问题。被告七里河区政府虽依据兰州市人民政府办公厅厅督字〔2015〕18 号通知的要求，对包括原告停车场在内黄河风情线河道内停车场及其他违章建筑和临时性建筑物进行综合治理，但其实施强制执行行为的程序应当符合法律规定。《中华人民共和国行政强制法》第三十四条、第三十五条、第三十六条、第三十七条、第三十八条规定了行政机关采取行政强制执行时应当遵循的法定程序，即行政强制必须按照法定的权限、范围、条件和程序来实施。被告七里河区政府强制取缔原告停车场时，未依法履行催告程序；未依法作出强制执行决定，剥夺了原告的陈述、申辩权；没有明确告知原告申请复议或者提起行政诉讼的途径和期限等，即强制取缔了原告停车场。该行政强制执行行为违反法定程序，依法应当确认违法。综上，依照《中华人民共和国行政诉讼法》第七十四条第二款第（一）项之规定，判决确认七里河区政府于 2015 年 7 月 28 日强制取缔原告李某某停车场的行为违法。

二审法院经审理认为，《中华人民共和国行政强制法》第二条第三款规定，行政强制执行，是指行政机关或者行政机关申请人民法院，对不履行行政决定的公民、法人或者其他组织，依法强制履行义务的行为。本案中，被上诉人七里河区政府 2015 年 7 月 28 日组织相关部门对上诉人李某某经营的元鑫停车场进行取缔的行为，属于行政强制执行行为，应当遵守《中华人民共和国行政强制法》等法律的相关规定。

上诉人七里河区政府是适格被告。《中华人民共和国行政诉讼法》第一百零一条规定："人民法院审理行政案件，关于期间、送达、财产保全、开庭审理、调解、中止诉讼、终结诉讼、简易程序、执行等，以及人民检察院对行政案件受理、审理、裁判、执行的监督，本法没有规定的，适用《中华人民共和国民事诉讼法》的相关规定。"《最高人民法院关于民事诉讼证据的若干规定》第七十四条规定："诉讼过程中，当事人在起诉状、答辩状、陈述及其委托代理人的代理词中承认的对己方不利的事实和认可的证据，人民法院应当予以确认，但当事人反悔并有相反证据足以推翻的除外。"本案中，七里河区政府在一审答辩状中称："2015 年 7 月 6 日兰州市政府办公厅下发厅督字〔2015〕18 号《督办通知》，答辩人作为责任单位，承担了'黄河风情线河道内严禁停放车辆……'的分解任务，按照要求答辩人务必于 8 月 15 日前完成该任务的落实。7 月 18 日，为了有效完成市政府下达的任务，由答辩人组织相关责任单位对包括原告经营的'元鑫停车场'在内的违法占用河道经营的停车场予以全面取缔行动。"被上诉人七里河区政府对 7 月 18 日元鑫停车场强制取缔的行为属于自认事实，七里河区政府属于适格被告，本院予以确认。故被上诉人七里河区政府上诉称不是实施主体的上诉理由，不能成立。

上诉人七里河区政府实施行政强制执行行为没有遵守法定程序。《中华人民共和国行政强制法》第三十四条、第三十五条、第三十六条、第三十七条、第三十八条明确规定了行政强制必须按照法定的权限、范围、条件和程序来实施。本案中，被上诉人七里河区政府既没有提供实施行政强制的法律依据，又没有提供行政强制执行的依据或行政决定，未告知被上诉人李某某依法享有的陈述权、申辩权等权利，违反法定程序，依法应当确认违法。

综上，一审判决认定事实清楚，适用法律正确，审判程序合法，判决结果并无不当，上诉人七里河区政府的上诉理由不能成立。依据《中华人民共和国行政诉讼法》第八十九条第一款第（一）项之规定，判决驳回上诉，维持原判。

【评析】

一、取缔原告停车场行为的认定

行政主体的行政行为以是否具有法律效果为标准，可以划分为行政法律行为和行政事实行为。行政法律行为是指行政主体运用行政权设定、变更或者消灭特定或不特定相对人权利义务的行政活动，包括行政立法行为、行政创制性文件、行政解释性文件、具体行政行为和行政合同。行政事实行为，是指行政主体以不产生法律约束力，而以影响或改变事实状态为目的实施的一种行政活动。行政事实行为的成立要满足以下要件：一是行政主体实施的行为；二是行政主体基于行政职权实施的行为；三是不具备法律约束力的行为①。本案中，七里河区人民政府取缔原告经营停车场的行政行为的性质具体属于行政法律行为还是行政事实行为存在争议，一种观点认为该行为属于行政法律行为，是具体行政行为中的行政强制执行行为，另一种观点认为该行为属于行政事实行为。既然行政主体基于行政职权可以实施行政法律行为和行政事实行为，那么这两种行为的界限该如何界定呢？这个界限应当是以行为的结果，即以行政主体基于行政职权实施的行为是否产生法律上的约束力为标准，前者的行为结果可以产生、变更和消灭行政法律关系，如行政主体实施一个限制人身自由的行政处罚决定；后者则不具备这种后果，它不对特定人产生法律上的约束力。

综上所述，本案中行政主体七里河区人民政府取缔行政相对人经营的停车场的行为属于行政法律行为（行政强制执行），该行为消灭了行政相对人在黄河风景区沿岸开设停车场并收取费用的权利，在七里河区人民政府与李某某之间具有法律约束力，进而产生行政法律关系。二审法院也认为，被上诉人七里河区政府于2015年7月28日组织相关部门对上诉人李某某经营的元鑫停车场进行取缔的行为，属于行政强制执行行为。

二、本案行政行为的违法之处

行政强制执行是指在行政法律关系中，作为义务主体的行政相对人不履行其应履行的义务时，行政机关或者行政机关申请人民法院，依法强制其履行义务的行为。行政强制执行程序违法是行政强制执行违法的类型之一，属于行政行为程序违法。行政主体在行使行政强制执行权时，不仅要具有行政实体法的依据，而且也要符合《中华人民共和国行政强制法》规定的法定程序。本案中，作为行政主体的七里河区人民政府实施行政强制执行行为没有遵守法定程序。《中华人民共和国行政强制法》第三十四条、第三十五条、第三十六条、第三十七条、第三十八条明确规

① 姜明安主编：《行政法与行政诉讼法（第五版）》，北京大学出版社2011年版。

定了行政强制必须按照法定的权限、范围、条件和程序来实施。而七里河区人民政府既没有提供实施行政强制的法律依据，又没有提供行政强制执行的依据或行政决定，也未告知行政相对人李某某依法享有的陈述权、申辩权等权利，违反法定程序，依法应当确认违法。

三、审查行政强制执行行为要点分析

1. 当事人在行政机关决定的期限内是否不履行义务。行政相对人不履行应履行的法定义务，是适用行政强制执行的前提条件。行政机关实施行政强制执行，应当对该前提条件存在的事实予以确认。《中华人民共和国行政强制法》第三十四条也规定："行政机关依法作出行政决定后，当事人在行政机关决定的期限内不履行义务的，具有行政强制执行权的行政机关依照本章规定强制执行。"

2. 作出行政强制的执行前是否进行了催告。催告程序是行政强制执行的必要程序，《中华人民共和国行政强制法》第三十五条规定："行政机关作出强制执行决定前，应当事先催告当事人履行义务。催告应当以书面形式作出，并载明下列事项：（一）履行义务的期限；（二）履行义务的方式；（三）涉及金钱给付的，应当有明确的金额和给付方式；（四）当事人依法享有的陈述权和申辩权。"经催告，当事人履行了行政决定的，不再实施强制执行；经催告，当事人逾期仍不履行，且无正当理由的，行政机关可以作出强制执行决定；在催告期间，对有证据证明有转移或者隐匿违法资金迹象的，行政机关可以立即作出强制执行决定。

3. 是否给予被执行人依法享有的陈述权和申辩权及期限。根据《中华人民共和国行政强制法》第三十五条的规定，催告应当以书面形式作出，并载明当事人依法享有的陈述权和申辩权。当事人收到催告书后有权在一定期限内进行陈述和申辩。

4. 行政机关是否充分听取了被执行人的意见。《中华人民共和国行政强制法》第三十六条规定："当事人收到催告书后有权进行陈述和申辩。行政机关应当充分听取当事人的意见，对当事人提出的事实、理由和证据，应当进行记录、复核。当事人提出的事实、理由或者证据成立的，行政机关应当采纳。"

5. 行政机关是否作出具有执行内容的行政强制执行决定。《中华人民共和国行政强制法》第三十七条规定，经催告，当事人逾期仍不履行行政决定，且无正当理由的，行政机关可以作出强制执行决定。强制执行决定应当以书面形式作出，并载明下列事项：（一）当事人的姓名或者名称、地址；（二）强制执行的理由和依据；（三）强制执行的方式和时间；（四）申请行政复议或者提起行政诉讼的途径和期限；（五）行政机关的名称、印章和日期。

6. 行政强制执行决定是否依法送达。《中华人民共和国行政强制法》第三十八条规定："催告书、行政强制执行决定书应当直接送达当事人。当事人拒绝接收或者无法直接送达当事人的，应当依照《中华人民共和国民事诉讼法》的有关规定送达。"

7. 被执行人是否在法定期限内不申请行政复议或者提起行政诉讼。《中华人民共和国行政强制法》第四十四条规定，对违法的建筑物、构筑物、设施等需要强制拆除的，应当由行政机关予以公告，限期当事人自行拆除。当事人在法定期限内不申请行政复议或者提起行政诉讼，又不拆除的，行政机关可以依法强制拆除。

8. 是否申请经人民法院非诉执行审查。《中华人民共和国行政强制法》第五十三条规定，当事人在法定期限内不申请行政复议或者提起行政诉讼，又不履行行政决定的，没有行政强制执行权的行政机关可以自期限届满之日起三个月内，依照本章规定申请人民法院强制执行。

四、本案的教育、启示

当代行政法的发展目标是限制行政机关的公权力，切实维护和保障公民、法人和其他组织的合法权益。行政程序存在的价值完全符合行政法的发展目标，可以有效提高行政效率，保护行政相对人的程序权利，促进行政机关依法行使职权。行政法既是实体规范，也是程序规范。我国行政法的立法中用大量篇幅规定了行政机关实施行政行为时所应当遵循的行政程序。行政程序是行政机关实施行政行为时所应当遵循的方式、步骤、时限和顺序所构成的一个连续过程。行政程序作为规范行政权、体现法治形式合理性的行为过程，是实现行政法治的重要前提，也是衡量一国行政法治程度的重要标志。行政强制执行作为行政机关履行法定职责的重要措施，被行政机关广泛运用，行政机关在制定和实施行政强制执行行为的过程中，具有国家和法律赋予的各种职权，从而处于强势地位，而行政相对人处于弱势地位，这就容易造成行政机关滥用职权，侵害行政相对人合法权益的情形发生。因此，国家颁布《中华人民共和国行政强制法》，将"保护公民、法人和其他组织的合法权益"列为立法的目的之一，旨在规范行政强制行为，保护行政相对人的合法权益，并围绕这一立法目的，在具体条款中充分体现了这一原则。具体而言，《中华人民共和国行政强制法》不仅设立了实体规范，通过明确规定行政机关的权利和义务来限制行政机关职权，保护行政相对人的合法权益，更设立了大量程序规范，规定行政机关在作出和执行行政强制时必须遵守一系列法定程序，任何行政机关在作出行政强制行为时必须遵守相应的法定程序，否则该行政强制执行行为因违反法定程序而应当被依法确认违法。

撰稿：薛扬 甘肃省高级人民法院

陈钰 西北师范大学法学院研究生

11

行政机关以紧急避险为由对房屋进行强制拆除的司法判断

——宋某某诉城关区人民政府强制拆除案①

【裁判要旨】

行政机关以紧急避险为由对房屋进行强制拆迁，错误地采取危房鉴定和强制拆除的做法，且涉案房屋安全鉴定的申请人既不是房屋的所有人，也不是使用人，申请主体不适格，鉴定目的不正当，构成程序滥用，侵犯了当事人合法权益。对于此种以紧急避险为由，行违法强拆之实的情形，人民法院依法判决确认被诉行为违法，彰显了行政诉讼保护公民产权的制度功能。

【索引词】

拆危 紧急避险 司法判断

① 一审：兰州铁路运输中级法院（2018）甘71行初53号；二审：甘肃省高级人民法院（2018）甘行终200号。

【案情】

宋某某系兰州市城关区盐场路街道盐场堡村社区村民，在盐场堡村张家滩拥有宅基地，房屋面积1006平方米。甘肃省人民政府作出同意征地批复，将盐场堡等村的集体农用地转为兰州市城市建设用地。兰州市城关区人民政府发出征收土地公告。2017年8月31日，城关区盐场路街道办事处在盐场堡社区张贴《紧急避险通知》，告知宋某某居住区域的房屋存在严重安全隐患，要求各住户配合紧急避险工作，务必于2017年9月6日前撤离危险区域。2017年9月28日，甘肃省建筑设计研究院作出《房屋危险性鉴定报告》，鉴定结论是涉案房屋危险性等级综合评定为Dsu级（整栋危房），建议立即拆除（该危房鉴定报告由盐场堡村社区居委会于2017年11月28日向甘肃省建筑设计研究院提出鉴定申请）。该鉴定报告未向宋某某送达。2017年12月1日，城关区人民政府组织相关单位强制拆除了宋某某的房屋。宋某某提起行政诉讼，请求确认城关区政府强制拆除其房屋的行政行为违法。

【审判】

一审兰州铁路运输中级人民法院经审理认为城关区政府实施的强制拆除行为违反《中华人民共和国行政强制法》的规定，程序违法，判决确认兰州市城关区人民政府实施的强制拆除行为违法。

二审甘肃省高级人民法院经审理认为，根据《城市危险房屋管理规定》第七条第一款规定，申请危房鉴定的主体应当是房屋所有权人或者使用权人，但本案申请危房鉴定的主体是盐场堡村社区居委会，其既不是涉案房屋的所有权人也不是使用权人，其申请危房鉴定主体不适格。该危房鉴定报告也没有向宋某某送达，宋某某对其居住的房屋被鉴定为危房的事实并不知情。该房屋危险性鉴定报告不能作为认定城关区政府拆除宋某某房屋合法的证据。根据《中华人民共和国突发事件应对法》第三条、第七条、第十七条、第二十条和《地质灾害防治条例》第十九条、第二十九条以及《中华人民共和国行政强制法》第十九条的规定，城关区政府实施的强制拆除行为不符合紧急避险条件，程序违法、适用法律错误。判决驳回上诉，维持原判。

【评析】

在行政征收拆迁案件中普遍存在行政机关以被征收房屋存在危险性为由，对房屋进行危房评估，并根据评估报告以安全需要而下达紧急搬迁公告。对于此种情况，很多时候行政机关是在以紧急避险为名行强制拆除之实。本案是一起行政机关以紧急避险为由对房屋进行强制拆迁，侵犯公民个人合法权益的行政行为违法案件。

一、相关法律规定

《中华人民共和国突发事件应对法》第三条第一款规定，本法所称突发事件，是指突然发生，造成或者可能造成严重社会危害，需要采取应急处置措施予以应对的自然灾害、事故灾难、公共卫生事件和社会安全事件。第七条第二款规定，突发事件发生后，发生地县级人民政府应当立即采取措施控制事态发展，组织开展应急救援和处置工作，并立即向上一级人民政府报告，必要时可以越级上报。第十七条第三款规定，地方各级人民政府和县级以上地方各级人民政府有关部门根据有关法律、法规、规章、上级人民政府及其有关部门的应急预案以及本地区的实际情况，制定相应的突发事件应急预案。第二十条第一款规定，县级人民政府应当对本行政区域内容易引发自然灾害、事故灾难和公共卫生事件的危险源、危险区域进行调查、登记、风险评估，定期进行检查、监控，并责令有关单位采取安全防范措施。《地质灾害防治条例》第十九条第一款规定，对出现地质灾害前兆、可能造成人员伤亡或者重大财产损失的区域和地段，县级人民政府应当及时划定为地质灾害危险区，予以公告，并在地质灾害危险区的边界设置明显警示标志。第二十九条规定，接到地质灾害险情报告的当地人民政府、基层群众自治组织应当根据实际情况，及时动员受到地质灾害威胁的居民以及其他人员转移到安全地带；情况紧急时，可以强行组织避灾疏散。

《城市危险房屋管理规定》第六条规定，市、县人民政府房地产行政主管部门应设立房屋安全鉴定机构（以下简称鉴定机构），负责房屋的安全鉴定，并统一启用“房屋安全鉴定专用章”。《城市危险房屋管理规定》第七条第一款规定，房屋所有人或使用人向当地鉴定机构提出鉴定申请时，必须持有证明其具备相关民事权利的合法证件。第十二条第二款规定，房屋所有人和使用人都可提出鉴定申请。经鉴定为危险房屋的，鉴定费由所有人承担；经鉴定为非危险房屋的，鉴定费由申请人承担。

二、本案的典型意义

1. 提出危房鉴定申请需符合《城市危险房屋管理规定》的要求。根据《城市危险房屋管理规定》第七条和第十二条的规定，申请危房鉴定的主体应当是房屋所有权人或者使用权人。但本案申请危房鉴定的主体是盐场堡村社区居委会，其既不是涉案房屋的所有权人也不是使用权人，其申请危房鉴定主体不适格。该危房鉴定报告也没有向宋某某送达，宋某某对其居住的房屋被鉴定为危房的事实并不知情。因此，提出房屋鉴定申请和委托鉴定的主体不适格，鉴定目的不正当，违反了《城市危险房屋管理规定》关于房屋鉴定申请人的规定。

2. 正确界定紧急避险的适用条件，依法保护行政相对人合法权益。"紧急避险"是指为了使国家利益、公共利益、本人或者他人的人身和其他权利免受正在发生的危险，不得已而采取的损害较小的另一方合法利益，以保护较大的合法权益的行为。其特点是在两个合法权益发生冲突的时候，为了保护较大的权益，在没有其他更好的办法下，不得不损害另一较小的权益。

根据《中华人民共和国突发事件应对法》《城市危险房屋管理规定》的规定，住房和城乡建设局对危险房屋具有法定的管理职权。若涉案房屋已经具有危险性，承重结构承载力亦不能满足正常使用要求，房屋整体处于危险状态，行政机关基于消除危险的紧迫性和必要性为了公共利益的需要，有权行使行政职责并对危险房屋所有人（或使用人）发出督促撤离、立即停止使用的意见。

若行政机关能证明其拆除危险房屋的行政行为程序合法，且具有紧迫性、必要性，手段合理，符合合理行政和高效便民的行政基本原则，那么其拆除危房的行政行为并无不当。若行政相对人不予配合，则根据《城市危险房屋管理规定》第二十二条、第二十三条、第二十五条的规定，危险房屋的所有人未采取有效的解危措施，或者阻碍对危险房屋采取解危措施导致造成事故的，应当承担相应的民事、行政或刑事责任。

但在本案中，申请危房鉴定时未由房屋所有权人或者使用权人提出，且房屋危险性鉴定报告未送达房屋所有人或使用人，其后城关区人民政府便依据该房屋危险性鉴定报告组织相关单位强制拆除了宋某某的房屋。该强制拆除行为没有达到已经发生突发事件后而必须紧急避险的程度，也不是基于消除危险的紧迫性和必要性为了公共利益的需要，因而不符合紧急避险的条件。

在行政拆迁普遍存在行政机关以被征收房屋存在危险性为由，对房屋进行危房评估，并根据评估报告以公共安全需要而下达紧急搬迁公告。对于此种情况，很多时候行政机关是在以紧急避险为名行强制拆除之实。人民法院依法确认被诉行为违法，彰显了行政诉讼保护公民产权的制度功能。行政机关只有遵循行政程序，做到“严格、规范、公正、文明”执法，体现以人为本理念，维护群众切身安全，实现和谐拆危，才能符合新时代中国特色社会主义法治精神的要求。

撰稿：朵利民　薛扬　甘肃省高级人民法院

李倩　西北师范大学法学院研究生

12

违法建筑的认定和处理应由有权机关依法作出

——武某某诉会宁县头寨子镇政府行政强制案①

【裁判要旨】

违法建筑的认定和处理应由法定主体作出，而法定主体作出认定和处理需要遵循一定的法定程序，故而，由法定主体依据法定程序才能作出违法建筑认定。

【索引词】

违法建筑　法定程序

【案情】

武某国系原告武某某之父。2005 年 3 月 14 日，经白银市中级人民法院调解，武某国与会宁县头寨子镇经济管理委员会自愿达成如下协议：一、双方同意终止原《承包砖瓦厂合同书》；二、头寨子砖瓦厂归武某国个人所有，现有的固定资产全部归武某国个人所有；三、由武某国负责办理营业执照等证照的变更过户手续，头寨

① 一审：兰州铁路运输法院（2017）甘 7101 行初 84 号；二审：兰州铁路运输中级法院（2017）甘 71 行终 186 号。

子镇经委积极协助给予配合；四、头寨子砖瓦厂现有的债权债务均由武某国全部承担；五、由武某国支付给头寨子镇经委管理费48000元。头寨子砖瓦厂的负责人原系武某国，后变更为武某某。2016年8月1日，会宁县城市管理行政执法局、会宁县国土资源局、会宁县住房和城乡建设局联合作出会城管限拆字（2016）40号责令限期拆除违法建设决定，认定原告在头寨子村黑庄社砖瓦厂采矿区外建设彩钢及砖混建筑的行为，已违反《中华人民共和国城乡规划法》（以下简称《城乡规划法》）的规定，限原告于2016年8月6日前自行拆除上述违法建设，逾期不履行者，上述违法建设依法采取强制拆除措施。原告不服会城管限拆字（2016）40号责令限期拆除违法建设决定，向会宁县人民政府申请复议。2016年10月14日，会宁县人民政府作出会政复决字（2016）第6号行政复议决定，复议机关认为会宁县城市管理行政执法局、会宁县国土资源局、会宁县住房和城乡建设局在法定期限内未提交作出会城管限拆字（2016）40号责令限期拆除违法建设决定的证据、依据和其他材料，视为该具体行政行为没有证据、依据。根据《中华人民共和国行政复议法》第二十八条第一款第（四）项之规定，决定：撤销会宁县城市管理行政执法局、会宁县国土资源局、会宁县住房和城乡建设局作出的会城管限拆字（2016）40号责令限期拆除违法建设决定。

2016年8月1日，被告会宁县头寨子镇人民政府（以下简称镇政府）给原告送达违法建筑认定结果单，内容为“根据会宁县人民政府2016年3月17日发布的《会宁县人民政府关于S209线会宁试验段公路改建工程集体土地征收的公告》中征地补偿登记要求，你未按公告时限到头寨子镇人民政府办理征地补偿登记手续。为了推进S209线会宁试验段公路改建工程的顺利实施，头寨子镇人民政府于2016年7月29日上午向你送达了限期提供相关证件材料的通知书，你于2016年7月30日向头寨子镇人民政府党政综合办公室所交的营业执照（副本）、采矿许可证（副本）、安全生产许可证（副本已过期）、土地流转合同等材料尚不能有效证明待征地上建筑物的合法性。根据《中华人民共和国土地管理法》第四十四条、第七十六条和《城乡规划法》第四十一条、第六十六条之规定，经相关部门查阅资料、勘查及认定，你（单位）现所使用土地（位于郭巉公路黑庄段以东，关川河以西河岸上，南临崖边，北靠赵旺壁砂地）无土地使用证，该宗地上的建筑物为违法建筑”。2016年9月5日，被告向原告送达限期拆除违法建筑告知书，内容为“经调查，你

（单位）位于会宁县头寨子镇头寨子村黑庄社郭巉公路项目区域内的建筑物，违反了《城乡规划法》第四十条、第六十四条、第六十八条之规定，依法应当予以拆除。现根据《中华人民共和国行政强制法》第四十四条之规定，头寨子镇人民政府对上述违法建筑督促你在2016年9月6日前自行搬离，该建筑物内的物品并予以拆除。逾期不拆除的，我单位将依据《城乡规划法》第六十五条之规定，实施强制拆除”。2016年9月5日，被告向原告送达催告书，催告原告在收到催告书后，“到镇政府签订《征收协议书》，并于2016年9月5日前自行拆除被征建筑，逾期不签者，将依据《中华人民共和国行政强制执行法》的相关规定强制征收”。2016年9月5日，被告向原告送达强制拆除决定书，内容为“经查，你位于S209线会宁试验段公路改建工程集体土地征收范围内的地上附着物还未自行拆除，头寨子镇人民政府依据《中华人民共和国行政强制执行法》决定实施强制拆除，决定如下：一、请你在收到本决定书后，自行拆除征收范围内的地上附着物。二、2016年9月6日起，镇政府将组织相关部门对被征收范围内未自行拆除的地上附着物依法实施强制拆除”。2016年9月6日，被告将位于郭巉公路黑庄段以东、关川河以西河岸上，南临崖边，北靠赵旺壁砂地的建筑物予以强制拆除。原告提起行政诉讼，请求确认被告镇政府强行拆除的行政行为违法。

【审判】

一审法院经审理认为，镇政府认定事实不清，适用法律错误，超越职权。判决：确认被告镇政府强制拆除的行政行为违法。镇政府不服，提起上诉。

二审法院经审理认为，违法建筑，必须是违反《中华人民共和国土地管理法》《城乡规划法》等土地、规划相关的法律、法规和合法有效的规章规定的建筑。违法建筑的法律后果并非一律无偿拆除。镇政府作出的违法建筑认定结果单中没有说明“相关部门”具体是哪个部门，也没有写明该“相关部门”作出的认定文件名称和文号以及认定时间，故并无合法有效的法律文书认定被拆除的建筑物属于违法建筑。镇政府所提交的证据不足以证明其对本案所涉建筑物具有作出责令停止建设、限期改正、拆除等行政行为的职权。拆除违法建筑应遵循法定程序，而本案中未由法定主体作出行政决定，亦未告知武某某申请行政复议、提起行政诉讼的权利及期限，更没有依法履行催告、公告程序。镇政府在以武某某未就被征收土地签订征收协议书为由作出的《催告书》中，限期武某某在收到《催告书》当天就要自行拆除，明显不当。二审判决驳回上诉，维持原判。

【评析】

违法建筑的存在严重影响了城镇居民的生活空间，但是对于什么是违法建筑，我国法律、法规并未作出明确规定，故有必要对此问题进行探讨。

一、违法建筑的认定主体

1. 县级以上人民政府土地主管部门

依据《中华人民共和国土地管理法》第七十三条①之规定，凡是在城镇规划区未取得建设用地批准证书或者有其他违法用地行为的，由县级以上土地行政主管部门负责查处。

2. 城乡规划行政主管部门

城乡规划行政主管部门是查处违反规划进行违法建设的主要执法主体。依据《城乡规划法》第六十四条②之规定，若建筑工程项目违反规划的，由城乡规划行政主管部门负责查处。

3. 城市管理行政执法部门

由于各类建设行为在用地、规划以及施工等各个环节都可能存在违法行为，加之不同环节的负责部门不同，分散执法、各自为政的现象频发，导致效率低下。基于以上问题的考虑，各地在国务院的授权下，制定地方性法规，授权城市管理行政执法部门集中行使处罚权，当然，其也成为认定违法性建筑的重要主体。

4. 乡、镇人民政府

乡、镇人民政府作为基层政权，对于违法性建筑的认定也享有一定的权力。

5. 县级以上人民政府水利、交通、文物、环保等行政主管部门

县级以上人民政府水利、交通、文物、环保等行政主管部门对违法性建筑的认定也有一定的权力，如水利部门对于其管辖的河道范围内的违法性建筑有认定权。

---

① 《中华人民共和国土地管理法》第七十三条：……对违反土地利用规划擅自将农用地改为建设用地的，限期拆除在非法转让的土地上新建的建筑物和其他设施……

② 《中华人民共和国城乡规划法》第六十四条：未取得建设工程规划许可证或者未按照建设工程规划许可证的规定进行建设的，由县级以上地方人民政府城乡规划主管部门责令停止建设……

综上，结合本案来看，会宁县城市管理行政执法局、会宁县国土资源局、会宁县住房和城乡建设局与镇政府等行政部门中，会宁县国土资源局、会宁县住房和城乡建设局是没有权力认定本案中的建筑系违法性建筑的。

二、违法性建筑的强制拆除主体

根据《中华人民共和国行政强制法》的规定，具有行政强制执行权的行政主体有公安、国家安全机关、税务、海关、县级以上人民政府，但是《中华人民共和国行政强制法》是一般法，在违法性建筑的强制拆除上并不能作为唯一依据，还需要依据《城乡规划法》的相关规定，具体而言，我国具有强制拆除违法建筑的主体有：

1. 县级以上人民政府责令的有关行政机关

依据《城乡规划法》第六十八条①之规定，在强制拆除违法性建筑中，县级以上人民政府可以责令有关行政机关采取强制措施，而不需要申请法院强拆。

2. 乡镇人民政府

根据《城乡规划法》的规定，对于村庄范围内的违法性建筑，乡、镇人民政府既可以作出责令停止建设、限期改正的行政处罚，也可以直接实施强制拆除措施。

从上述规定中可看出，可以对违法建设行为人进行处罚的行政主体仅为县级以上城乡规划部门，乡、镇人民政府。但涉及违法建筑的认定，笔者认为，这个职权属于城乡规划主管部门。一方面，建设单位或者个人进行建设活动，最终必须经过城乡规划部门的许可和审批，根据权责相一致原则，这个认定职权应当由其行使。另一方面，城乡规划部门拥有专业人员（包括建管、法制、测绘）、专业技术条件和设备，更加有利于对违法建筑进行调查和认定，保障依法行政和行政相对人的合法权益。在建设工程规划许可证的后端，如果未申请建设工程施工许可证，《中华人民共和国建筑法》（以下简称《建筑法》）第六十四条规定：违反本法规定，未取得施工许可证或者开工报告未经批准擅自施工的，责令改正，对不符合开工条件的责令停止施工，可以处以罚款。《建设工程质量管理条例》第五十七条规定：违反本条例规定，建设单位未取得施工许可证或者开工报告未经批准，擅自施工的，

① 《中华人民共和国城乡规划法》第六十八条：城乡规划主管部门作出责令停止建设或者限期拆除的决定后，当事人不停止建设或逾期不拆除的，建设工程所在地县级以上人民政府可以责成有关部门采取查封施工现场、强制拆除等措施。

责令停止施工，限期改正，处工程合同价款百分之一以上百分之二以下的罚款。《建筑法》《建设工程质量管理条例》规定的职权主体为县级以上人民政府建设行政主管部门。从《建筑法》《建设工程质量管理条例》《城乡规划法》可看出，无论是责令拆除，还是主动拆除违法建筑的主体为城乡规划部门或者乡、镇人民政府。

综上，在城乡规划区域内，具有对违法建筑进行认定的行政主体仅为城乡规划部门。城乡规划部门进行违法建筑认定的职权依据包括《城乡规划法》第十一条、第四十五条、第四十六条、第四十七条。在涉及征收拆迁时，职权依据还包括《国有土地上房屋征收与补偿条例》第二十四条。

本案中违法建筑的认定主体并不明确，只表述为相关部门，这样造成权责不对称的局面。

三、违法性建筑的强制拆除程序

行政强制执行行为直接影响当事人的切身利益，故正当程序的遵守是其应有之义，当然，违法性建筑的强制拆除行为也不例外，该行为不仅要遵守《行政强制法》的一般规定和《城乡规划法》的特别规定之外，还需遵守地方性法规的相关规定。

1. 作出并送达限期拆除的处罚决定书；

2. 限期拆除处罚决定书不以停止执行为原则；

3. 履行公告和催告程序；

4. 履行内部报告和责成程序；

5. 制作并送达强制执行决定书；

6. 实施强制执行措施，拆除违法建筑。

本案中采取强制措施的主体是镇政府，主体不适格，镇政府在实施强制措施的过程中的程序违法。根据《行政强制法》第四十四条规定：对违法的建筑物、构筑物、设施等需要强制拆除的，应当由行政机关予以公告，限期当事人自行拆除。当事人在法定期限内不申请行政复议或者提起行政诉讼的，又不拆除的，行政机关可以依法强制拆除。《最高人民法院关于办理申请人民法院强制执行国有土地上房屋征收补偿决定案件若干问题的规定》第九条规定，人民法院裁定准予执行的，一般由作出征收补偿决定的市、县级人民政府组织实施，也可以由人民法院执行。

根据以上规定，镇政府无权采取行政强制措施，只能申请人民法院强制执行，而且镇政府并未依据法律规定的强制执行程序进行公告，虽然进行了催告，但催告内容不合法。2016年9月5日，被告向原告送达催告书，催告原告在收到催告书后，“到镇政府签订《征收协议书》，并于2016年9月5日前自行拆除被征建筑，逾期不签者，将依据《中华人民共和国行政强制执行法》的相关规定强制征收”。此催告内容违反了《行政强制法》规定的催告后，当事人在法定期限内既不申请行政复议，又不提起行政诉讼，也不自行拆除时才可以依法强制执行，而催告书表明当事人经催告不履行时直接强制执行，而且本案中镇政府2016年9月5日催告，2016年9月6日开始实施强制拆除行为，给当事人武某某自行拆除的时间太短，违反法律的强制性规定，这严重违反法定程序，损害了当事人的合法权益。

四、违法建筑的认定

违法建筑是指未经行政主体审批而建造以及其他无法认定为合法的建筑。

1. 在城乡规划区进行建设，应当取得建设工程规划许可证或乡村建设规划许可证

在城市、镇规划区内进行建筑物、构筑物、道路、管线和其他工程建设的，建设单位或者个人应当向城乡规划主管部门（以下简称城乡规划部门）申请办理建设工程规划许可证。核发建设工程规划许可证的主体一般为县级或者市级的规划局。关于申请核发建设工程规划许可证需提交的材料，《中华人民共和国城乡规划法》（以下简称城乡规划法）第四十条之规定较为笼统，即申请办理建设工程规划许可证，应当提交使用土地的有关证明文件、建设工程设计方案等材料。为了便于操作，各省制定了城乡规划条例，如《江苏省城乡规划条例》第三十九条规定，申请办理建设工程规划许可证应当提交下列材料：（一）建设项目批准、核准、备案文件；（二）使用土地的有关证明文件；（三）建设工程设计方案；（四）符合国家设计规范的建设工程施工图设计文件；（五）法律、法规规定的其他材料。

另外，在城市、镇规划区内进行临时建设的，也应当经城市、县人民政府城乡规划部门批准。

在乡、村庄规划区内进行乡镇企业、乡村公共设施和公益事业建设、农村村民住宅建设，也需要由城市、县人民政府城乡规划部门核发乡村建设规划许可证，方可进行建设。具体需要提交什么材料，各省的城乡规划条例或者实施办法有明确

规定。

2. 未取得或者不按照建设工程规划许可证或乡村建设规划许可证而进行建设的法律后果

违法建设所产生的危害后果就是违法建筑，影响城乡规划，应当承担相应的法律后果。《城乡规划法》第六十四条、第六十五条、第六十六条分别对未取得建设工程规划许可证或者未按照建设工程规划许可证的规定进行建设，在乡、村庄规划区内未依法取得乡村建设规划许可证或者未按照乡村建设规划许可证的规定进行建设以及违法进行临时建设的后果进行了明确规定。

综上所述，本案中，经相关部门查阅资料、勘查及认定，武某某（单位）现所使用土地（位于郭巉公路黑庄段以东，关川河以西河岸上，南临崖边，北靠赵旺壁砂地）无土地使用证，但并未查明武某某是否有建设规划许可证，土地使用证是建筑物、构筑物所有人取得土地使用权的合法证明，而规划许可证主要是关于项目的选址、性质、用途等，故，上诉人镇政府认定违法建筑的理由和依据不充分。

撰稿：马世远　兰州铁路运输中级法院

祁明霞　西北师范大学法学院研究生

八、行政确认

13

职工相互撕扯被劝阻后再次撕扯互殴行为引起暴力伤害，不属工伤认定的情形

——李某某诉平凉市人力资源和社会保障局不予认定工伤决定案①

【裁判要旨】

为了保障劳动者因工作或者与工作相关活动伤亡后能获得救济，只要劳动者受到的暴力伤害与工作内容相关联，并且在工作时间和工作场所内，就应当认定为因工作原因或者履行工作职责受到的暴力伤害，而予以工伤认定。但是，因劳动者之间或者劳动者与他人之间的相互撕扯行为受到暴力伤害的，尤其是撕扯被同事劝开后再次发生撕扯，属于相互撕扯殴打的暴力行为，其受到的暴力伤害与履行工作职责无直接的因果关系，不属于因履行工作职责过程受到的暴力伤害，不符合《工伤保险条例》第十四条第（三）项规定的在工作时间和工作场所内，因工原因受到暴力伤害的情形。

【索引词】

工伤认定　意外伤害

---

① 一审：甘肃省白银市中级人民法院（2017）甘04行初37号行政判决；二审：甘肃省高级人民法院（2018）甘行终186号行政判决。

【案情】

李某某系华亭煤业集团有限责任公司砚北煤矿职工，从事井下检修工工作。2014年8月19日19时许，李某某在工作期间路过华亭煤业集团砚北煤矿井下250203工作面时，不慎跌倒将正在工作的同事田某压倒，二人遂发生争吵并相互撕扯，被同事柳某等人劝开，李某某持矿用工具扁铲与田某撕扯，并在田某面部顶了一膝盖，二人再次被同事劝开后，田某持矿用工具斧抓朝李某某头部击打了一下，致李某某受伤，后李某某被其他同事送往华亭煤业集团总医院救治。经诊断为颈后部开裂伤、脊髓损伤、颈椎骨折。经甘肃明证司法物证鉴定所鉴定，李某某的伤残等级评定为四级伤残。2014年8月29日，华亭煤业集团向平凉市人力资源和社会保障局（以下简称平凉市人社局）提出平凉市职工工伤认定申请，填报受伤害经过为"8月19日中班，综采二队田某在250203运输顺槽无极绳绞车尾轮处开挖无极绳绞车尾轮基础时，未及时发现在此经过的检修工李某某，从而导致田某将斧爪挥至李某某的颈部，导致李某某颈部受伤"。平凉市人社局根据华亭煤业集团有限责任公司提交的调查材料，于2014年11月21日作出平人社工伤认字〔2014〕254号《甘肃省职工工伤认定决定书》，认为李某某受到的事故伤害，符合《工伤保险条例》第十四条第（一）项规定，属于工伤认定范围，予以认定为工伤。2015年9月初，平凉市人社局接到群众反映，称李某某在与他人打架过程中被伤害，随后平凉市人社局依法进行调查，并根据2015年9月6日华亭县公安局出具的《关于田某故意伤害案件的情况说明》和2016年3月30日华亭县人民法院作出的（2015）华刑初字第189号《刑事附带民事判决书》，认为平人社工伤认字〔2014〕254号《甘肃省职工工伤认定决定书》是在申请人华亭煤业集团提供虚假材料和证据的情形下，错误作出的工伤认定。2016年5月25日，平凉市人社局作出《关于撤销平人社工伤认字〔2014〕254号〈甘肃省职工工伤认定决定书〉的决定》，决定依法撤销平人社工伤认字〔2014〕254号《甘肃省职工工伤认定决定书》，重新作出认定，并责成申请人华亭煤业集团在10个工作日内立即负责缴回已支付给李某某的工伤保险费用90366.44元，逾期将依法移交司法机关追究申请人华亭煤业集团的相关责任。平凉市人社局经调查核查：2014年8月19日19时许，田某在华亭煤业集团砚北煤矿井下250203工作面工作时，同事李某某不慎跌倒将其压倒，二人遂发生争吵并相互撕扯，被同事柳某等人劝开，李某某持矿用工具扁铲与田某撕扯，并在田某面部顶了一膝盖，二人再次被同事劝开后，田某持矿用工具斧抓朝李某某头部击打了一下，致李某某受伤，后李某某被其他同事送往华亭煤业集团总医院救治。平凉市人社局根据调查的事实于2016年5月25日作出平人社工伤不予认字〔2016〕05号平凉市职工不予认定工伤决定，认定：李某某受到的事故伤害，不符合《工伤保险条例》第十四条、第十五条规定认定工伤或者视同工伤的情形，决定不予认定为工伤。李某某不服该决定，向法院提起行政诉讼。法院经审理后于2016年11月23日作出（2016）甘04行初15号行政判决，认为平凉市人社局认定事实属实，但适用法律错误。判决：一、撤销被告平凉市人社局2016年5月25日作出的平人社工伤不予认字〔2016〕05号《平凉市职工不予认定工伤决定书》；二、责令被告平凉市人社局重新作出行政行为。判决书送达后，各方当事人均未提出上诉。2017年2月12日，平凉市人社局再次作出平人社工伤不予认字〔2017〕001号《平凉市职工不予认定工伤决定书》，认为李某某受到的事故伤害，不符合《工伤保险条例》认定工伤或者视同工伤的情形，决定不予认定为工伤。李某某不服该决定，再次提起行政诉讼。在诉讼过程中，被告作出《撤销平人社工伤不予认字〔2017〕001号〈平凉市职工不予认定工伤决定〉的决定》，随后原告申请撤诉，准予撤诉。2017年11月3日，平凉市人社局又重新作出平人社工伤不予认字〔2017〕008号《平凉市职工不予认定工伤决定书》，该决定调查核实的事实与平人社工伤不予认字〔2016〕05号《平凉市职工不予认定工伤决定》认定的事实一致，平凉市人社局依据该事实再次认定李某某的受伤不属于《工伤保险条例》第十四条第（三）项所规定“因履行工作职责受到暴力等意外伤害”的情形，决定不予认定为工伤。李某某不服该不予认定工伤决定，提起行政诉讼。

【审判】

一审法院经审理认为，《中华人民共和国行政诉讼法》第七十一条规定：“人民法院判决被告重新作出行政行为的，被告不得以同一的事实和理由作出与原行政行为基本相同的行政行为”，其中“理由”包括据以作出行政行为的证据和所依据的规范性文件。被告依据本院生效判决重新作出本案被诉的不予认定工伤决定，该决定认定的事实与结果均与原行政行为一致。被告虽提交了新收集证据，但其理由并未改变，与原行政行为的理由相同。被告的行政行为属于《中华人民共和国行政诉讼法》第七十一条之规定，属违法行为。经查，当日李某某在工作时间、工作地点，其来回走动进行维修本身处于工作状态，在工作中不慎跌倒将正在工作的田某压倒引发撕扯而致受伤，均是在短时间之内连续发生的行为，现有证据不足以证明李某某受伤系因其个人泄愤所致，故被告抗辩李某某受伤是因其个人泄愤，而非履行工作职责，不应认定为工伤的抗辩理由不予支持。平凉市人社局调查的事实清楚，但适用法律错误，应予撤销。根据《中华人民共和国行政诉讼法》第七十条第（二）项之规定，判决如下：一、撤销被告平凉市人社局 2017 年 11 月 3 日作出的平人社工伤不予认字〔2017〕008 号《平凉市职工不予认定工伤决定书》；二、责令被告平凉市人社局重新作出行政行为。

二审法院经审理认为，本案争议的焦点是：李某某的受伤是否属于因履行工作职责受到暴力伤害的情形；平凉市人社局作出的不予认定工伤决定事实是否清楚，适用法律是否正确。

关于李某某的受伤是否属于因履行工作职责受到暴力伤害的问题。国务院《工伤保险条例》第十四条第（三）项规定，在工作时间和工作场所内，因履行工作职责受到暴力等意外伤害的，应当认定为工伤。2006 年 6 月 9 日，原劳动和社会保障部办公厅《关于对〈工伤保险条例〉有关条款释义的函》（劳社厅函〔2006〕497 号）规定，"《工伤保险条例》第十四条第（三）项"，其中"因履行工作职责受到暴力等意外伤害"中的因履行工作职责受到暴力伤害是指受到的暴力伤害与履行工作职责有因果关系。2007 年 7 月 2 日，原劳动和社会保障部《关于工伤认定中因履行工作职责受到暴力等意外伤害界定问题的复函》（劳社秘〔2007〕157 号）规定，国务院《工伤保险条例》第十四条第（三）项"在工作时间和工作场所内，因履行工作职责受到暴力等意外伤害的"，应理解为有岗位职责并明确具体行为规定，具有履行岗位职责的人员在工作时间和工作场所内受到暴力等意外伤害的应认定为工伤。从《工伤保险条例》立法原则、立法精神，以及原劳动和社会保障部的答复函看，工伤保险是保障劳动者因工作或者与工作相关活动伤亡后能获得救济，只要劳动者受到的伤害与工作内容相关联的，并且在工作时间和工作场所内，就应当认定为因工作原因受到的暴力伤害。本案中，被上诉人李某某系原审第三人华亭煤业集团砚北煤矿井下检修工，从事井下检修工作。2014 年 8 月 19 日 19 时许，被上诉人李某某在华亭煤业集团砚北煤矿井下 250203 工作面检修过程中不慎跌倒将正在工作的同事田某压倒，二人发生争吵并相互撕扯被同事柳某等人劝开后，被上诉人李某某又持矿用工具扁铲与田某撕扯，并在田某面部顶了一膝盖，二人再次被同事劝开后，田某持矿用工具斧抓朝李某某头部打了一下，致李某某受伤。本案被上诉人李某某在检修过程中不慎跌倒将正在工作的同事田某压倒，双方争吵并相互撕扯，属于其履行工作职责时发生的摔倒。但是，被上诉人李某某与田某的撕扯行为被同事劝开后，李某某持矿用工具扁铲又与田某撕扯，并在田某面部顶一膝盖的行为其性质已经转变为相互殴打，与履行工作职责已无必然的联系。本案李某某虽然在履行工作职务过程中不慎跌倒，引起其与田某的撕扯纠纷，可以说与工作原因有一定关系性，但是其二人被他人劝开后，不仅未听从劝解，化干戈为玉帛，与同事搞好关系和睦相处，相反，又一次撕扯，并致受伤的行为不属于履行工作职责过程受到的暴力伤害，其受到的暴力伤害与履行工作职责无直接的因果关系，李某某的受伤不符合《工伤保险条例》第十四条第（三）项规定的在工作岗位因工原因受到的暴力伤害的情形。

关于上诉人平凉市人社局作出的不予认定工伤决定认定事实是否清楚，适用法律是否正确的问题。《中华人民共和国行政诉讼法》第六十九条规定，行政行为证据确凿，适用法律、法规正确，符合法定程序的，或者原告申请被告履行法定职责或者给付义务理由不成立的，人民法院判决驳回原告的诉讼请求。本案中，上诉人平凉市人社局作出的不予认定工伤决定认定，李某某与田某发生争吵和厮打行为的时间为工作时间，起因是李某某不慎摔倒压在了田某身上所引起，但此事完全可通过合法、正当的方式解决，不至于发生多次撕扯和殴打，双方发生撕扯和殴打不是履行工作职责之需或者是为了更好地履行职责，李某某的受伤也不是因为履行工作职责所致，与履行工作职责没有因果关系。从本案查明的事实看，被上诉人李某某在检修时不慎跌倒压在了田某身上，双方发生撕扯后，被同事劝开后，李某某与田某第二次发生撕扯被田某用矿用工具斧抓打伤，该暴力伤害与被上诉人李某某履行检修工作职责无必然的联系。上诉人平凉市人社局作出的不予认定工伤决定，认定李某某不符合《工伤保险条例》第十四条第（三）项所规定“因履行工作职责而受到暴力等意外伤害”的情形，认定事实清楚，适用法律正确。

关于被上诉人李某某提出上诉人平凉市人社局以同一事实和理由作出的不予受理工伤认定决定错误的问题。《中华人民共和国行政诉讼法》第七十一条规定，人民法院判决被告重新作出行政行为的，被告不得以同一的事实和理由作出与原行政行为基本相同的行政行为。同一事实和理由中的“事实”是指行政机关所认定的据以作出行政行为的法律事实；“理由”是指行政机关据以作出行政行为的证据和所依据的规范性文件。判断事实和理由同一性的标准是主要事实和主要理由是否一致，即只要主要事实和主要理由一致，就属于《中华人民共和国行政诉讼法》第七十一条规定的同一事实和理由。本案中，2016 年 5 月 25 日，上诉人平凉市人社局作出平人社工伤不予认字〔2016〕05 号不予认定工伤决定，该不予认定工伤决定依据《工伤保险条例》第十四条、第十五条规定，认定被上诉人李某某受到的事故伤害不符合认定工伤或者视同工伤的情形，不予认定工伤。2016 年 11 月 23 日，一审法院作出（2016）甘 04 行初 15 号行政判决，以上诉人平凉市人社局作出平人社工伤不予认字〔2016〕05 号不予认定工伤决定适用法律错误为由撤销，并责令上诉人平凉市人社局重新作出行政行为。2017 年 11 月 3 日，上诉人平凉市人社局又重新作出平人社工伤不予认字〔2017〕008 号不予认定工伤决定，该决定调查核实的事实与平人社工伤不予认字〔2016〕05 号不予认定工伤决定认定的事实一致，但依据《工伤保险条例》第十四条第（三）项规定，认定李某某的受伤不属于“因履行工作职责而受到暴力等意外伤害”的情形，决定不予认定为工伤。本案上诉人平凉市人社局前后作出的两次不予认定工伤决定所依据的行政法规不同，其“理由”发生变化，不属于《行政诉讼法》第七十一条规定的同一事实和理由的情形。

综上，一审判决认定事实清楚，但适用法律及判决结果错误，依法应当纠正。被诉的平人社工伤不予认字〔2017〕008 号不予认定工伤决定认定事实清楚，适用法律正确。被上诉人请求撤销上诉人作出的平人社工伤不予认字〔2017〕008 号不予认定工伤决定的理由不能成立，依法应当驳回。上诉人平凉市人社局的上诉理由成立，本院予以支持。依照《中华人民共和国行政诉讼法》第八十九条第一款第（二）项、第六十九条之规定，判决如下：一、撤销甘肃省白银市中级人民法院（2017）甘 04 行初 37 号行政判决；二、驳回被上诉人（原审原告）李某某的诉讼请求。

【评析】

工伤认定行政案件涉及民生，关系劳动者的切身利益。只有保护好相对弱势的劳动群体的合法权益，才能更好地实现社会稳定和发展。近年来，随着经济社会的不断发展，用工关系的大量涌现，导致工伤事故也相对较多。2010年以来，随着《工伤保险条例》的修订，工伤保险参保范围进一步扩大，参保人数不断增加，工伤认定行政案件数也逐年上升。虽然工伤认定行政案件法律关系明确，但是工伤情形千差万别。特别是《工伤保险条例》第十四条第（三）项所规定的“因履行工作职责而受到暴力等意外伤害”在实践中的理解与应用问题。司法实践中，对职工在工作时间工作场所因工作原因遭遇到暴力造成的伤害，属于《工伤保险条例》第十四条第（三）项规定的工伤情形，但是，在工作时间工作场所因工作原因引起的相互撕扯，最后导致暴力伤害所造成的受伤是否属于上述法规规定的工伤情形，有着不同的理由与适用。

第一种观点认为，应当认定为工伤。理由是：此种情形下的受伤属于《工伤保险条例》第十四条规定认定工伤的情形。在现实生活中，工伤事故呈现不同的形态，有限的法律条文显然不可能囊括无限的生活事实。因此，在判断某一事故是否构成因工作原因受到暴力伤害事故时，则不能仅仅局限于法律条文的理解，机械地适用法律法规，更为重要的是要从立法精神出发，严格把握工伤认定的构成要件，从而作出正确的判断。具体到本案，李某某在工作时间工作场所内，其履行工作职责来回走动进行设备维护检修时，不慎跌倒将正在工作的同事田某压倒后引发撕扯而被田某用矿用工具打伤，是在短时间之内连续发生的行为，且现有证据不足以证明李某某受伤系因其个人泄愤所致，故李某某受伤属于《工伤保险条例》规定的工伤情况，应当认定为工伤。

第二种观点认为，不应认定为工伤。理由是：首先，此种情形下的受伤不属于《工伤保险条例》第十四条规定的认定工伤的情形和第十五条规定的视同工伤的情形。《工伤保险条例》第十四条第一款第（三）项规定，在工作时间和工作场所内，因履行工作职责受到暴力等意外伤害的，应当认定为工伤。第十五条规定“职工有下列情形之一的，视同工伤：（一）在工作时间和工作岗位，突发疾病死亡或者在48小时之内经抢救无效死亡的；（二）在抢险救灾等维护国家利益、公共利益活动中受到伤害的；（三）职工原在军队服役，因战、因公负伤致残，已取得革命伤残军人证，到用人单位后旧伤复发的。”具体到本案，李某某在华亭煤业集团砚北煤矿井下250203工作面检修过程中不慎跌倒将正在工作的同事田某压倒，二人发生争吵并相互撕扯，最终致李某某受伤。其受伤满足工作时间、工作场所内受伤，但争议的焦点在于是否满足“履行工作职责受到暴力等意外伤害”的条件。原劳动和社会保障部办公厅在《关于对〈工伤保险条例〉有关条款释义的函》（劳社厅函〔2006〕497号）中对此做了一个解释，“因履行工作职责受到暴力伤害是指受到的暴力伤害与履行工作职责有因果关系”。本案李某某在检修过程中不慎跌倒将正在工作的同事田某压倒，双方争吵并相互撕扯，符合“履行工作职责”的时间要件。如果在摔倒当时双方受到伤害，属于因工作原因受到的事故伤害，符合《工伤保险条例》规定的工伤情形。但是，李某某与田某发生撕扯行为被同事劝开后，又发生多次撕扯行为，此事完全可通过合法、正当的方式解决，不至于发生多次撕扯，双方发生撕扯不是履行工作职责之需或者是为了更好地履行职责。据此，双方的行为性质已经转变为相互殴打，该互殴行为与双方履行工作职责已无必然的联系。这种工伤认定情形，员工受到暴力伤害仅仅与工作具有关联性还不够，履行工作职责必须是伤害发生的原因。故李某某受伤虽然是在工作时间、工作岗位上，但并非因工作原因导致，其受伤不符合《工伤保险条例》第十四条第（三）项规定的在工作岗位因工原因受到的暴力伤害的情形。

其次，根据《工伤保险条例》第十四条，其中“意外伤害”应指不能预测、突然发生的伤害。矛盾发生后，李某某持矿用工具扁铲又与田某撕扯并在田某面部顶了一膝盖，李某某与田某作为心智正常人，对于互殴行为可能造成伤害后果具有当然的认知，应当知晓互殴行为可能造成对方受伤的后果，故李某某因与田某互殴受伤不具有意外性。不能认定为《工伤保险条例》第十四条第一款第（三）项规定“因履行工作职责受到暴力等意外伤害”的情形。

最后，李某某和田某的互相撕扯虽然发生在工作时间和工作场所，但不能就此简单地推定为受伤是由于工作原因导致。最高人民法院杨科雄法官认为：“工作时间”和“工作场所”在工伤认定中的作用，一是补强“工作原因”，二是推定“工作原因”。故考虑行为人的受伤是否能认定为工伤，首先应确定其受伤是否因工作原因，当直接证明工作原因的证据不充分，尚未达到事实清楚的程度，才需要通过工作时间和工作场所来补强。在“工作时间、工作场所”内发生的任何暴力伤害，都可能和员工的工作存在一定的间接因果关系，毕竟都和“工作”沾得上一点儿边，如果都认定为工伤，这样会无限扩大工伤的认定范围，显然不符合《工伤保险条例》的立法原意。

《工伤保险条例》是一个保障劳动者权利的行政法规，在行政法规本身规定不明确的条件下，应尽可能朝着有利于劳动者利益的角度进行宽泛理解，这符合《工伤保险条例》最大可能地保障主观上无恶意的劳动者因工作或在工作相关活动中遭受事故伤害或患职业病后能获得医疗救济、经济补偿和职业康复的权利的立法宗旨。并且该条例第十六条也规定了不得认定或视同工伤的三种情形，即(1)故意犯罪的；(2)醉酒或者吸毒的；(3)自残或者自杀的不认定为工伤，这就进一步说明，对一些主观故意实施违法违规行为造成的伤害，不属应当认定为工伤的情形。

撰稿：姚振勇　甘肃省高级人民法院
曹瑞童　西北师范大学法学院研究生

14

处理工伤赔偿与侵权赔偿竞合问题的模式选择

——林某英、傅某玲、丁某波诉武威市社会保险事业管理局支付工伤死亡补助金案[①]

【裁判要旨】

在处理工伤赔偿与侵权赔偿竞合案件时，在造成劳动者死亡且被认定为工伤的情况下，劳动者的家属请求社会保险事业管理部门在侵权赔偿金之外支付一次性工伤死亡补助金（以下简称工亡补助金）的，人民法院应予支持。

【索引词】

工伤赔偿　侵权赔偿　有限兼得模式

① 一审：甘肃省金昌市中级人民法院（2016）甘03行初31号；二审：甘肃省高级人民法院（2017）甘行终132号。

【案情】

丁某生前是武威市某劳动中介有限公司职工，后被派往武威市邮政局某支局从事邮政投递工作，其间该劳动中介有限公司依法给丁某缴纳了包括工伤保险在内的各项社会保险。2013年2月20日，丁某在工作中因交通事故身亡，2013年4月23日，被认定为工伤。武威市社会保险事业管理局依照《工伤保险条例》等法律规定，认定丁某亲属应获得的一次性工亡补助金为491300元、丧葬费为14865.49元、遗属抚恤金为1975.2元，合计508140.69元，但武威市社会保险事业管理局认为，依据《武威市企业职工工伤保险实施办法》第四十三条的规定，"道路、航运、航空、铁路等交通事故引发的工伤、或者职工工伤涉及其他民事赔偿的，应按照有关规定索取伤害赔偿，获得的伤害赔偿低于工伤保险待遇的，根据用人单位是否参加工伤保险，由经办机构或所在单位补足差额部分"，因肇事者支付了死亡赔偿金200000元，中国人寿财产保险有限公司武威市中心支公司支付了110000元交通事故理赔款，所以其仅支付丁某亲属剩余款项198140.69元。丁某家属林某英、傅某玲、丁某波认为肇事者赔偿的死亡赔偿金200000元不属于工伤保险，武威市社会保险事业管理局还应该支付其剩余的一次性工亡补助金200000元，遂向法院起诉，后被告向省高院上诉。

【审判】

一审法院支持了原告的诉讼请求，判令被告武威市社会保险事业管理局向丁某近亲属赔偿一次性工亡补助金200000元。主要有两个原因：其一为"公私并行"，其认为因交通事故导致的伤害为侵权行为，肇事方应当承担的是民事侵权责任，属于私法调整范畴，而工伤赔偿之基础是当事人间的劳动关系，责任主体为社保机构或用人企业，属于公法领域的赔偿，二者不能相互代替。其二是对法律法规之理解，其认为依据《最高人民法院关于审理人身损害赔偿案件适用法律若干问题的解释》第十二条第二款之规定，"因用人单位以外的第三人侵权造成劳动者人身损害，赔偿权利人请求第三人承担民事赔偿责任的，人民法院应予支持"。可见该司法解释未规定不能请求双重赔偿，此外依据《最高人民法院关于因第三人造成工伤的职工或其亲属在获得民事赔偿后是否还可以获得工伤保险补偿问题的答复》和《最高人民法院关于对"统一第三人侵权工伤赔偿案件裁判标准"问题的答复》，一审法院认为以上答复均认为第三人侵权工伤赔偿，受害人可以请求双重赔偿。

二审法院认定上诉人（原审被告）应当向被上诉人（原审原告）支付一次性工亡补助金200000元。其说理部分大致与原审法院说理一致，基于《工伤保险条例》第五条第三款、第三十九条之规定，以及《最高人民法院关于因第三人造成工伤的职工或其亲属在获得民事赔偿后是否还可以获得工伤保险补偿问题的答复》和《最高人民法院关于审理人身损害赔偿案件适用法律若干问题的解释》第十二条之规定，支持了原审原告之主张。

【评析】

本案是支持一次性工亡补助金和死亡赔偿金双重赔偿的典型案例。在本案中，一、二审法院均支持了丁某近亲属的主张，采用了兼得模式，在其认定说理部分，大致形成了两种思路，一种是通过法理进行评述，一审中采用的“公私并行”反映了大部分法院在认定此案，乃至此类案件中的基本认识，即工伤赔偿属于公法领域，而侵权赔偿属于私法领域，公法与私法二者互不干涉，应当双重赔偿；而另一种则是对条例、司法解释和答复的理解，由于我国法律没有明确规定双重赔偿，本案中一审法院与二审法院都通过对相关规定的解释进行说理，其主要的理由就是“法律没有禁止双重赔偿请求”，究其背后的理论基础无外乎也是“法无规定皆可为，法无规定皆禁止”的朴素理论。一、二审法院的说理大体上反映了目前我国实务界在处理此类型案件过程中的思路。

一、司法实践中工伤赔偿与侵权赔偿竞合案件的处理现状

为了能够了解到司法实践中普遍性的做法，笔者在万律网的裁判文书中以“工伤赔偿”和“侵权”为关键词搜索到最近一年的案例共38个。其中一审案例14个，二审案例21个。重审、提审、再审案例3个。而在这些案例中真正涉及法院认定工伤赔偿与侵权损害请求的案例为17个（其中一审案例5个，二审案例11个，重审案例1个，最高人民法院提审的案例1个）。在二审的11个案例中，只有1个案例被改判，该案件在二审中认为残疾赔偿金应当适用兼得模式。而其他案件则一、二审都认定地较为统一，且都认为两种责任都可以主张。工伤赔偿与侵权赔偿竞合的案件主要存在于交通事故纠纷案件、劳动争议案件、工伤保险待遇案件。通过这些案例所反映的情况，我们可以看到法院在面对工伤赔偿与侵权赔偿竞合案

件时，基本上对当事人主张工伤赔偿和侵权赔偿的行为是予以认可的，但在具体的赔偿认定上，多数法院只会认可死亡赔偿金、一次性工亡补助金、一次性伤残补助金、残疾赔偿金等赔偿金的双重赔偿，而对于其他费用，如医疗费、交通费等只会支持一次，不会支持双重赔偿。这种在司法实践中较为常见的做法取得了一定的社会效果，具有值得肯定的地方，本文也认可实践中的这种做法，将其进行归纳，可以表述为“有限兼得模式”，而学界针对此问题的研究也形成了一些卓有见地的观点。

二、学界之观点

域外国家在涉及此类责任竞合的案件时，主要有选择、替代、补充和兼得这四种模式，而在我国理论界，学者们通过对域外制度的吸收借鉴和对我国具体情况的分析后提出了多种观点。笔者通过总结，大致将其分为以下四种模式：补充模式、替代模式、兼得模式和综合模式。关于补充模式，早在2005年就有学者指出在工伤损害赔偿与一般民事侵权赔偿请求权竞合的情况下应当赋予劳动者选择权，且以补充模式为原则，以兼得模式为例外。即在一种赔偿难以达到劳动者实际损失的时候，以另一种为补充，而在两种都偏低的情况下，则采用兼得模式。主张替代模式的学者认为以替代模式为原则并辅之以改良的选择模式是我国相关制度建设的正确思路，也是已有的法律规定和司法解释所隐含的主张。单纯采用兼得模式的主张并不多，代表性的观点是在交通事故导致的工伤补偿案件中，工伤补偿与侵权赔偿并行不悖。关于“综合模式”是在对各种模式研究之后，学界提出了一些独具特色的主张，而这种主张兼具各种模式的特点。

各种模式背后蕴含着的制度目的和价值定位体现在两个方面，一者站在劳动者的角度，强调对弱势劳动者的倾斜保护；二者则严守利益平衡，强调应当在受损现状和现有计算基础上，赔偿要“适可而止”。而在制度价值取舍之下，多种模式所关涉的问题实质上只有一个，即劳动者在被认定为工伤的情况下，能否在相同的赔偿项目上获得双重的赔偿。笔者认为，不同模式的选择需要考虑该模式在社会中所起到切实效果，以及在司法实践中对该问题处理的成熟做法，因此通过从上文实践案例中的总结，将不同项目进行细化分析，笔者认为“有限兼得模式”对该问题的解决会起到一定的作用。

三、关于构建有限兼得模式的思考

我们从上文分析可以大致看出，法院在处理工伤赔偿与侵权赔偿竞合案件时，多会在具有人身属性的赔偿费用上采取可以兼得的双重赔偿，而在单纯的费用性开支上仅支持一次性的赔偿，本文将其称之为“有限兼得模式”，这种模式源于法院较普遍的做法，是对司法实践中大多数法院通常处理方式的升华，实践意义不言自明，但也需要对其法理归依进行研究和分析，并在此基础上进行具体适用。

（一）法理基础

1. 法律法规及司法解释等规定

在我国，与工伤赔偿及侵权赔偿相关的规定有《中华人民共和国侵权责任法》《中华人民共和国社会保险法》《中华人民共和国安全生产法》《中华人民共和国工伤保险条例》等法律法规，其中《中华人民共和国侵权责任法》在第十六条明确了被侵权人有权向侵权责任人请求赔偿，在造成伤残的情形下，应当赔偿医疗费、护理费、交通费等费用，在造成死亡的情况下，还应当赔偿死亡赔偿金以及丧葬费，在其三十四条第一款规定了用人单位的工作人员造成他人损害的，由用人单位承担责任，这就说明如果这里的工作人员造成的他人损害是工伤的话，则该工作人员的用人单位变为侵权责任人。《中华人民共和国社会保险法》在第四十二条规定了在因第三人造成的工伤中，第三人未支付医疗费的，工伤保险金可以先行垫付后进行追偿。而在涉及用人单位侵权时，在《中华人民共和国安全生产法》第五十三条中规定：“因生产安全事故受到损害的从业人员，除依法享有工伤保险外，依照有关民事法律尚有获得赔偿的权利的，有权向本单位提出赔偿要求。”这一条是对用人单位负有侵权责任的情况下，劳动者可以在得到工伤赔偿的情况下，再向用人单位请求侵权赔偿的规定。

相较法律法规而言，司法解释及最高人民法院相关答复则对该问题有着更为明晰的回应，《最高人民法院关于审理人身损害赔偿案件适用法律若干问题的解释》（法释〔2003〕20号）第十二条规定，参加工伤保险的劳动者因公受伤的适用《工伤保险条例》的规定，而不是向用人单位索赔，因第三人侵权造成的损害，劳动者有权向第三人索赔。这一条实际上确定了参加工伤保险的劳动者因工受伤不再向用人单位申请赔偿，而进行工伤保险赔偿程序，《最高人民法院关于审理工伤保险行政案件若干问题的规定》（法释〔2014〕9号）第八条的规定，则明确了在第三人引起的工伤情况下，劳动者或其近亲属既向工伤保险经办机构提起索赔，也向第三人索赔的时候，法院都应当支持，但同时指出就医疗费二次请求的，法院不应支持，这就基本上说明了最高人民法院的立场是支持双重赔偿，但医疗费用不能纳入其中。而在最高人民法院针对侵权赔偿与工伤赔偿竞合案件的答复中，也基本上持双重赔偿的态度。[①] 但可以看出，司法解释主要针对的是第三人侵权情况下的规定，未对用人单位侵权情况下的适用加以阐明。

2. 理论基础

社会风险的增加，促使人们越来越关注风险的分担，工伤保险制度产生之初便是为了应对越来越多的工伤伤害。发展至今，随着社会保险制度的日趋完善，工伤保险制度也越加成熟。其反映的价值追求在于对劳动者的及时有效保护，而侵权责任则更多针对的是个人受损害后的利益填平，由侵权人本人填平这一侵害造成的损失。两种制度的设置本质上是不同的，但二者关系的不同并不影响二者不能同时存在，工伤赔偿由社会负担，侵权赔偿由侵权人负担，共同指向被认定为工伤的劳动者，使得工伤赔偿与侵权赔偿的立法价值和制度初衷都可以得到实现，因此这两种赔偿的并存在理论上的障碍不太大，从上述立法者和司法者的态度来看也是支持这样的观点，这就基本上为劳动者在由第三人造成工伤后申请工伤赔偿的同时能否提起侵权赔偿指明了方向，即当事人可以主张工伤赔偿与侵权赔偿，二者并存，同时对于用人企业在用工过程中造成的劳动者损害，也可以向用人单位和社会保险经办机构请求双重赔偿，且法院应当受理。原则性的法律规定虽没有点明法院在面对该问题时如何认定、哪些案件可以具体适用、究竟当事人最终能得到什么赔偿。但也正是这样的开放性使得我们在模式的选择上更具有灵活性，法律虽没有细化，但在

---

① 例如，2006年12月28日发布的《最高人民法院关于因第三人造成工伤的职工或其亲属在获得民事赔偿后是否还可以获得工伤保险补偿问题的答复》称："新疆维吾尔自治区高级人民法院生产建设兵团分院：你院《关于因第三人造成工伤死亡的亲属在获得高于工伤保险待遇的民事赔偿后是否还可以获得工伤保险补偿问题的请示报告》收悉。经研究，答复如下：原则同意你院审判委员会的倾向性意见。即根据《中华人民共和国安全生产法》第四十八条以及最高人民法院《关于审理人身损害赔偿案件适用法律若干问题的解释》第十二条的规定，因第三人造成工伤的职工或其近亲属，从第三人处获得民事赔偿后，可以按照《工伤保险条例》第三十七条的规定，向工伤保险机构申请工伤保险待遇补偿。"2011年《最高人民法院关于对"统一第三人侵权工伤赔偿案件裁判标准"问题的答复》称："最高人民法院《审理人身赔偿案件适用法律若干问题的解释》第十二条和《关于审理劳动争议案件适用法律若干问题的解释（二）》第六条中规定，均认可了第三人侵权工伤赔偿，受害人可获得双份赔偿的原则。最高人民法院作出（2006）行他字第12号答复，是对这一原则的重申。"

法律的框架内，可以当然地将其理解为立法机关基本上认可在责任竞合情况下的兼得模式，加之我国《劳动法》在第一条第一款表明我国劳动法的目的在于保障劳动者合法权益，以保障劳动者权益为价值导向，因此在这种情况下适用兼得模式便是可行的。

但全面的兼得模式所具有的弊端也很明显，虽具有人身性的赔偿难以计算，但对于治疗过程中的各种费用性支出却仍是很容易量化的。在我国仍处于社会主义初级阶段的现实前提下，全面的双重赔偿无疑会产生不必要的支出，也不利于资源高效利用。因此，对于一些单纯财产损失应当采用我国民法中所运用的“填平原则”，劳动者不能在得到赔偿的情况下，再进行请求，否则法院也不能支持。这样便在对劳动者权益倾斜保护的前提下，使双方的利益平衡有所回归。

（二）有限兼得模式的特点

1. 人权保障与利益填平相结合

“有限兼得模式”在法理价值选择上体现了人权保障与利益填平相结合的特点。因此，在选择适用模式时需要既保障弱者的实质公平又要顾及民法（侵权法）所具有的补偿性，即填平原则。

加强劳动者在劳动关系中的话语权，平衡劳资关系是在我国劳动立法中人权保障观念最基础的体现。这体现了在赋权阶段，立法者对于劳动者权利的重视。而在本文探讨的责任阶段的相关问题上，在立法没有明确规定的情况下，司法实践基本遵循了立法贯彻的保障劳动者的理念，在工伤赔偿与侵权赔偿竞合的情况下，采用将所占赔偿比例较大的死亡赔偿金、伤残补助金等的双重赔偿，而将所占赔偿比例较小的单纯的经济性支出，采用利益填平的模式，这种实践中的做法很好地保障了双方的利益诉求，并在劳资关系中达到了平衡，这充分体现了在劳动者处于弱势情况下强化其人权保障的理念，同时将财产性损失不纳入双重赔偿的做法，体现了填平原则，兼顾了二者的利益。

2. 人身性赔偿的兼得性与费用性支出的有限性相结合

在人权保障与利益填平相结合的价值特点下，有限兼得模式的特点具体体现在对于工伤赔偿与侵权赔偿二者所要赔偿的项目进行分解，从而形成费用性支出项目和人身性赔偿项目，对于费用性支出项目体现的是“填平原则”以及“过错责任”，此类损失是劳动者损害发生后所附带产生的费用，且这些费用是必要支出的可以具体量化的花销，这些支出并不是对劳动者的补偿，劳动者没有必要享受双倍的赔偿。而对于赔偿数额较大的人身性赔偿项目则需要兼得，从法理角度来看，人生命的价值难以量化，生命所具有的“无价”性，难以以一方的赔付即可认定符合该生命的价值，因此现代社会出于对人权的尊重，在关涉人身死亡赔偿的方面允许双重赔偿，采用兼得模式的做法是符合现代法律思想的。而且有限兼得模式也有利于双方利益的平衡，受伤害的劳动者一方一般情况下处于劣势地位，获得较多的伤残或死亡赔偿对于其家庭具有十分重要的作用，因此对于具有人身属性的赔偿项目采取兼得模式，具有积极意义，但同时对于财产性损失项目不采用兼得模式则在当事人一方获得双倍赔偿的情况下较好地平衡了双方的利益。因此，采用有限兼得模式将有助于更好地解决工伤赔偿与侵权赔偿竞合问题。

（三）有限兼得模式的适用

通过上述司法实践中通常做法的介绍，我们可以大致发现在我国司法实践中可以同时主张工伤赔偿和侵权赔偿，且法院多会受理。但在具体司法实践中，并不是所有诉讼请求项目的双重赔偿都可以被支持。

笔者认为，在司法实践中处理工伤赔偿与侵权赔偿竞合案件时，可以采用“有限兼得模式”，这里的侵权赔偿类型既包括第三人侵权也包括用人单位侵权。在可具体量化的，可确定的财产性损失项目内实行“填平原则”，不能得到双重赔偿。而在损失不能具体确定，且对劳动者或其家人生活有重要影响，具有人身属性的赔偿项目上采用兼得模式，可以得到双重赔偿。即劳动者（或其家属）无论是在获得侵权赔偿的情况下再去申请工伤赔偿，还是在获得工伤赔偿的情况下申请侵权赔偿，都可以获得支持。

具体而言，在造成劳动者死亡的情况下，劳动者的家属可以在一次性工亡补助金和侵权造成的死亡赔偿金上兼得，而在生前治疗过程中产生的医疗费、营养费、交通费、误工费、鉴定费、护理费等费用上则不能兼得。在造成劳动者伤残的情况下，劳动者可以在一次性伤残补助金和伤残赔偿金上兼得，同样在劳动者治疗期间产生的各种费用，如医疗费、营养费、交通费、误工费、鉴定费、护理费则不能兼得。

撰稿：毛胜利　甘肃省高级人民法院
刘文彪　西北师范大学法学院研究生

15

在行政裁决案件中可以采用优势证明标准

——王某荣诉兰州市人力资源和社会保障局劳动保障行政确认案①

【裁判要旨】

根据撤销诉讼对象的不同，可将撤销诉讼分为处分撤销诉讼和裁决撤销诉讼，从本质上说，行政裁决类案件，行政机关一般处于居中裁判的角色地位，处理的是平等主体之间的民事争议，对行政机关裁决认定的争议事实的判断，应当采用优势证明标准，除非有相反证据予以推翻。

【索引词】

行政裁决　优势证明标准

【案情】

一审法院查明，2015 年 9 月 27 日 7 时 55 分许，原告王某荣骑摩托车在国道 312 线大西北板材市场发生交通事故受伤，榆中公安局交警大队认定王某荣无责任。2016 年 4 月 5 日，榆中县劳动人事争议仲裁委员会作出榆劳人仲裁字（2016）第 2 号裁决书，裁决王某荣与兰州九品轩家具有限公司（以下简称九品轩公司）存在事实劳动关系。2016 年 6 月 22 日，甘肃省榆中县人民法院作出（2016）甘 0123 民初 1040 号民事判决书，查明 2014 年 4 月至 2015 年 9 月 27 日，王某荣在九品轩公司从事电焊工作，双方没有签订劳动合同，约定工资实行计件制，每月 3000 元至 4000 元不等；王某荣接受九品轩公司的管理，并按时上下班；遂判决九品轩公司与王某荣之间存在劳动关系。2016 年 11 月 28 日，甘肃省兰州市中级人民法院作

① 一审：兰州铁路运输中级法院（2017）甘 71 行初 154 号；二审：甘肃省高级人民法院（2018）甘行终 59 号。

出（2016）甘01民终2020号民事判决书，确认了榆中县人民法院查明的事实，驳回九品轩公司的上诉，维持原判。王某荣向兰州市人力资源和社会保障局（以下简称兰州市人社局）递交工伤认定申请，兰州市人社局受理后，依照法律规定向九品轩公司进行调查核实，并对有关人员制作了调查笔录。2017年6月26日，兰州市人社局作出兰人社工伤字〔2017〕510号《兰州市职工工伤认定决定》（以下简称510号工伤认定决定），认为王某荣2015年9月27日上班途中发生交通事故受伤不符合事实，不符合《工伤保险条例》第十四条第（六）项之规定，不予认定王某荣为工伤。王某荣不服提起诉讼，请求撤销不予工伤认定决定。

【审判】

一审法院经审理认为，《工伤保险条例》第五条第二款规定："县级以上地方各级人民政府社会保险行政部门负责本行政区域内的工伤保险工作。"被告兰州市人社局作为负责本行政区域内工伤保险工作的部门，受理工伤认定申请并作出工伤认定是其法定职责。根据各方当事人的诉辩意见，本案的争议焦点是原告王某荣是否具有《工伤保险条例》第十四条规定应当认定工伤的情形。已经发生法律效力的甘肃省榆中县人民法院（2016）甘0123民初1040号民事判决书、甘肃省兰州市中级人民法院（2016）甘01民终2020号民事判决书均查明，2015年9月27日，王某荣在骑摩托车上班途中发生交通事故受伤。被告兰州市人社局在工伤认定的过程中，虽前往九品轩公司进行调查，但未对鲍某、白某志、鲍某生的身份予以核实。故被告兰州市人社局作出不予认定王某荣为工伤的决定，主要证据不足。依照《中华人民共和国行政诉讼法》第七十条第（一）项之规定判决：一、撤销被告兰州市人社局于2017年6月26日作出的510号工伤认定决定；二、被告兰州市人社局在本判决生效之日起60日内重新作出工伤认定决定。

九品轩公司作为用人单位，不服一审判决上诉称：一、兰州市榆中县人民法院作出的（2016）甘0123民初1040号民事判决和兰州市中级人民法院（2016）甘01民终2020号民事判决，均认定"2015年9月27日，王某荣在骑摩托车上班途中发生交通事故"无证据支持，认定事实错误，不能作为撤销被诉工伤认定决定的依据。二、兰州市人社局对其职工鲍某、白某志、鲍某生的调查证明2015年9月27日上诉人的全体职工放假，且9月27日是国家法定节假日，上诉人主张上班的事实不能成立。请求撤销一审判决，驳回诉讼请求。

二审法院认为本案的争议焦点是王某荣是否在上班途中发生的交通事故。《最高人民法院关于行政诉讼证据若干问题的规定》第七十条规定："生效的人民法院裁判文书或者仲裁机构裁决文书确认的事实，可以作为定案依据。但是如果发现裁判文书或者裁决文书认定的事实有重大问题的，应当中止诉讼，通过法定程序予以纠正后恢复诉讼。"本案中，榆中县人民法院（2016）甘0123民初1040号民事判决书和兰州市中级人民法院（2016）甘01民终2020号民事判决书均查明，2015年9月27日，王某荣在骑摩托车上班途中发生交通事故受伤的事实。据此，上诉人九品轩公司如果认为生效民事判决认定事实错误，应当通过民事再审程序予以纠正，本案应当中止审理。但是在本案一、二审审理过程中，上诉人并未提供已经申请民事再审的证据，且上诉人的代理人对生效民事判决也未申请再审，故对生效民事判决确认的事实，应当予以确认。另，榆中县公安局交警大队对该次事故作出榆公交认字〔2016〕第00058号《道路交通事故认定书》，认定三轮摩托车驾驶员承担本次事故的全部责任，王某荣无责任。《工伤保险条例》第十四条第（六）项规定："在上下班途中，受到非本人主要责任的交通事故或者城市轨道交通、客运轮渡、火车事故伤害的，应当认定为工伤。"被上诉人王某荣在上班途中，骑摩托车与三轮摩托车相撞，发生交通事故，王某荣不承担事故责任。据此，被诉工伤认定查明的事实与生效民事判决认定的事实不一致，依据《最高人民法院关于行政诉讼证据若干问题的规定》第六十三条第（一）项规定，国家机关以及其他职能部门依职权制作的公文文书优于其他书证的规定，被上诉人兰州市人社局作出的510号工伤认定决定认定事实的主要证据不足以推翻生效民事判决认定的事实，被诉工伤认定决定部分事实不清，证据不足，一审法院予以撤销并无不当。综上，上诉人九品轩公司的上诉理由不能成立，本院不予支持。依据《中华人民共和国行政诉讼法》第八十九条第一款第（一）项之规定，判决：驳回上诉，维持原判。

【评析】

本案主要涉及的是人社部门在行政程序中对各方提交的证据以及自己调查取得的证据的采纳问题，它关系到案件的事实认定。对证据的采纳问题属于证据学上证明标准问题。《中华人民共和国行政诉讼法》和《最高人民法院关于行政诉讼证据若干问题的规定》（以下简称《行政诉讼证据规定》）对证明标准没有明确规定，需要在个案审理中进行总结经验，本案作为工伤认定案件，在主要事实发生争议的情况下，适用了优势证明标准，固定了案件的主要事实，为最终化解争议打好基础。

一、行政裁决案件采用优势证明标准的原因

1. 行政诉讼证明标准规定不明。行政诉讼和其他诉讼一样，都确立了“以事实为根据，以法律为准绳”的审判原则，以事实为根据，对行政诉讼来说就是证据确凿。只有证据确凿证明的事实才是“客观真实”的事实，但是在实际生活中，由于客观原因，针对某一待证事实，有些证据未必能够收集齐，还原事实真相就会出现困难，甚至出现事实不明或者真假难辨，作为法官又不能拒绝裁判，只能根据现有的证据进行判断，得出案件事实，也许这个事实和客观事实刚好是相符的，也有可能与客观事实不相符。作为法官来说，对于待证事实，只能以现有的证据为基础判断案件事实，一般称之为“法律真实”。为此，通过各方当事人举证、质证、合议庭根据证据的“三性”进行认证，确信案件事实真实存在或者成立的证明程度，就是证明标准。简言之，证明标准是指经过依法举证、调取证据、质证认证程序，作为定案根据的证据能够使法庭相信案件事实真实存在或者成立的证明程度。① 在行政诉讼中，行政机关对被诉行政行为的合法性负有举证责任，包括职权依据、事实认定、程序规定、法律依据等。其中涉及事实认定方面的举证也是行政审判审查的重要内容之一。行政裁决类案件如工伤认定、土地确权等案件，作为作出行政裁决的行政机关就要依据争议各方当事人的举证能力，合理确定举证责任，从而得出相对客观的“法律真实”。在司法审查中，同样存在合理确定举证责任，实现证明目的的问题，判断行政机关作出的行政裁决认定事实是否清楚。在行政诉讼证据规则的起草过程中，通过举证责任达到什么样的证明标准没有作出具体规定，说明制定行政诉讼证明标准的条件还不够成熟，只能通过司法实践，不断进行探索。但是在行政案件的证据审查中，证明标准问题却是每位法官必须要适用的内容，不能回避。为此，法官只能根据《行政诉讼证据规定》第五十四条的规定，遵循法官职业道德和日常生活经验，对全部证据进行综合认证和系统的逻辑分析，从中找到证据

---

① 李国光主编：《最高人民法院关于行政诉讼证据若干问题的规定释义与适用》（重印本），人民法院出版社 2015 年版，第 170 页。

与案件事实之间的相互联系，确定行政机关在行政裁决案件中的“事实是否清楚、证据是否充分”。

2. 行政裁决案件采用优势证明标准的必要性。对证明标准问题，三大诉讼适用标准都不统一，刑事诉讼采用的证明标准最高，是“排除合理怀疑”的证明标准；民事诉讼一般采用的是高度盖然性证明标准，也叫优势证明标准；行政诉讼由于其特殊性，对不同的行政行为类型适用不同的证明标准。传统的行政诉讼以撤销诉讼为中心展开，根据撤销诉讼对象的不同，将撤销诉讼分为处分撤销诉讼和裁决撤销诉讼。处分撤销诉讼的对象是“处分或者其他公权力的行使”，裁决撤销诉讼的对象是指“裁决、决定或者其他行为”①，如工伤认定决定、知识产权行政决定等。本案就属于典型的裁决撤销诉讼。优势证明标准，是指合议庭根据各方提供的证据，按照最佳证据规则，将证明效力占优势的一方当事人提供的证据作为认定案件事实的证明标准。优势证明标准主要适用于一般财产权和人身权争议的行政裁决案件。② 从本质上来说，行政裁决类案件，行政机关一般处于居中裁判的角色，处理的是平等主体之间的民事争议，对行政机关裁决认定的事实判断，应当采用优势证明标准，因这类行政裁决是依据平等主体提供的证据作出事实认定和结果判断的。

二、行政裁决案件中适用优势证明标准的条件

优势证明标准是法官根据法定证据规则和遵循法官职业道德、日常生活经验以及逻辑规则，决定其中一方的证据优于另一方的一种判断方式。实质是其中一方当事人证据的盖然性高于另一方当事人证据的盖然性。严格来说，优势证明标准就是证明责任分配的一个补充。从理论上讲，运用优势证明标准作出的裁判只是一种相对正确的结论，而且双方当事人及行政机关都承担面临错误裁判的风险。③ 在行政裁决类案件中，采用优势证明标准应当适用以下几个条件：一是行政机关在作出行政裁决时，已经充分保障了各方的举证权，但仍然存在待证事实不明的情形。二是待证事实各方均已经穷尽举证，需要行政机关对证据进行综合判断。三是被诉行政

---

① 江利红著：《日本行政诉讼法》，知识产权出版社 2008 年版，第 183 页。

② 李国光主编：《最高人民法院关于行政诉讼证据若干问题的规定释义与适用》（重印本），人民法院出版社 2015 年版，第 173 页。

③ 李国光主编：《最高人民法院关于行政诉讼证据若干问题的规定释义与适用》（重印本），人民法院出版社 2015 年版，第 335 页。

裁决中对争议事实采用了优势证明标准，法院进行司法审查时亦应与行政机关对该事实的认定保持一致。双方通过同一个证明标准认定的事实，应当保持同一性。这样一方面体现了行政机关对待证事实的首次判断权，另一方面也体现了司法对争议事实或者待证事实认定中的司法谦抑性。

三、确立裁判要旨的理由

本案的争议焦点主要围绕在2015年9月27日，王某荣骑摩托车发生交通事故受伤是否在“上班途中”，这是一个事实判断问题。兰州市人社局作为工伤认定机关，根据《工伤认定条例》和《工伤认定办法》的规定，在工伤认定程序中，人社局还具有对申请人和用人单位提交的证据进行审核调查职责。就本案而言，申请人提交了生效的民事判决，判决查明“2015年9月27日，王某荣骑摩托车在上班途中发生交通事故受伤”的事实。用人单位九品轩公司主张王某荣不是在上班途中发生交通事故，提供了公司的上下班管理制度、放假通知；兰州市人社局通过调查用人单位的职工以及核实2015年9月27日是中秋节，是国家法定节假日，从而得出2015年9月27日，王某荣发生交通事故不属于上班途中发生交通事故。在本案的事实判断上就出现了兰州市人社局并未采纳王某荣提交的生效民事判决认定的事实的情形，也即该生效判决作为证据并未被兰州市人社局采纳。

一审法院的意见与兰州市人社局的意见刚好相反，在争议事实的认定上，法院认为应当优先采纳生效民事判决认定的事实，故撤销了兰州市人社局的被诉工伤认定决定。作为二审法院来说，虽然看似双方争议的焦点是事实判断问题，其实是对双方举证证据的采纳问题，这就涉及本案归纳的证明标准问题。根据上述分析，工伤认定决定作为行政裁决行政行为，对待证事实应当适用优势证明标准。

根据《行政诉讼证据规定》第六十三条的规定①，国家机关以及其他职能部门

---

① 第六十三条规定：“证明同一事实的数个证据，其证明效力一般可以按照下列情形分别认定：（一）国家机关以及其他职能部门依职权制作的公文文书优于其他书证；（二）鉴定结论、现场笔录、勘验笔录、档案材料以及经过公证或者登记的书证优于其他书证、视听资料和证人证言；（三）原件、原物优于复制件、复制品；（四）法定鉴定部门的鉴定结论优于其他鉴定部门的鉴定结论；（五）法庭主持勘验所制作的勘验笔录优于其他部门主持勘验所制作的勘验笔录；（六）原始证据优于传来证据；（七）其他证人证言优于与当事人有亲属关系或者其他密切关系的证人提供的对该当事人有利的证言；（八）出庭作证的证人证言优于未出庭作证的证人证言；（九）数个种类不同、内容一致的证据优于一个孤立的证据。”

依职权制作的公文文书优于其他书证。公文文书的证明力高于其他书证，其文书制作是依职权经过严格的法定程序，其合法性和真实性有国家公信力保障。人民法院的生效裁判属于公文文书的范畴，其证明力应当高于其他书证和证人证言。另外，《行政诉讼证据规定》第七十条亦规定："生效的人民法院裁判文书或者仲裁机构裁决文书确认的事实，可以作为定案依据。但是如果发现裁判文书或者裁决文书认定的事实有重大问题的，应当中止诉讼，通过法定程序予以纠正后恢复诉讼。"生效的裁判文书确认的事实无须再经过证明，可以直接作为定案证据使用。该条也同时规定了，如果生效裁判认定的事实有误，应当通过审判监督程序予以纠正，给当事人留下了救济渠道。本案九品轩公司在法定的申请再审期限内并没有对生效的民事判决申请再审，也就是说用人单位九品轩公司对生效民事判决是服判息诉的，据此，生效民事判决作为证据在行政程序中提交，符合最佳证据规则，其证明力应当高于九品轩公司和兰州市人社局调查核实的证据。根据优势证明标准，二审法院采纳了一审法院的意见，判决驳回上诉，维持原判，从而确立了本案的裁判要旨，为以后类案提供借鉴。

四、需要说明的问题

本案裁判要旨的确认选取了从证明标准问题切入，笔者认为，也可以从生效判决既判力的角度进行分析。因为《行政诉讼证据规定》第七十条的理论基础就是既判力问题。对于既判力理论，当前无论是实务界还是理论界对该问题的研究还是不够深入，根据生效判决的内容，有当事人陈述、质证认证过程、法院查明事实以及评述论理过程、判决主文，有学者主张生效判决的既判力应当仅限于判决主文，也就是仅限于诉讼标的；也有学者主张查明事实、评述论理和判决主文都具有拘束力；还有人主张查明事实部分仅限于与案件处理结果有关的事实部分，与案件处理结果无关的事实部分没有拘束力等，尽管该理论还不成熟，各种观点还不统一，但在审理思路中，作为前诉查明的事实，在后诉中同样受到羁束，予以采纳。该案也算是既判力理论在司法实践中的尝试，其是否合适有待于以后的实践检验。

撰稿：朵利民　甘肃省高级人民法院

张朋　西北师范大学法学院法律硕士研究生

九、行政协议

16

行政协议的司法判断标准

——敦煌西航飞天文化旅游投资股份有限公司诉敦煌市人民政府、敦煌文化产业园示范园区管理委员会《接盘协议》无效案①

【裁判要旨】

将行政协议纳入行政诉讼受案范围是《中华人民共和国行政诉讼法》（以下简称《行政诉讼法》）修改的一个重大突破，厘清行政协议与民事合同的区别是行政审判实践中的重点和难点问题。是否属于行政协议，应从签订主体、签订目的、协议内容以及是否享有优益权等方面进行判断。行政协议一般应具备行政主体的特殊性、公共利益的明确性、行政法律关系的确定性等特征。

【索引词】

行政协议　判断标准

【案情】

敦煌西航飞天文化旅游投资股份有限公司（以下简称西航公司）起诉称，2015年11月4日，敦煌市人民政府与西航公司签订了《敦煌国际会展中心（含敦煌大

① 一审：甘肃省张掖市中级人民法院（2018）甘07行初5号；二审：甘肃省高级人民法院（2018）甘行终128号。

剧院）项目后期建设框架协议》（以下简称《框架协议》），主要约定乙方西航公司同意将敦煌国际会展中心、敦煌大剧院及文化中心广场三个与文博会直接相关的工程项目交由甲方敦煌市人民政府组织建设；项目移交后，甲乙双方成立临时管理机构负责协调解决项目建设中存在的问题，推进项目建设如期完成；对工程项目已完成的工作量和投资，由甲乙双方现场核定后，共同委托具备甲级资质的第三方进行评估、审计，结果报省建设厅审核确认等内容。2017 年 1 月 26 日，为进一步明确项目乙方（西航公司）已投资部分接盘的具体事宜，经敦煌文化产业园示范园区管理委员会与西航公司充分协商，签订了《敦煌丝绸之路国际会展中心（含敦煌大剧院）项目西航公司投资部分接盘协议》（以下简称《接盘协议》）。对项目接盘内容、接盘价格、付款方式、项目接盘手续的变更及转移、双方责任以及其他内容作出约定。因在该协议履行过程中发生纠纷，起诉人西航公司向法院提起行政诉讼，请求依法确认其与被告敦煌文化产业示范园区管理委员会于 2017 年 1 月 26 日签订的《接盘协议》无效。

【审判】

一审法院经审理认为，双方签订的《接盘协议》不具有行政协议必备的法律特征，且协议中约定的权利义务内容不具有行政法上的权利义务，不属于人民法院行政案件受案范围。依照《中华人民共和国行政诉讼法》第四十九条第（四）项、第五十一条第二款之规定，裁定对西航公司的起诉，不予立案。

上诉人西航公司不服一审行政裁定，上诉称：1. 一审裁定认定事实不清，理由不充分，裁定结果有误。被上诉人敦煌文化产业示范园区管理委员会是酒泉市编制委员会明确的事业单位，虽然不是行政机关，但是管委会受市政府的授权行使文化产业示范园区范围内的行政管理权利，双方签订的接盘协议具有行政协议必备的全部法律特征。2. 本案案情复杂重大，所涉争议额在七亿元以上，且本案涉及被告多，不在同一行政区域内，如果单纯由中级人民法院审理的话，在地域上难免出现需要回避的情形，故应当由甘肃省高级人民法院管辖审理或者指定甘肃省张掖市中级人民法院或者甘肃省其他中级人民法院依法审理本案。遂请求撤销一审裁定，由甘肃省高级人民法院以案情复杂、重大为由一审审理本案或者指定张掖市中级人民法院或者其他中级人民法院依法审理本案。

二审法院经审理认为，本案上诉人西航公司起诉时以敦煌文化产业园示范园区管理委员会和敦煌市人民政府为被告，请求依法确认与被告敦煌文化产业示范园区管理委员会于2017年1月26日签订的《接盘协议》无效。《中华人民共和国行政诉讼法》第十二条第一款第（十一）项规定：人民法院受理公民、法人或者其他组织提起的下列诉讼，认为行政机关不依法履行、未按照约定履行或者违法变更、解除政府特许经营协议、土地房屋征收补偿协议等协议的。故本案的审理焦点是上述被诉《接盘协议》是否属于行政协议范畴，是否属于行政诉讼受案范围。行政协议是指行政机关为实现公共利益或者行政管理目标，在法定职责范围内，与公民、法人或者其他组织协商订立的具有行政法上权利义务内容的协议。即行政协议的主体必须有一方是行政主体，签订协议的目的是实现公法上的目的，行政机关必须是在法定职责范围内签订。行政协议区别于民事合同的标准在于协议的内容是否具有行政法上的权利义务，主要应对以下三个方面进行判断：第一，是否具有行使行政职权，履行行政职责的内容；第二，是否具有实现公共利益或行政管理的目标；第三，协议或法律是否规定了行政机关单方解除、变更等优益权。在司法实践中，并非行政机关与公民、法人或者其他组织签订的任何协议都属于行政协议。

关于《框架协议》的性质。本案中，根据上诉人起诉时提交的证据材料，2015年11月4日，敦煌市人民政府与西航公司签订了《框架协议》，主要约定乙方西航公司同意将敦煌国际会展中心、敦煌大剧院及文化中心广场三个与文博会直接相关的工程项目交由甲方敦煌市人民政府组织建设；项目移交后，甲乙双方成立临时管理机构负责协调解决项目建设中存在的问题，推进项目建设如期完成；对工程项目已完成的工作量和投资，由甲乙双方现场核定后，共同委托具备甲级资质的第三方进行评估、审计，结果报省建设厅审核确认等内容。该框架协议的签订方一方虽然是敦煌市人民政府，但其是双方为解决敦煌国际会展中心、敦煌大剧院及文化中心广场三个与文博会直接相关的工程项目的遗留问题在平等自愿的基础上签订的，敦煌市政府对该协议不具有单方变更或者解除的优益权，该协议不属于行政协议的范畴。

关于被诉的《接盘协议》的性质。2017年1月26日，为进一步明确项目乙方（西航公司）已投资部分接盘的具体事宜，经敦煌文化产业园示范园区管理委员会与西航公司充分协商，签订了《接盘协议》。对项目接盘内容、接盘价格、付款方式、项目接盘手续的变更及转移、双方责任以及其他内容作出约定。被诉《接盘协议》是在《框架协议》签订的基础上，为进一步明确上诉人西航公司投资建设的在建未完工程的工程量及投资部分接盘的具体事宜而签订的。该接盘协议是签约双方为实现自身的、公司的权益基于意思自治签订的，不具备为实现公共利益或者行政管理目标而制定的特征，被诉管委会亦不具有单方解除、变更等优益权，故被诉接盘协议不具有行政协议应备的法律要件。被诉接盘协议不属于行政协议，应通过民事诉讼的途径解决。综上，本案被诉《接盘协议》不属于行政诉讼的受案范围。上诉人在上诉状中提出的本案应由本院直接一审审理或者指定管辖的理由不能成立，本院不予支持。综上，一审裁定不予立案结果正确。依据《中华人民共和国行政诉讼法》第八十九条第一款第（一）项之规定，裁定如下：驳回上诉，维持原裁定。

【评析】

行政协议是一种特殊的协议，它具有两面性，既有作为行政管理方式“行政性”的一面，也有作为公私合意产物“合同性”的一面。故行政协议既是一种行政行为，具有行政行为的属性，又是一种合同，体现合同制度的一般特征。正因其自身的特殊性，对行政协议与民事合同的界定，一直都是理论界和实务界的一大难题。随着现代政府职能的不断扩张，公共行政领域的行政协议大量增加，由此引发的纠纷数量也同步增长。

一、相关法律规定

行政协议这个概念在国内法的第一次出现是在《行政诉讼法》第十二条第一款第（十一）项规定中，该条是对行政诉讼受案范围的列举式规定，第（十一）项规定“公民、法人或者其他组织认为行政机关不依法履行、未按照约定履行或者违法变更、解除政府特许经营协议、土地房屋征收补偿协议等协议提起的诉讼，属于行政诉讼法受案范围”。可见，对行政协议的判定事关行政诉讼的受案范围，事关案件的审理程序、审判结果、救济途径、法律适用，也关乎公平正义。

由于对行政协议缺少深入的理论研究，甚至对于它概念的界定都是很模糊的，2015 年 5 月 1 日《最高人民法院关于适用〈中华人民共和国行政诉讼法〉若干问题的解释》（以下简称《适用若干解释》）第十一条第一款对行政协议进行了定义：

“行政机关为实现公共利益或者行政管理目标，在法定职责范围内，与公民、法人或者其他组织协商订立的具有行政法上权利义务内容的协议，属于行政诉讼法第十二条第一款第十一项规定的行政协议”。

尽管2018年2月8日生效的《最高人民法院关于适用〈中华人民共和国行政诉讼法〉的解释》（以下简称《适用解释》）废止了《适用若干解释》，关于行政协议的定义亦随之废止。但值得注意的是，《行政诉讼法》和《适用解释》中仍保留了“行政协议”的相关表述，这说明行政诉讼的大门依然向行政协议敞开，而这也意味着法院在裁判中仍然需要对行政协议进行界定，依然需要厘清行政协议的判断标准。

最高人民法院发布的指导性案例76号“萍乡市亚鹏房地产开发有限公司诉萍乡市国土资源局不履行行政协议一案”中提出两点行政协议的判定标准：第一，行政协议是行政机关为实现公共利益或者行政管理目标，在法定职责范围内与公民、法人或者其他组织协商订立的具有行政法上权利义务内容的协议；第二，行政协议强调诚实信用、平等自愿，一经签订，各方当事人必须严格遵守，行政机关无正当理由不得在约定之外附加另一方当事人义务或单方变更解除。

二、行政协议一般判断

一般认为，行政协议区别于民事合同的标准在于协议的内容是否具有行政法上的权利义务，主要应从以下三个方面进行判断：第一，是否具有行使行政职权，履行行政职责的内容；第二，是否具有实现公共利益或行政管理的目标；第三，协议或法律是否规定了行政机关单方解除、变更等优益权。在司法实践中，并非行政机关与公民、法人或者其他组织签订的任何协议都属于行政协议。从本案的裁判来看，在法官的思维当中，行政优益权是判断行政协议与民事协议区别的重要方式。行政优益权是指在有正当理由的情况下在约定之外给另一方当事人附加义务或单方变更解除协议，当然，行政主体只有在合同订立后出现了由于公共利益的需要或法律政策的重大调整，必须变更或解除时，才能行使单方变更、解除权。除此之外，行政优益权还体现在行政主体对合同履行的监督权和指挥权。尽管最高人民法院指导案例中指出行政协议主体双方之间平等自愿，但其强调的是在签订行政协议的过程中，双方主体的地位平等，平等协商，意思自治。因行政主体的天然特性，在协议的履行中必然体现某种程度上的主体的不平等性。指挥权是指行政主体在协议履行过程中，有权通过发布行政命令、行政指导等方式，指示其相对人按照一定的要求或意图履行协议或合同。比如，土管部门可以通过发布命令、通知等方式要求行政协议相对人支付土地出让金。监督权是指行政主体在合同履行过程中，有权对相对方当事人是否履行合同、履行是否适当进行监督检查。

一般来看，根据行政协议的内容不同，可以将行政协议分为政府特许经营协议，土地、房屋征收补偿协议和其他行政协议。政府特许经营协议指行政机关与公民、法人或者其他组织依法定程序签订的直接关系公共利益的特定行业的市场准入的行政协议。《行政诉讼法》第十二条第一款第（十一）项规定，公民、法人或者其他组织对土地房屋征收补偿协议不服提起诉讼的，属于行政诉讼的受案范围。应当注意的是，无论集体土地征收补偿协议，还是国有土地上房屋征收补偿协议，均属于本款规定的征收补偿协议。其他行政协议主要是指国有自然资源出让协议、教育培训或调研协议、行政允诺协议等。国有自然资源出让协议包括国有土地使用权出让合同、海域使用权出让合同、草原使用权出让合同、林地使用权出让合同、滩涂使用权出让合同、矿产资源勘探或开采协议等。教育培训或科研协议主要是行政机关将可以外包的教育培训、科研、立法或决策调研等行政管理职责任务，通过外包方式交由专业组织代为完成所签订的协议。行政允诺协议主要是行政机关为鼓励社会参与，对完成某项政府鼓励事项的公民、法人或者其他组织，予以一定形式奖励的协议。例如，政府为鼓励招商引资作出的行政允诺等行为。

在行政协议履行过程中，行政机关根据情势变更或者法律、法规、规章的修改等因素，为公共利益需要，可以单方变更或者解除行政协议。行政机关单方变更、解除行政协议的行为，属于行政机关单方作出的行政决定，利害关系人对这类行政行为当然有权提起行政诉讼。当然，行政机关单方变更、解除行政协议的行为，不能等同于合同当事人单方变更、解除合同的民事行为。

三、通过本案透析行政协议的构成要素

法官对本案的综合判断。根据上诉人起诉时提交的证据材料，2015 年 11 月 4 日，敦煌市人民政府与西航公司签订了《框架协议》。关于该框架协议的性质，协议的签订方一方虽然是敦煌市人民政府，但该协议是双方为解决敦煌国际会展中心、敦煌大剧院及文化中心广场三个与文博会直接相关的工程项目的遗留问题在平等自愿的基础上签订的，敦煌市政府对该协议不具有单方变更或者解除的优益权，该协议不属于行政协议的范畴。关于被诉的《接盘协议》的性质。2017年1月26日，为进一步明确项目乙方（西航公司）已投资部分接盘的具体事宜，经敦煌文化产业园示范园区管理委员会与西航公司充分协商，签订了《接盘协议》，对项目接盘内容、接盘价格、付款方式、项目接盘手续的变更及转移、双方责任以及其他内容作出约定。《接盘协议》是在《框架协议》签订的基础上，为进一步明确上诉人西航公司投资建设的在建未完工程的工程量及投资部分接盘的具体事宜而签订的。该接盘协议是签约双方为实现自身的、公司的权益基于意思自治签订的，不具备为实现公共利益或者行政管理目标而制定的特征，被诉管委会亦不具有单方解除、变更等优益权，故被诉《接盘协议》不具有行政协议应备的法律要件。被诉《接盘协议》不属于行政协议，应通过民事诉讼的途径解决。

通过对本案裁判的分析，笔者认为行政协议应当具备以下特征：

1. 行政主体的特殊性

本案中，与原告签订《接盘协议》的另一方主体是敦煌文化产业示范园区管理委员会，该管理委员会是酒泉市编制委员会明确的事业单位，其不属于行政机关，双方签订的《接盘协议》不具有行政协议必备的法律特征之协议一方必须是行政机关，因此将其作为否认本案符合行政诉讼受案范围的理由之一。

敦煌文化产业园示范区管理委员会与西航公司签订的《接盘协议》是继《框架协议》后签订的，敦煌文化产业园示范区管理委员会系敦煌市政府直属事业单位，不属于行政主体，但原协议是由敦煌市政府与西航公司签订，将项目的《接盘协议》交由敦煌文化产业园示范区管理委员会签订，可以推定是经过了敦煌市政府的授权。所以，需要进一步讨论的就是经行政机关委托的组织是否具有缔结行政协议的主体资格。

关于受行政机关委托的组织是否具有缔结行政协议的主体资格。行政机关委托的组织，是指以委托机关的名义在委托事项范围内从事行政管理活动的机构。但是这类组织不能够以自己的名义实施行政管理和对外承担法律后果。因而，受委托组织作出的行为的法律责任最终应由委托的行政机关（以下简称委托机关）承担。此种情况在我国现行行政法律规范中亦不乏实例，如《国有土地上房屋征收与补偿条例》第五条明确规定了房屋征收部门应对其委托的房屋征收实施单位的行为后果承担法律责任，其中房屋征收部门承担法律责任的情形即包含受托单位签订行政协议的情形。因此，受委托组织签订行政协议，相关的法律责任最终仍要归属于行政机关，相关行政诉讼当事人也应是授权机关，故本案的受委托组织敦煌文化产业园示范区管理委员会不具有行政诉讼被告资格。但不具备行政诉讼主体资格、不独立担责并不能否定它的缔约主体资格，既然是经行政机关授权，行为后果又由实施委托的行政机关承担，目的也具有一致性，就不应否认经行政机关所委托授权组织的缔约主体资格，以此将案件从行政诉讼受案范围内排除。

2. 公共利益的明确性

签订行政协议的目的是行政机关为实现公共利益或者行政管理目标。敦煌文化产业园示范区管理委员会与西航公司签订的《接盘协议》是在上一个《框架协议》的基础上对项目接盘内容、接盘价格、付款方式、项目接盘手续的变更及转移、双方责任以及其他内容作出约定的协议，是为进一步明确对项目乙方（西航公司）已投资且在建但未完成部分接盘的具体事宜。它像是一个双方为了各自利益而签订的协议，但敦煌国际会展中心是一座以举办文化艺术展览、敦煌学专题讲座、接待国际国内各类会议的会展中心，最终收益也归属政府，从整体上看，敦煌国际会展中心的建设对敦煌市文化与旅游等方面的发展具有推动作用，具有实现社会公共利益的价值。因此，本案公共利益这一目的的界定是很模糊的。

3. 行政法律关系的确定性

“主体”特殊，“目的”模糊难界定。但是，只要是合同，就会有法律关系。行政法律关系，最直接的体现在行政协议双方当事人的权利与义务，是指行政法规范在对行政权力行使中产生的各种社会关系加以调整之后所形成的一种行政法上的权利义务关系。其中，具有行政优益权是区别行政协议和民事合同最本质的区别。

在本案中很显然，《接盘协议》的内容是对项目接盘内容、接盘价格、付款方式、项目接盘手续的变更及转移、双方责任以及其他内容作出约定，双方权利义务的约定是建立在平等的法律关系上，不存在处于公共利益的需要解除协议，不存在一方的监督、指挥，属于平等主体之间的民事协议。

四、总结

综上，因立法的不完善、概念的模糊，行政协议的认定应结合主体、目的、权利义务关系的综合分析，才能得出严谨的判定。行政协议属于行政审判中的新生事物，通过行政诉讼途径为行政协议纠纷提供救济渠道，既有利于保护公共利益，也有利于保障私人权益，有其制度设计的必要性和合理性，对此类案件的审理有待于在审判实践中不断丰富和完善。同时，制定相关行政协议的司法解释，也势在必行。

撰稿：刘晶　甘肃省高级人民法院

范泽京　西北师范大学法学院研究生

十、行政许可

17

民办教育办学行政许可的司法判断

——某中学诉定西市教育局办学行政许可一案①

【裁判要旨】

民办教育办学行政许可应当提出申请。被许可人需要在有效期届满后继续从事有关活动的，应当在有效期届满前，向行政机关申请延续行政许可的有效期。逾期没有提出且不具备办学条件的，行政机关可以撤销民办教育行政许可。

【索引词】

民办教育　行政许可　判断标准

【案情】

某中学经定西市教育局2005年6月3日定市教发〔2005〕61号文批准成立。2010年7月，定西市教育局向原告某中学换发了教民162242030000×××号中华人民共和国民办学校办学许可证，学校类型为“普通高中”，有效期限为2010年7月至2015年6月。2016年6月8日，原告某中学向被告定西市教育局作出定成中发〔2016〕06号《定西市安定区某中学关于延续办学许可的申请》，并报送给被告。

① 一审：甘肃省天水市中级法院（2016）甘05行初55号；二审：甘肃省高级人民法院（2017）甘行终281号。

因原告未在法定期限内向被告提出延续办学申请，2016 年 7 月 1 日，被告定西市教育局向原告某中学作出《定西市教育局关于注销定西市安定区某中学办学许可证的告知书》，告知其可在收到告知书 7 日内提出申辩的权利。2016 年 8 月 4 日，被告定西市教育局作出定市教发〔2016〕148 号《定西市教育局关于注销定西市安定区某中学办学许可证的决定》："某中学：我局于 2010 年 7 月给你校发放的中华人民共和国民办学校办学许可证（许可编号：教民 162242030000 × × ×）有效期限为 2010 年 7 月至 2015 年 6 月，现已超出许可证有效期。根据《中华人民共和国行政许可法》第七十条第一项以及《甘肃省民办学校办学许可证管理办法》第二十五条第一项的规定，决定依法注销我局核发的教民 162242030000 × × ×号中华人民共和国民办学校办学许可证。"

【审判】

一审法院经审理认为，本案系因原告未在法定期限内向被告递交延续办学申请，而由被告对原告的《办学许可证》予以注销的行政案件。《中华人民共和国行政许可法》第五十条第一款规定："被许可人需要延续依法取得的行政许可的有效期的，应当在该行政许可有效期届满三十日前向作出行政许可决定的行政机关提出申请……"本案中，原告应提供合法有效的证据证明其在法定期限内向被告提交了延期办学申请，但原告向本院提交的证据材料，不能反映出原告在其办学许可证届满三十日之前向被告递交了延期办学申请。故被告依据《甘肃省民办学校办学许可证管理办法》第二十五条关于"有下列情形之一的，审批机关依法注销办学许可证：（一）办学许可证有效期届满未申请延续的，或者延续申请未被批准的"规定，依法注销原告的《办学许可证》，并在注销《办学许可证》之前，向原告送达了拟注销办学许可证的告知书。故被告作出注销原告《办学许可证》的行政行为证据确凿，程序合法，适用法律、法规正确。据此，依照《中华人民共和国行政诉讼法》第六十九条、第一百零二条的规定，判决驳回原告某中学的诉讼请求。

上诉人某中学上诉称，一审法院采信证据不当。2015 年 5 月 18 日，上诉人向被上诉人提交了延续办学申请，由于被上诉人业务科没有人而未提交上。2015 年 5 月 20 日，上诉人又向被上诉人提交延续办学申请，被上诉人工作人员说等办完年检再说，上诉人的工作人员就将申请拿了回来。被上诉人虽然不予认可，但未出示相关证据予以证实。根据《最高人民法院关于行政诉讼证据若干问题的规定》，被上诉人受理申请登记制度不完备的，应当认定上诉人进行了延续办学的申请。2015年6月30日办学期满后，被上诉人及定西市安定区向上诉人发放多份文件，说明被上诉人对上诉人办学行为予以认可。遂请求撤销一审判决及定西市教育局作出的注销某中学办学许可证的行政行为。

被上诉人定西市教育局答辩称，上诉人没有证据证明其向我局提交了延续办学申请，我局登记制度完备，对来信来访及文件均由行政办公室统一登记，不存在登记制度不完备的情况。上诉人在办学许可证已经过期的情况下，继续招生是违法的，由于民办学校的正常管理是属地管理，安定区教育局对其违规招生等行为的管理是正常的，安定区教育局多次要求整改但上诉人置之不理，对其违法行为没有处罚并不等于对其违法办学行为的认可。由此一审法院认定事实清楚，适用法律法规正确，请求二审法院驳回上诉，维持原判。

二审期间，上诉人某中学提交了以下证据：1. 2015年11月15日，安定区财政局、教育局安财行发（2016）40号《关于下达2016年秋季学期普通高中国家助学金的通知》；2. 2016年5月3日，安定区教育体育局文件安教发（2016）200号《关于同意安定区某中学更换校长的批复》；3. 2016年8月10日，安定区教育局作出安教函字（2016）114号《关于开展宏祥时代购物中心捐资助学活动的通知》；4. 2016年9月7日，安定区教育体育局作出安教发（2016）456号《关于印发2016年全区高考质量分析报告的通知》；5. 2016年9月7日，安定区教育局作出安教函字（2016）131号《关于印发〈2015—2016学年第二学期末高中一年级农村完全中学、英才中学、某中学组学业质量监控检测跟踪分析报告〉的通知》；6. 2016年9月22日，安定区教育体育局作出安教发（2016）489号《定西市安定区教育体育局关于实施2016年中央专项彩票公益金教育助学项目的通知》；7. 2016年10月31日，安定区财政局、扶贫办、教育体育局文件安财行发（2016）39号《关于下达2016年秋季学期为民办实事项目（补助）资金的通知》；8. 2016年12月9日，安定区教育体育局文件安教发（2016）628号《关于开展2016年全区民办教育学校年检工作的通知》；9. 2017年5月25日，安定区教育体育局文件安教发（2017）227号《关于下达2017年春季学期普通高中国家助学金的通知》；10. 安定区民办高中学生分流工作方案。以上证据证明某中学办学许可证过期后，学校的教育教学活动在正常进行，当地教育部门对某中学进行年检及各种管理行为，说明某中学办学主体资格得到教育部门认可。

二审经庭审质证，被上诉人对上诉人提交的新证据的质证意见为，安教发（2016）200号文件的真实性无异议，但聘任的校长应由审批机关定西市教育局核准，定西市安定区教育体育局无权核准，其发的文件自然无效，故与本案没有关联性。安教发（2016）489号、安教发（2017）227号、安财行发（2016）39号、安财行发（2016）40号、安教函字（2016）114号文件的真实性没有异议，但该文件是针对安定区辖区内所有学校，具有普遍性，且涉及的内容是教育助学项目，不能因上诉人在办学过程中存在违规行为，而使在校学生无法享受国家补助。安教发（2016）456号、安教函字（2016）131号文件的真实性和合法性没有异议，但与本案没有关联性。虽然由于上诉人的办学许可证过期已经被注销，但是还有二届学生（2014年和2015年招收的学生）需要正常管理，不能因正常的教育管理就认为是对其违规办学的许可，更不能认为就是对其办学许可的延续。关于民办高中学生分流方案，予以认可，正好说明由于上诉人等四所民办学校违规招生造成的学生学籍等问题，当地教育行政主管部门积极解决并且已经解决了901名（无学籍学生共911名，另外10名学生在继续解决）学生继续上学的问题。安教发（2016）628号文件的真实性及合法性没有异议，但与本案没有关联性，根据分级审批，属地管理原则，民办学校的年检由各县区教育行政管理部门联系有关单位组织年检，最后由市教育局根据上报情况组织专家抽评后进行通报，上诉人因办学许可证注销不再进行年检，也不在通报之列。

关于上诉人在上诉中提出被上诉人受理申请登记制度不完备，应当认定上诉人提交了延续办学申请的问题。市教育局提交了《定西市教育局公文办理及印章管理制度》及2015年5—6月收文登记簿，明确规定接收的文电、函件，统一由办公室负责收发的同志收拆、分类、登记、编号，并及时填写《文件呈批传阅笺》，由办公室主任提出拟办意见，送有关领导阅批。办公室根据领导的批示送有关科室承办。证明没有收到上诉人在此期间递交的延续办学申请书。

上述证据证实上诉人办学期满后，定西市安定区教育体育局向上诉人发放多份文件，进行正常教学管理。

二审法院经审理认为，《中华人民共和国行政许可法》第五十条第一款规定，被许可人需要延续依法取得的行政许可的有效期的，应当在该行政许可有效期届满三十日前向作出行政许可决定的行政机关提出申请。但是，法律、法规、规章另有规定的，依照其规定。《最高人民法院关于行政诉讼证据若干问题的规定》第四条第一款规定，公民、法人或者其他组织向人民法院起诉时，应当提供其符合起诉条件的相应的证据材料。据此，上诉人应负是否提出申请的举证责任。本案中，上诉人提出其在办学许可证届满三十日之前两次向被上诉人递交了延期办学申请，只因客观原因未能递交成功。根据《最高人民法院关于行政诉讼证据若干问题的规定》第四条第二款第（二）项规定，在起诉被告不作为的案件中，原告应当提供其在行政程序中曾经提出申请的证据材料。但有下列情形的除外：原告因被告受理申请的登记制度不完备等正当事由不能提供相关证据材料并能够作出合理说明的。据此，由于被上诉人受理申请登记制度不完备，举证不能的法律后果应当由被上诉人承担。经查，被上诉人市教育局提交的《定西市教育局公文办理及印章管理制度》及 2015 年 5—6 月收文登记簿，证明其有严格的收发文件制度规定，统一由该局办公室负责收发文事项，在 2015 年 5—6 月没有收到上诉人递交的延续办学申请书。同时根据上诉人的自述，2015 年 5 月 18 日，上诉人向被上诉人提交了延续办学申请，由于被上诉人业务科没有人而未提交上。2015 年 5 月 20 日，上诉人又向被上诉人提交延续办学申请，被上诉人工作人员说等办完年检再说，上诉人工作人员就将申请拿了回来。证明上诉人没有向被上诉人市教育局办公室递交延续办学申请的客观事实，举证不能的法律后果应当由上诉人承担。市教育局根据《中华人民共和国行政许可法》第七十条第（一）项，《甘肃省民办学校办学许可证管理办法》第二十五条第（一）项规定，在送达拟注销办学许可证告知书后，对某中学的办学许可证予以注销，符合法律规定。

关于上诉人提出办学期满后，被上诉人及定西市安定区教育体育局向上诉人发放多份文件，说明被上诉人对上诉人办学行为予以认可的问题。虽然上诉人的办学许可证被依法注销，但仍有大量的学生在校就读，不能因办学许可证被注销而对在校学习的学生不负责任，还需对后续问题进行管理处置，且对在校学生进行分流也有一个过程。所以，在注销上诉人办学许可证前后下发多份文件进行管理，属于正常管理行为，并非是对办学行为的认可或视为延续办学。故被上诉人的答辩理由成立，本院予以采纳。

综上，原判认定事实清楚，适用法律正确，判决结果正确，上诉人的上诉理由不能成立。依据《中华人民共和国行政诉讼法》第八十九条第一款第（一）项之规定，判决如下：驳回上诉，维持原判。

【评析】

一、上诉人是否在法定期限内向被上诉人提出延续办学申请——从原告举证责任分析

《中华人民共和国行政诉讼法》第四十一条规定，原告提起诉讼应当符合下列条件：（一）原告是认为具体行政行为侵犯其合法权益的公民、法人或组织；（二）有明确的被告；（三）有具体的诉讼请求和事实依据；（四）属于人民法院受案范围和受诉人民法院管辖。《最高人民法院关于行政诉讼证据若干问题的规定》第四条规定，公民、法人或者其他组织向人民法院起诉时，应当提供其符合起诉条件的相应的证据材料。《最高人民法院关于行政诉讼证据若干问题的规定》第四条第二款第（二）项规定，在起诉被告不作为的案件中，原告应当提供其在行政程序中曾经提出申请的证据材料。故上诉人某中学对被上诉人定西市教育局注销其办学许可证的行政决定不服，需要提出证据证明侵犯自己合法权益的行政行为存在，证明上诉人在法定期限内向被上诉人提出延续办学申请，而被上诉人在法定期限内对延续办学申请不作为。

《中华人民共和国行政许可法》第五十条规定，被许可人需要延续依法取得的行政许可的有效期的，应当在该行政许可有效期届满三十日前向作出行政许可决定的行政机关提出申请。但是，法律、法规、规章另有规定的，依照其规定。上诉人称，2015 年 5 月 18 日和 2015 年 5 月 20 日两次向被上诉人提交延续办学申请未果，但未提交在 2015 年 6 月前向被上诉人提出延续办学申请的证据。2016 年 6 月 8 日，上诉人向被上诉人作出定成中发〔2016〕06 号《定西市安定区某中学关于延续办学许可的申请》，该证据证明上诉人提出的延续办学许可的申请已过法定期限。

二、被上诉人受理申请登记制度是否完备——从被告举证责任分析

《中华人民共和国行政诉讼法》第三十二条规定，被告对作出的具体行政行为负有举证责任，应当提供作出具体行政行为的证据和所依据的规范性文件。

《最高人民法院关于行政诉讼证据若干问题的规定》第四条第二款第（二）项

规定，在起诉被告不作为的案件中，原告应当提供其在行政程序中曾经提出申请的证据材料。但有下列情形的除外：原告因被告受理申请的登记制度不完备等正当事由不能提供相关证据材料并能够作出合理说明的。

上诉人提出被上诉人受理申请的登记制度不完备，应由被上诉人举证证明上诉人在法定期限内提出了延续办学申请。故被上诉人应举证证明其受理申请的登记制度完备，被上诉人提交了《定西市教育局公文办理及印章管理制度》及2015年5—6月收文登记簿，明确规定接收的文电、函件，统一由办公室负责收发的同志收拆、分类、登记、编号，并及时填写《文件呈批传阅笺》，由办公室主任提出拟办意见，送有关领导阅批。办公室根据领导的批示送有关科室承办。法院对《定西市教育局公文办理及印章管理制度》、2015年5—6月收文登记簿的真实性、合法性、关联性予以认可，证明被上诉人受理申请登记制度完备，应由上诉人提供其在法定期限内向被上诉人提出延续办学申请的证据材料。

上诉人就2015年6月前向被上诉人提出延续办学申请的事实未提出证据证明，被上诉人提出2015年5—6月收文登记簿，证明没有收到上诉人在此期间递交的延续办学申请书。上诉人应就办学许可证到期前未提出延续办学申请的事实承担举证不能的责任。

三、办学期满后，被上诉人及定西市安定区政府部门向上诉人发放多份文件，是否说明被上诉人对上诉人办学行为予以认可

行政许可一般都有期限的规定。如果当事人依法取得行政许可，在持有许可期间未能完成全部工作，也未申请延期的情况下继续从事该工作，其行为的性质应如何认定?《中华人民共和国行政许可法》对此未作出规定，司法实践中也存在不同的认识。对此种情形，不应一概而论，而应具体情况具体分析。如果当事人在行政许可有效期内取得某项工作，许可期届满后未全部完成，也未继续申请延期，此时应看其是否还具有继续延期的条件，或者说是否还具有继续完成剩余工作的能力，如教学人员的数量、教学设备等。如果具备，可不视为其行为违法。但是，不应再承揽新的工作，如果承揽新的工作，其行为应认定为违法行为。如果逾期后不具备继续取得许可的条件，如教学人员流失，达不到法定的要求，从许可的目的出发，应责令其停止继续工作；对于拒不停止的，可依法强制其停止。也有人认为，对拒不停止的行为，还可认定其行为违法，并依法予以处罚。按照法无规定不得罚的原

则，采取责令停止措施更稳妥些。

在本案中，某中学的办学许可证有效期限为2010年7月至2015年6月，现有证据表明上诉人在许可证有效期内未申请延期，但上诉人依然在进行教学活动，且相关部门依然在对上诉人的教学活动进行管理，上诉人的行为该如何定性呢？笔者认为，上诉人在办学许可证有效期届满后未申请延期，应当停止运营，但是尚有有效期届满前入学的学生在该校就读，如在有效期届满后立刻责令其停止工作，而在读的学生还未妥善安置的情况下，会导致接受义务教育的学生大量失学，显然剥夺了该校学生的受教育权，责令上诉人有效期届满后立刻停止工作显然是不恰当的，故上诉人在有效期届满后仍对就读的学生进行教学管理工作是不违法的，但若其继续招生则属违法行为。上诉人对于办学许可有效期届满前入学的学生仍需正常管理的情况下，被上诉人及定西市安定区政府部门向上诉人发放的文件仍属对在校学生的正常管理，并非对上诉人办学行为的认可，且在办学许可届满的情况下应经法定程序进行行政许可申请、审核、批准的流程方能对许可证有效期进行续展，不存在通过发布通知等文件认可行政许可的行为，假使被上诉人通过文件认可了办学许可，也是违法的，行政法上法无授权不可为，行政机关应当通过法定程序进行行政许可行为。综上，办学许可证到期后上诉人继续管理是不违法的，相关部门向上诉人发布的文件是对在校学生的正常管理行为，不存在通过文件认可行政许可的行为。

四、法律依据

根据《中华人民共和国民办教育促进法》《中华人民共和国行政许可法》等法律规定，办学许可证是民办学校取得办学资质的证明。行政审批机关根据公民、法人或者其他组织申请，经依法审查，准予其从事特定活动。办学许可证即对这一准予行为的证明。这一行政许可有着法定的范围、权限、条件和程序，且申请机构在取得办学许可证后，不得出租、出借或非法转让。

在办学许可证快要到期时，是可以申请延续办学许可的。《中华人民共和国行政许可法》第五十条规定，被许可人需要延续依法取得的行政许可的有效期的，应当在该行政许可有效期届满三十日前向作出行政许可决定的行政机关提出申请。但是，法律、法规、规章另有规定的，依照其规定。行政机关应当根据被许可人的申请，在该行政许可有效期届满前作出是否准予延续的决定；逾期未作决定的，视为准予延续。被许可人只能在行政许可的有效期内从事许可活动，行政许可超过有效期的，从事行政许可的有关活动便没有法律依据，是违法的。因此，被许可人需要在有效期届满后继续从事有关活动的，应当在有效期届满前，向行政机关申请延续行政许可的有效期。

《中华人民共和国行政许可法》第七十条规定，有下列情形之一的，行政机关应当依法办理有关行政许可的注销手续：（一）行政许可有效期届满未延续的；（二）赋予公民特定资格的行政许可，该公民死亡或者丧失行为能力的；（三）法人或者其他组织依法终止的；（四）行政许可依法被撤销、撤回，或者行政许可证件依法被吊销的；（五）因不可抗力导致行政许可事项无法实施的；（六）法律、法规规定的应当注销行政许可的其他情形。

行政许可有效期届满，被许可人在法定期限内可以申请延续行政许可，如果被许可人未申请延续或者申请延续但未获行政机关批准的，行政机关即可依法注销其行政许可。行政机关作出的行政许可行为，在法定的条件成就时，无须行政机关或其他有权机关宣布就会自动失去法律效力。如果当事人要继续从事该事项，必须重新取得相关许可，否则，就构成了违法行为。

《甘肃省民办学校办学许可证管理办法》第二十五条第（一）项规定，有下列情形之一的，审批机关依法注销办学许可证：（一）办学许可证有效期届满未申请延续的，或者延续申请未被批准的；（二）民办学校举办者依法终止的；（三）民办学校举办者主动申请注销的；（四）民办学校因出租、出借办学许可证或违规、违法办学，造成严重后果和重大不良影响的。

五、依法应当注销办学许可证的其他情形

2016年7月1日，被上诉人向原告某中学作出《定西市教育局关于注销定西市安定区某中学办学许可证的告知书》后，于2016年8月4日，被告定西市教育局作出定市教发〔2016〕148号《定西市教育局关于注销定西市安定区某中学办学许可证的决定》，注销了定西市安定区某中学办学许可证。本案中，上诉人不能证明其在法定期限内提出延续办学申请，故被上诉人的行政决定符合《中华人民共和国行政许可法》第七十条第（一）项、《甘肃省民办学校办学许可证管理办法》第二十五条第（一）项之规定。

笔者通过在中国裁判文书网上检索，搜索到与本案类似的案件，法院对于办学许可证到期后未申请延期或者申请未被批准的，采取的态度有一定相似性，如定西市博源中学诉定西市教育局教育行政决定上诉案（2017）甘行终280号、上海奉贤阶梯英语幼稚园诉上海市奉贤区教育局教育案（2015）沪一中行终字第286号，上述案例中办学许可证到期未申请延期或申请未被批准从而被教育局注销办学许可证的行为是符合法律规定的，最终判决原告败诉。本案判决也采取了类似的态度，判决原告败诉合法、合理。

六、本案引发的启示

行政法治是法治在行政领域的具体化，是法治的重要组成部分。行政法治的含义包括三个要点：(1) 行政权力的取得必须有法律的设定；(2) 行政权力的行使必须要依法；(3) 违法行政必须要承担法律责任。将行政权严格置于法律的约束之下，正是依法行政的本质。但从当前来看，“官本位”思想还有相当大的市场，少数领导干部在公权力行使上失序，“官即法”“人大于法”“权大于法”等现象时有发生，公民权利有些时候只停留在纸上。这一方面是由于广大民众缺乏“参与”的意识；另一方面个别领导干部的超越“作为”也势必使民众的权利成为摆设。长久以来，行政机关及其工作人员养成了懒政的风气，行政机关内部制度不完备，前来办事的人员往往无法获知行政机关的办事流程，难以找到相应的科室，工作人员消极怠工或者故意刁难的现象时有发生，当事人递交材料之后不备案登记、不发回执、不一次性告知需要补正的材料，给当事人找麻烦，增加时间、金钱上的成本，行政机关工作人员甚至在收到材料之后一拖再拖，或者放在办公室束之高阁，有时拖过了期限，给当事人造成了许多麻烦，更有人甚至受贿、索贿，这样的现象屡禁不止，直到近几年才有所收敛。然而还是有个别行政机关内部办事流程依然有缺漏而不整改，某些工作人员依然不作为或乱作为，造成行政相对人的利益损失。在当前建设服务型政府的背景下，作为行政机关，在行政管理的过程中应当带头守法，合法行政、合理行政，完善内部规程，打造便民服务，行政权力来源于民，故相应地服务于民，其中的工作人员应当明白其在社会中所扮演的角色是服务者而不是“官老爷”，旧社会“父母官”的说法早已是过去式，服务型政府需要的是服务型人员，行政机关工作人员应当尽忠职守，恪守职业道德，懒政的行为不但给他人带来不必要的麻烦，也必会为自己的行为承担责任，故行政机关内部应当多加培训，改善工作作风，为服务型政府不懈努力。作为一个法治政府，应该带头守法，切实保障公民的合法权益不受侵犯。如果其行为违法越权，侵犯公民、法人或其他组织的合法权益，则应依法承担法律责任；如其行为造成公民、法人或其他组织人身权、财产权的损害，则应依法赔偿受害者的损失。

法治是公民权利的重要保障。从行政相对人（本案中也就是民办学校）一方来说，自己是自身权利的利益攸关者，西方法谚云："法律不保护权利上的睡眠者"，民办学校的办学许可本身就有期限，学校应当深知这一点，在办学期限届满前应当积极主动提交延期材料，在面对行政机关工作人员的不作为时，部分学校往往一等再等，工作人员一拖再拖，而这一过程却没有保留任何证据。作为行政相对人，应当提升法律意识，在面对行政机关工作人员不作为的情况时，主动保留证据，期限快要届满而行政许可尚未办结，学校可以采取救济，若因工作人员原因而影响到行政许可的延续，可以通过行政复议、诉讼的手段维护自己的合法权益。在救济程序中，证据至关重要，民办学校若申请行政许可，应当向行政机关索要收到材料的回执，若行政机关拒绝发送回执，也可采取录音录像等手段获取证据。当事人往往法律意识淡薄，很多时候没有证据收集意识，以至于采取救济程序时无法提供证据，以至于合法权益受损，这是权利人不愿意看到的，故提升法律意识、证据意识是每个民办学校在办学过程中应当注意的。

撰稿：薛扬　甘肃省高级人民法院

亢雪茹　西北师范大学法学院研究生

十一、滥用诉权

18

滥用行政诉权的司法考量

——刘某诉中国银行业监督管理委员会甘肃监管局消费投诉答复、中国银行保险监督管理委员会行政复议决定案[①]

【裁判要旨】

人民法院立案登记制改革和新行政诉讼法实施以来，各级人民法院对于依法应当受理的案件坚持有案必立、有诉必理，行政诉讼“立案难”问题得到基本解决。但在新法实施过程中，也出现了部分当事人曲解立案登记制的含义，滥用诉权、恶意诉讼的现象，极大地浪费了司法资源和行政成本。针对滥用行政诉权、构成重复起诉的情形，应当裁定驳回起诉。

【索引词】

滥用诉权　重复起诉　驳回起诉

【案情】

2015 年 1 月 19 日，刘某向中国银行业监督管理委员会甘肃监管局（以下简称甘肃银监局）邮寄《申诉书》，申诉“投保单”里的保险人和被保险人手写内容和

① 一审：兰州市中级人民法院（2018）甘 01 行初 11 号；二审：甘肃省高级人民法院（2018）甘行终 477 号。

签字都是银行工作人员签的，其作为投保人和被保险人没有签字；其没有抄写38字风险提示语、没有看到保险条款、产品说明书和投保提示书；其2011年5月在柜台存入的1万元由银行代扣保费，因银行未及时扣划，至2011年7月18日在建行福利路支行取款时，虽在12000元的取款单上签字但只拿到2000元，其余10000元由银行工作人员代缴保费，结果导致这10000元不知去向，保单失效；其未收到保险公司的红利通知书等问题。甘肃银监局未给刘某作出书面答复。2015年12月7日，刘某提起行政诉讼，请求判令甘肃银监局对银行的违法违规行为进行调查并予以处罚。2017年4月14日，本院作出（2015）兰行初字第95号行政判决，一审法院判决甘肃银监局在判决生效后三十日内对刘某的投诉作出具体行政行为。2017年5月8日，甘肃银监局对刘某作出甘银消受（2017）1号《消费者投诉受理通知书》，对其投诉有关事项予以受理。2017年5月15日，甘肃银监局前往建行西固支行就刘某申诉相关事项向被投诉机构相关人员进行调查并制作了《甘肃银监局银行业消费者投诉事项调查记录（被投诉机构）》，调取了刘某的《个人活期明细信息》等证据。2017年5月18日，甘肃银监局对刘某作出《回复》。刘某对该《回复》不服，2017年9月13日提起行政诉讼，请求撤销或者部分撤销甘肃银监局对其作出的《回复》，判决甘肃银监局重新作出行政行为，并要求确认甘肃银监局对其作出的《回复》无效。经审理后，一审法院于2018年3月6日作出（2017）甘01行初73号行政判决，驳回原告刘某的诉讼请求。刘某不服，上诉至甘肃省高级人民法院。在法院审理期间，刘某于2017年10月17日就该回复又向原中国银监会申请行政复议，请求复议机关对甘肃银监局作出《回复》的部分说法重新作出认定，就其提出的有关问题重新作出调查，并对存在的问题作出处理。原中国银监会于2017年10月23日予以受理；同年12月12日作出银监行复决字〔2017〕203号《行政复议决定书》，并于2017年12月15日向刘某邮寄送达。刘某仍不服，提起诉讼。

另查明，2015年1月19日，刘某向中国保险监督管理委员会甘肃监管局（以下简称甘肃保监局）提交了《申诉书》，称其于2009年5月22日在建行福利西路储蓄所办理储蓄业务时，被该行工作人员诱骗购买了中国人寿甘肃分公司的“国寿鸿富两全保险（分红型）”人身保险，要求甘肃保监局对建行福利西路储蓄所、中国人寿甘肃分公司及其业务员的违法违规行为进行严肃惩处。甘肃保监局对刘某投诉的相关事宜于2015年3月26日作出甘保监消费投诉〔2015〕6号《保险消费投诉处理决定告知书》。刘某不服提出行政复议申请，原中国保监会受理后，经审查于2015年7月22日作出保监复议〔2015〕136－3号行政复议决定，维持甘肃保监局对刘某保险消费投诉的处理及由此作出的甘保监消费投诉〔2015〕第6号《保险消费投诉处理决定告知书》。刘某不服提起行政诉讼，兰州市中级人民法院经审理作出（2015）兰行初字第75号行政判决，判决驳回刘某的诉讼请求。刘某不服提出上诉，甘肃省高级人民法院经审理作出驳回上诉，维持原判的（2016）甘行终106号行政判决。之后，刘某向最高人民法院提出再审申请，最高人民法院经审查后作出（2017）最高法行申9161号行政裁定，裁定驳回刘某的再审申请。

2017年8月27日，刘某向甘肃保监局邮寄《投诉书》及相关材料，投诉其于2009年5月22日办理业务时没见过中国人寿保险股份有限公司甘肃分公司《投保单》，更没见过黑体字也未签名，后经调取《投保单》复印件发现保单上未在显著位置用黑体字打印"本人已认真阅读并理解产品说明书，并由投保人签字确认"，违反了《保险法》和《人身保险新型产品信息披露管理暂行办法》的规定，要求依法进行查处。2017年9月7日，甘肃保监局以本次投诉属于重复投诉为由，作出甘保监投诉〔2017〕第456－2号《投诉告知书》，告知刘某依法不予受理。刘某不服，于2017年9月8日向原中国保监会申请复议。原中国保监会受理后作出保监复议〔2017〕233－3号《行政复议决定书》，维持了甘肃保监局的456－2号《投诉告知书》。刘某不服，提起行政诉讼，2018年7月10日，兰州市中级人民法院以提起申诉的重复处理行为，不属于行政诉讼受案范围为由，作出（2018）甘01行初12号行政裁定，驳回了刘某的起诉。

2017年9月15日，刘某以其向甘肃保监局提出的问题，并未在甘保监消费投诉（2015）第6号《保险消费投诉处理决定告知书》得到有针对性的答复为由，起诉要求甘肃监管局、中国保监会履行法定职责。经审理，兰州市中级人民法院以重复起诉为由，作出（2017）甘01行初74号行政裁定，驳回其起诉。上诉后本院以相同理由作出（2018）甘行终131号裁定驳回上诉，维持原裁定。

【审判】

一审法院经审理认为，《最高人民法院关于适用〈中华人民共和国行政诉讼法〉的解释》第一百零六条规定："当事人就已经提起诉讼的事项在诉讼过程中或者裁判生效后再次起诉，同时具有下列情形的，构成重复起诉：（一）后诉与前诉的当事人相同；（二）后诉与前诉的诉讼标的相同；（三）后诉与前诉的诉讼请求相同，或者后诉的诉讼请求被前诉裁判所包含。"刘某此次提起的诉讼与其（2017）甘01行初73号行政诉讼案件相比照，其起诉的被告为最初作出行政行为的甘肃银监局；诉讼标的均为甘肃银监局对刘某于2017年5月18日作出的《回复》；前诉的诉讼请求为撤销或者部分撤销甘肃银监局对其作出的《回复》，判决甘肃银监局重新作出行政行为，并判决确认甘肃银监局对其作出的《回复》无效；后诉的诉讼请求为对甘肃银监局作出的《回复》部分内容进行撤销，即后诉的诉讼请求被前诉裁判内容所包含。因此，原告刘某提起本案诉讼符合重复起诉的法定条件，应当依法裁定驳回起诉。

对于本案刘某以中国保监会为共同被告，请求撤销中国保监会作出的银监行复决字〔2017〕203号《行政复议决定书》。根据《中华人民共和国行政复议法》第十六条第二款规定："公民、法人或者其他组织向人民法院提起行政诉讼，人民法院已经依法受理的，不得申请行政复议。"刘某对甘肃银监局于2017年5月18日作出的《回复》，于同年9月13日提起行政诉讼，在法院审理期间又于同年10月17日向原中国银监会提起行政复议申请，原中国银监会本应当依据上述法律规定不予受理。但原中国银监会受理了刘某的行政复议申请，并经实体审查后作出维持原行政行为的复议决定。根据《最高人民法院关于适用〈中华人民共和国行政诉讼法〉的解释》第一百三十六条第七款规定："原行政行为不符合复议或者诉讼受案范围等受理条件，复议机关作出维持决定的，人民法院应当裁定一并驳回对原行政行为和复议决定的起诉。"综上，刘某在本院作出（2017）甘01行初73号行政判决后再次提起本案诉讼，违反了"一事不再理"的原则，造成行政资源和司法资源的浪费。据此，根据《最高人民法院关于适用〈中华人民共和国行政诉讼法〉的解释》第六十九条第一款第（六）项、第一百三十六条第七款的规定，裁定驳回原告刘某的起诉。

二审法院经审理认为，行政复议为选择程序的，行政相对人可自由选择行政复议或行政诉讼两者之一解决争议，但不能同时使用这两种救济途径。《最高人民法院关于适用〈中华人民共和国行政诉讼法〉的解释》第五十七条规定，法律、法规未规定行政复议为提起行政诉讼必经程序，公民、法人或者其他组织既提起诉讼又申请行政复议的，由先立案的机关管辖；同时立案的，由公民、法人或者其他组织选择。公民、法人或者其他组织已经申请行政复议，在法定复议期间内又向人民法院提起诉讼的，人民法院裁定不予立案。本案中，刘某不服甘肃银监局作出的《回复》，于 2017 年 9 月 13 日提起行政诉讼，请求部分撤销甘肃银监局对其作出的《回复》。在法院审理期间，刘某于 2017 年 10 月 17 日就该回复又向原中国银监会申请行政复议，请求复议机关对甘肃银监局作出《回复》的部分说法重新作出认定，就其提出的有关问题重新作出调查，并对存在的问题作出处理。原中国银监会受理后，于同年 12 月 12 日作出银监行复决字〔2017〕203 号《行政复议决定书》，并于 2017 年 12 月 15 日向刘某邮寄送达。由此，刘某先选择了行政诉讼，又在法院审理期间，以要求对甘肃银监局作出《回复》的部分说法重新作出认定为由申请行政复议，在法院仍在审理的情形下，刘某不能通过行政复议解决争议，其申请行政复议应依法予以驳回。

关于上诉人刘某提出诉讼和复议不是同一个事项的问题。经查，2015 年，刘某提起行政诉讼，请求判令甘肃银监局对银行的违法违规行为进行调查并予以处罚。2017 年，兰州市中级人民法院作出（2015）兰行初字第 95 号行政判决，责令甘肃银监局在判决生效后三十日内对刘某的投诉作出具体行政行为。同年，甘肃银监局根据该生效判决，对刘某的投诉事项予以受理并作出《回复》。刘某对该回复不服，于 2017 年 9 月 13 日提起行政诉讼，2017 年 10 月 17 日就该回复又向原中国银监会申请行政复议。属于对同一事项既提起行政诉讼，又申请行政复议的情形。上诉人的该上诉理由不能成立。

上诉人刘某因不服甘肃银监局于 2017 年 5 月 18 日对其作出的《回复》，向兰州市中级人民法院提起行政诉讼，该院受理后，于 2018 年 3 月 6 日作出（2017）甘 01 行初 73 号行政判决，刘某不服提起上诉，本院正在审理之中。现刘某又因诉原中国银监会于 2017 年 12 月 12 日作出银监行复决字〔2017〕203 号《行政复议决定书》案，再次以甘肃银监局为被告，对其作出的《回复》提起诉讼，属于重复诉讼行为。

上诉人刘某因在建设银行天鹅湖支行购买“国寿鸿富两全保险（分红型）”人身保险一事，向被上诉人甘肃保监局、甘肃银监局进行投诉继而向被上诉人中国保监会申请行政复议，并以作出的告知书及复议决定违法为由提起本案行政诉讼。经审查，2014 年 6 月 11 日，上诉人刘某与中国人寿保险股份有限公司甘肃分公司已经解除保险合同的前提下，如果对保险合同的履行有异议，应当根据投诉答复情况和相关法律规定，依法行使救济权利。但是，上诉人刘某采取多次重复投诉相同问题，继而申请行政复议、提起行政诉讼方式，引发大量消费投诉答复行政争议以及行政复议、行政诉讼案件。现上诉人就购买人身保险一事，在已经解除保险合同前提下，向甘肃保监局、甘肃银监局进行投诉，在得到投诉答复后，上诉人并未根据已答复的情况寻求实质救济，而是针对两行政机关的答复是否全面、是否符合其要求，均要求撤销其部分答复内容并责令重新答复为由分别申请复议，继而提起包括本案在内的 18 起投诉、申请复议、提起行政诉讼、申请再审案件。上诉人采用反复投诉继而或先申请行政复议、再提起行政诉讼，或先提起诉讼再申请复议等颠倒顺序和方式以期达到期望效果、扩大影响、反映信访诉求的目的，其起诉不具有依法应予救济的诉讼利益，与《中华人民共和国行政诉讼法》第一条“解决行政争议，保护公民、法人和其他组织的合法权益”的立法本意相悖，浪费了行政资源和司法资源，已构成诉讼权利的滥用。原审法院裁定驳回上诉人的起诉并无不当，上诉人的上诉请求不予支持。依据《中华人民共和国行政诉讼法》第八十九条第一款第（一）项之规定，裁定驳回上诉，维持原裁定。

【评析】

禁止权利滥用，是世界范围内广泛适用的一条权利行使原则。权利的实现以损耗公共财政为前提，但无论如何一个国家的公共财政都是有限的，因此权利的实现不得过度损耗公共财政，否则就不具有正当性。我国《宪法》第五十一条规定：“中华人民共和国公民在行使自由权利的时候，不得损害国家的、社会的、集体的利益和其他公民的合法的自由和权利。”《中华人民共和国民事诉讼法》第十三条规定，民事诉讼应当遵循诚实信用原则。法条中虽然没有出现“滥用”字眼，但其要义中包含了“权利不得滥用”的精神。行政资源和司法资源的有限性，决定了行政机关和人民法院只能满足当事人有效的行政和司法需求。

“任何人都不应从不当行为中获利。”最高人民法院行政庭负责人指出，在新行政诉讼法实施过程中，个别当事人滥用诉权的现象，逐渐成为各地法院和行政机关反映强烈的问题。滥用诉讼权利是对诚信信用原则的极大破坏，有的诉讼并不存在值得保护的诉讼利益，有的不以保护合法权益为目的，随意提起或者大量提起行政诉讼，滥用行政诉权。这些滥诉行为，一方面扰乱了正常的诉讼秩序，损害了司法权威，给我国法治建设带来负面影响；另一方面挤占了有限的司法资源，损害他人的合法权益，加大了行政机关依法行政的成本。因此，依法规制滥用诉权、恶意诉讼问题具有现实紧迫性和必要性。2017 年 8 月 31 日，最高人民法院发布了《关于进一步保护和规范当事人依法行使行政诉权的若干意见》，在有效规制滥用诉权、恶意诉讼等行为方面，提出了一些有针对性的措施，人民法院要在实践中认真贯彻落实。

从构成要件的角度来分析，滥用行政诉权的行为应符合如下要件：

1. 行为人是行政诉讼的当事人

滥用行政诉权的主体是行政诉讼的当事人。根据近年来的司法实践来看，滥用行政诉权的主体以行政相对人尤其是公民居多。

2. 当事人滥用行政诉权在主观方面是出于故意

当事人具有滥用诉权的主观故意，诉讼目的不当，提起诉讼有悖诚实信用原则。例如，有的当事人希望通过多次诉讼给行政机关施加压力，以扩大影响，实现其不合理诉求的目的；有的当事人在第一次行政诉讼不能实现其预期目标的情况下，产生怨恨行政机关、怨恨法院的心理，通过反复提起信息公开诉讼来发泄怨恨等。

3. 行为人客观上实施了滥用诉权的行为

当事人滥用行政诉权在客观上的表现通常为多次实施同类行为，包括大量提起政府信息公开诉讼、多次申请回避、针对同一问题长期反复提起多起诉讼等，或者启动相应诉讼程序后在不同的环节都消极应对。“多次”是一个不确定的法律概念，需要结合具体案件和其他要件综合判断。

4. 滥用诉权的行为妨碍了正常的诉讼秩序并给他人造成诉讼负担

滥用行政诉权的行为破坏了正常的诉讼秩序，其结果是浪费司法资源、给他人造成不必要的诉讼负担。从法院的角度来说，滥诉行为增加了行政审判的工作量和审判人员的工作负担，浪费了司法资源。

本案中，作为案件当事人的刘某，采取多次重复投诉相同问题，继而申请行政复议、提起行政诉讼方式，引发大量消费投诉答复行政争议以及行政复议、行政诉讼案件。刘某就购买人身保险一事，在得到投诉答复后，并未根据已答复的情况寻求实质救济，而是针对两行政机关的答复是否全面、是否符合其要求，均要求撤销其部分答复内容并责令重新答复为由分别申请复议，继而提起包括本案在内的18起投诉、申请复议、提起行政诉讼、申请再审案件。上诉人采用反复投诉继而或先申请行政复议、再提起行政诉讼，或先提起诉讼再申请复议等颠倒顺序和方式以期达到期望效果、扩大影响、反映信访诉求的目的，其起诉不具有依法应予救济的诉讼利益，客观上增加了对方当事人的诉讼负担，浪费了行政资源和司法资源，已构成诉讼权利的滥用。本案将当事人的诉讼行为认定为滥用诉讼权利，并以其起诉不具有依法应予救济的诉讼利益为理由裁定驳回起诉，具有一定的典型意义。

撰稿：薛扬　甘肃省高级人民法院
陈静　西北师范大学法学院研究生

十二、履行法定职责

19

履行法定职责的请求缺乏实体法上的请求权基础，则不属于行政机关应当履行的法定职责

——段某诉武威市公安局不履行保护公民合法财产法定职责案①

【裁判要旨】

在请求行政机关履行法定职责的行政诉讼中，履行法定职责诉请成立的前提是行政主体负有法律、法规以及规章设定的职责，有义务、有能力履行的行政机关存在没有履行或不彻底履行的行为或事实状态时，公民、法人或者其他组织才可以提起履行法定职责之诉。即公民、法人或者其他组织所申请的事项是否具有实体法上的请求权基础。这种请求权基础可以产生于或者基于某一法律、某一行政机关的保证以及某一行政合同。总之，要求行政机关依照其申请作出一个特定行政行为，必须具有法定的权利依据。人民法院对缺乏法定权利依据的起诉依法应不予受理；对于已经立案的，应当驳回起诉。

【索引词】

请求权基础　不履行法定职责

---

① 一审：甘肃省金昌市中级人民法院（2016）甘03行初64号；二审：甘肃省高级人民法院（2017）甘行终201号。

【案情】

2016年5月31日下午3时许，段某及其家人拨打110报警电话称，其位于凉州区光明桥东侧的房屋被不明身份的人拆除，请求依法查处。凉州区公安局110指挥中心即刻就近指派凉州区公安局荣华派出所出警。民警到达现场，调查得知该拆除行为系凉州区城市房屋拆迁管理办公室工作人员所为，向报警人段某霞当场告知与该单位联系。当日18时许，段某与其妹妹段某霞再次前往凉州区荣华派出所书面报案称，其位于光明桥东侧的房屋被人非法强拆，要求查处。凉州区公安分局荣华派出所民警再次口头告知报案人，该拆除行为系凉州区城市房屋拆迁管理办公室所为，请报警人与该单位联系。2016年6月15日，段某再次通过EMS向武威市公安局邮寄了要求查处其位于凉州区光明桥头东侧的房屋被拆除的书面材料。原告段某认为被告武威市公安局未履行保护公民合法财产法定职责，故提起诉讼，请求人民法院判令武威市公安局依法查处非法强制拆除原告房屋的行为。

【审判】

一审法院经审理认为，《中华人民共和国人民警察法》第二十一条第一款规定："人民警察遇到公民人身、财产、安全受到侵犯或者处于其他危难情形时，应当立即救助；对公民提出解决纠纷的要求，应当给予帮助；对公民报警的案件，应当及时查处。"被告武威市公安局接到段某邮寄的书面材料，查明，段某报警反映的问题凉州区公安局荣华派出所已出警，在查清基本事实的基础上已告知报警人通过合法途径依法解决。如原告认为凉州区城市房屋拆迁管理办公室实施的强拆行为不合法，给其造成了损失，可寻途径依法维护自己的合法权益。鉴于此，原告段某关于被告武威市公安局未履行保护公民合法财产法定职责的主张，缺乏事实和法律依据，本院不予支持。依照《中华人民共和国行政诉讼法》第六十九条规定，判决驳回原告段某的诉讼请求。

上诉人段某不服一审判决，事实与理由：1. 上诉人根据法律规定申请被上诉人查处，上诉人在财产被损坏时，及时报警并向被上诉人邮寄查处申请书，要求追究违法行为人的责任，被上诉人既没有对不法行为进行查处，也没有给上诉人任何的书面答复。被上诉人不履行法定职责事实清楚。2. 被上诉人没有对行政案件进行调查，没有合法、及时、客观、全面地收集、调取证据材料并予以审查、核实。

3. 被上诉人仅凭拆迁办工作人员的询问笔录就认定是政府强拆行为，缺乏其他事实证据。在场的强拆人员，并没有出示强拆决定，强拆通知等政府文件。4. 在上诉人邮寄查处申请书后，被上诉人仍然没有履行法定职责。至今未给予书面答复或告知，更没有追究违法行为人的违法责任。5. 被上诉人具有保护上诉人财产安全的法定职责，但根本没有履行保护上诉人合法财产的法定职责。综上，二审请求撤销一审行政判决；确认被上诉人对上诉人申请行政查处事项的行政不作为违法，责令被上诉人依法查处非法强制拆除上诉人的房屋的行为。

二审法院认为，本案系武威市凉州区城市房屋拆迁管理办公室强拆行为导致上诉人段某向公安机关报警，公安机关对该强拆行为未予调查处理引发的行政争议。本案的焦点是：对武威市凉州区房屋拆迁管理办公室强拆行为进行调查处理是否属于武威市公安局的一项法定职责。

履行法定职责之诉请求成立的前提是行政主体负有法律、法规以及规章设定的职责，有义务、有能力履行的行政机关有不履行或不彻底履行的行为或事实状态时，公民、法人或者其他组织才可以提起履行法定职责之诉。即公民、法人或者其他组织所申请的事项是否具有实体法上的请求权基础，这种请求权基础可以产生于或者基于某一法律、某一行政机关的保证以及某一行政合同。总之，要求行政机关依照其申请作出一个特定行政行为，必须具有法定的权利依据。

《中华人民共和国人民警察法》第二十一条第一款规定："人民警察遇到公民人身、财产、安全受到侵犯或者处于其他危难情形时，应当立即救助；对公民提出解决纠纷的要求，应当给予帮助；对公民报警的案件，应当及时查处。"按照该条规定，人民警察对公民进行救助或对公民报警的案件进行查处应当具备以下条件：一是公民人身、财产、安全受到侵犯或者公民处于其他危难情形；二是公安机关不进行调查处理就不能有效保护公民人身、财产和安全；三是公民人身、财产、安全受到侵犯或者公民处于危难情形不属于行政机关执行职务的行为。本案中，2016年5月31日下午3时许，段某及其家人拨打110报警电话称，其位于凉州区光明桥东侧的房屋被不明身份的人拆除，请求依法查处。凉州区公安局110指挥中心即刻就近指派凉州区公安局荣华派出所出警。民警到达现场后调查得知该拆除行为系凉州区城市房屋拆迁管理办公室工作人员所为，向报警人当场告知与该单位联系。2016年6月15日，段某再次通过EMS向武威市公安局邮寄了要求查处其位于凉州区光明桥头东侧的房屋被拆除的书面材料。从上述事实来看，上诉人段某房屋被强拆，属于武威市凉州区房屋拆迁管理办公室执行职务的行为。据此，上诉人段某请求被上诉人武威市公安局履行调查处理的法定职责，缺乏请求权基础和法定的权利依据。上诉人段某请求武威市公安局对武威市凉州区房屋拆迁管理办公室对其房屋进行强拆行为进行调查处理，不属于武威市公安局的一项法定职责，本案依法应不予受理。《最高人民法院关于适用〈中华人民共和国行政诉讼法〉若干问题的解释》第三条第一款第（一）项规定，不符合行政诉讼法第四十九条规定的，已经立案的，应当驳回起诉。本案应依法驳回起诉。

综上，原审判决认定事实清楚，适用法律及裁判结果错误。上诉人段某的上诉理由不能成立。依据《中华人民共和国行政诉讼法》第八十九条第一款第（二）项、《最高人民法院关于执行〈中华人民共和国行政诉讼法〉若干问题的解释》第七十九条第（一）项之规定，判决如下：一、撤销金昌市中级人民法院（2016）甘03行初64号行政判决；二、驳回段某的起诉请求。

【评析】

一、案件焦点问题

本案焦点问题是对武威市凉州区房屋拆迁管理办公室强拆行为进行调查处理是否属于武威市公安局的一项法定职责。依据《中华人民共和国人民警察法》第二十一条第一款规定："人民警察遇到公民人身、财产、安全受到侵犯或者处于其他危难情形时，应当立即救助；对公民提出解决纠纷的要求，应当给予帮助；对公民报警的案件，应当及时查处。"按照该条规定，人民警察对于公民进行救助或对公民报警的案件进行查处应当具备以下条件：一是公民人身、财产、安全受到侵犯或者公民处于危难情形；二是公安机关不进行调查处理就不能有效保护公民人身、财产和安全；三是公民人身、财产、安全受到侵犯或者公民处于危难情形不属于行政机关执行职务的行为。本案中，凉州区城市房屋拆迁管理办公室工作人员的行为属于执行职务的行为，因此不具备公民报警案件进行查处的条件，该案件不属于武威市公安局的法定职责范围。段某对凉州区城市房屋拆迁管理办公室工作人员具体行政行为不服，认为其行为侵犯财产权，段某有权以凉州区城市房屋拆迁管理办公室为被告向人民法院提起行政诉讼。

二、确立裁判要旨的理由

1. 请求权依据的判断

《中华人民共和国人民警察法》第二十一条第一款规定："人民警察遇到公民人身、财产、安全受到侵犯或者处于其他危难情形时，应当立即救助；对公民提出解决纠纷的要求，应当给予帮助；对公民报警的案件，应当及时查处。"按照该条规定，请求人民警察救助，应是公民人身、财产、安全受到侵犯或者处于其他危难情形时。本案中，段某的房屋被凉州区城市房屋拆迁管理办公室工作人员拆除，凉州区城市房屋拆迁管理办公室的拆除行为属于一个具体的行政行为。关于该行政行为是否侵犯了段某的财产权，需要人民法院进行审判才能确定，法无授权即禁止，《中华人民共和国人民警察法》没有授予公安局判断特定行政行为是否侵犯公民财产权的权力，武威市公安局无权确定凉州区城市房屋拆迁管理办公室的行政行为是否侵犯公民的财产权。因此，在公民的财产是否受到侵犯的状态不清楚的情况下，缺乏请求人民警察救助的基础。另外，《中华人民共和国人民警察法》第二条第一款规定："人民警察的任务是维护国家安全，维护社会治安秩序，保护公民的人身安全、人身自由和合法财产，保护公共财产，预防、制止和惩治违法犯罪活动。"按照该条规定，人民警察的任务是保护公民的合法财产。本案段某的房屋财产是否属于合法财产，需要人民法院进行审判才能确定，财产是否合法的状态不明，缺乏人民警察保护的基础。

2. 不履行法定职责的认定

不履行法定职责指行政机关负有法律、法规、规章明确规定的行政管理职责，在公民、法人或其他组织要求其履行时，不予答复、拖延履行或拒绝履行。这包含四个方面的内容：一是必须是法律、法规、规章明确规定的行政管理职责。二是具有履行的可能性。即行政机关能够履行相应的行政职责，由于不可抗力等客观因素阻碍履行或行使职责不能完全履行的则不构成不履行法定职责。三是要有相对人的合法申请，这构成不履行法定职责案件的前提条件。四是要有不履行的表现。只有行政机关接到申请后不处理、不答复、拖延处理或是拒绝处理，才会构成不履行法定职责。本案中，段某及其家人拨打110报警电话称，其位于凉州区光明桥东侧的房屋被不明身份的人拆除，请求依法查处。凉州区公安局110指挥中心即刻就近指派凉州区公安局荣华派出所出警。民警到达现场后调查得知该拆除行为系凉州区城市房屋拆迁管理办公室工作人员所为，向报警人当场告知与该单位联系。由此得知公安局已经履行了法定职责。

行政机关的行政行为要遵循“法无授权即禁止”的原则，行政机关作出的行政行为要有明确的法律依据。武威市公安局是否有对凉州区城市房屋拆迁管理办公室的行政行为进行查处的权力，依据《中华人民共和国人民警察法》第六条规定①，公安机关的人民警察按照职责分工，依法履行的职责中没有规定对行政机关的行政行为进行查处的权力。因此，武威市公安局无权对凉州区城市房屋拆迁管理办公室的行政行为进行查处。构成法定职责的原因，可分为以下几种②：一是法律规范，这是比较典型的法定职责，包括法律、法规、规章及其他规范性文件。二是先前行为。所谓先前行为，是指由于行政主体先前实施的行政行为，使相对人某种合法权益受到损害，行政机关应负有采取积极措施防止或消除损害的职责。三是行政承诺。如果行政机关已经许诺当事人其将履行某一职责，从“允诺禁反言”的原则判断，这种承诺应视为行政机关的一种法定职责。四是行政合同。虽然行政合同在理论界争议较多，但现实社会中行政机关为便于当事人履行，经常采取这种方式以代替作出行政行为，如果原告方已经履行了合同项下义务，而在实践中以行政合同不构成法定职责为由驳回原告起诉，则既违反法理，也不利于促使行政机关依法行政，故行政合同应能构成行政机关法定职责的原因。综上，上诉人段某请求武威市公安局对武威市凉州区房屋拆迁管理办公室对其房屋进行强拆行为进行调查处理，

---

① 《中华人民共和国人民警察法》第六条规定：“公安机关的人民警察按照职责分工，依法履行下列职责：（一）预防、制止和侦查违法犯罪活动；（二）维护社会治安秩序，制止危害社会治安秩序的行为；（三）维护交通安全和交通秩序，处理交通事故；（四）组织、实施消防工作，实行消防监督；（五）管理枪支弹药、管制刀具和易燃易爆、剧毒、放射性等危险物品；（六）对法律、法规规定的特种行业进行管理；（七）警卫国家规定的特定人员，守卫重要的场所和设施；（八）管理集会、游行、示威活动；（九）管理户政、国籍、入境出境事务和外国人在中国境内居留、旅行的有关事务；（十）维护国（边）境地区的治安秩序；（十一）对被判处拘役、剥夺政治权利的罪犯执行刑罚；（十二）监督管理计算机信息系统的安全保护工作；（十三）指导和监督国家机关、社会团体、企业事业组织和重点建设工程的治安保卫工作，指导治安保卫委员会等群众性组织的治安防范工作；（十四）法律、法规规定的其他职责。”

② 江勇：《审理不履行法定职责行政案件的十大问题》，载《人民司法（应用）》2018年第4期。

不属于武威市公安局应当履行的法定职责。

撰稿：毛胜利 甘肃省高级人民法院

李洪丹 西北师范大学法学院研究生

20

行政主体法定责任的确定及过程性行政行为的可诉性认定

——火某诉兰州新区国土资源局不履行法定职责一案①

【裁判要旨】

根据《中华人民共和国土地管理法》和《中华人民共和国土地管理法实施条例》的有关规定，在土地征收过程中，相关行政主体具有履行公告征地补偿安置方案的法定职责，但是履行该法定职责的前提是实际征地行为的存在，实务中一般表现为相关人民政府征收土地的决定，或者征收土地方案的批准文件。若无征地事实的存在，则请求履行公告征地补偿安置的法定职责缺乏事实根据。同时，征地补偿安置方案的公告是过程性行政行为，对行政行为相对人的权利义务不产生实际影响，因此一般不能就此行政行为提起诉讼。

【索引词】

法定职责　过程性行政行为　可诉性

【案情】

火某因其所在的火家湾村土地被告知征收，却一直未见任何征地补偿安置方案公告，认为兰州新区国土局未履行发布征地补偿安置方案公告的职责，因此向兰州铁路运输中级法院起诉，请求确认兰州新区国土局未公告征地补偿安置方案的行为

---

① 一审：兰州铁路运输中级法院（2017）甘71行初159号；二审：甘肃省高级人民法院（2018）甘行终110号。

违法并依法发布征地补偿安置方案公告。

【审判】

一审法院经审理认为，《中华人民共和国土地管理法》第四十六条第一款规定：“国家征收土地的，依照法定程序批准后，由县级以上地方人民政府予以公告并组织实施。”《中华人民共和国土地管理法实施条例》第二十五条第三款规定：“市、县人民政府土地行政主管部门根据经批准的征收土地方案，会同有关部门拟订征地补偿、安置方案，在被征收土地所在地的乡（镇）、村予以公告，听取被征收土地的农村集体经济组织和农民的意见。征地补偿、安置方案报市、县人民政府批准后，由市、县人民政府土地行政主管部门组织实施。对补偿标准有争议的，由县级以上地方人民政府协调；协调不成的，由批准征收土地的人民政府裁决。征地补偿、安置争议不影响征收土地方案的实施。”中华人民共和国国土资源部《征收土地公告办法》第四条规定：“被征收土地所在地的市、县人民政府应当在收到征收土地方案批准文件之日起10个工作日内进行征收土地公告，该市、县人民政府土地行政主管部门负责具体实施。”第七条规定：“有关市、县人民政府土地行政主管部门会同有关部门根据批准的征收土地方案，在征收土地公告之日起45日内以被征收土地的所有权人为单位拟订征地补偿、安置方案并予以公告。”根据上述规定，有关机关进行征收土地公告和征地补偿、安置方案公告的前提是被征收土地所在地的市、县人民政府已经收到有权批准将集体土地征收为国有土地的人民政府作出的征收土地方案批准文件。本案中，并无证据证明有关市、县人民政府已经收到火某所主张的土地被批准征收为国有土地的征收土地方案批准文件，不满足有关机关进行征收土地公告和征地补偿、安置方案公告的前提。因此，兰州铁路运输中级法院裁定驳回火某的起诉。

火某上诉称，其已经提交了村委会传达征地的公告证明文件，说明有征地的事实发生，即完成了举证责任，应该由被上诉人证明收到征地的批准文件。综上，火某认为一审法院认定事实不清且适用法律错误，请求二审法院撤销一审裁定，发回一审法院继续审理。

二审法院认为，本案系上诉人认为农村集体土地被征收引发的行政争议。当事人提出的诉讼请求是：1. 请求依法确认被上诉人未公告征地补偿安置方案的行为违法；2. 责令被上诉人依法采取补救措施即依法发布征地补偿方案公告。综合判断当事人诉讼和本案的具体情况，本案争议的焦点是：被上诉人是否具有履行公告征地补偿安置的法定职责。

履行法定职责之诉请求成立的前提是行政主体负有法律、法规以及规章设定的职责，在有义务、有能力履行的行政机关存在没有履行或不彻底履行的行为或事实状态时，公民、法人或者其他组织才可以提起履行法定职责之诉。即公民、法人或者其他组织所申请的事项是否具有实体法上的请求权基础。这种请求权基础可以产生于或者基于某一法律、某一行政机关的保证以及某一行政合同。总之，要求行政机关依照其申请作出一个特定行政行为，必须具有法定的权利依据和事实依据。基于上述认识，履行法定职责应当具备三个条件：一是行政机关具有该项法定职责；二是基于某个履行法定职责事实的存在；三是行政机关基于该事实而产生某项法定职责。

《中华人民共和国土地管理法》第四十八条规定，征地补偿方案确定后，有关地方人民政府应当公告，并听取被征地的农村集体经济组织和农民的意见。《中华人民共和国土地管理法实施条例》第二十五条第三款规定，市、县人民政府土地行政主管部门根据经批准的土地方案，会同有关部门拟订征地补偿、安置方案，在被征收土地所在地的乡（镇）、村予以公告，听取被征收土地的农村集体经济组织和农民的意见。征地补偿、安置方案报市、县人民政府批准后，由市、县人民政府土地行政主管部门组织实施。对补偿标准有争议的，由县级以上人民政府协调；协调不成的，由批准征收土地的人民政府裁决。国土资源部《征用土地公告办法》第三条规定，征用农民集体所有土地的，征用土地方案和征地补偿、安置方案应当在被征用土地所在地的村、组内以书面形式公告。其中，征用乡（镇）农民集体所有土地的，在乡（镇）人民政府所在地进行公告。第四条规定："被征用土地所在地的市、县人民政府应当在收到征用土地方案批准之日起 10 个工作日内进行征用土地公告，该市、县人民政府土地行政主管部门负责具体实施。"第七条规定："有关市、县人民政府土地行政主管部门会同有关部门根据批准的征用土地方案，在征用土地公告之日起 45 日内以被征用土地的所有权人为单位拟定征地补偿、安置方案并予以公告。"第十四条第二款规定："未依法进行征地补偿、安置方案公告的，被征地农村集体经济组织、农村村民或者其他权利人有权依法要求公告，有权拒绝办理征地补偿、安置手续。”按照上述规定，被上诉人在农村集体土地征收过程中，具有履行公告征地补偿安置的法定职责。

农村集体土地有征收就应该有公告，没有征收就没有公告。履行公告法定职责的前提是征收行为的存在，或者说被上诉人履行公告征地补偿安置的法定职责要基于征收事实的存在。根据《中华人民共和国土地管理法》及《中华人民共和国土地管理法实施条例》的有关规定，国家征收土地，应当依照法定程序履行征地方案和征地补偿、安置方案公告职责。征地公告制度的设置，是为了保障农民对自己被征收的土地的补偿方式、补偿原则等的知情权，以便在具体安置补偿时确认是否合理，确保征地公开、公平和公正。如果被上诉人在接到征地批文后，组织实施了征地行为，但未依法履行公告职责，就违反了法定程序。本案中，并无证据证明有兰州新区管委会征收涉案土地的决定，也没有任何征收土地方案的批准文件。上诉人请求被上诉人履行公告征地补偿安置的法定职责，缺乏事实依据。

公告征地安置补偿方案是土地征收过程中的一个环节，是作出具体实施安置补偿行为的前置程序。公告只是土地征收的一个步骤，而当事人对公告征地安置补偿方案的争议，其实质是对补偿的争议。当事人在土地未被征收之前，单独诉争公告的合法性，缺乏请求权的基础。即使征收行为存在，通常也不允许对一个行政行为中的某个环节或步骤单独提起行政诉讼，除非到该环节就已经终止，且其能对当事人权利义务产生实际影响，当事人不通过诉讼就不能维护其合法权益，更何况本案并无证据证实上诉人的土地被征收为国有。《中华人民共和国行政诉讼法》第四十九条第（三）项规定，提起诉讼应当有具体的诉讼请求和事实根据。本案中，上诉人请求履行公告征地补偿安置的法定职责，但缺乏事实和法律依据，其起诉不符合起诉条件。

综上，原审裁定认定事实清楚，适用法律准确及裁判结果正确。上诉人的上诉理由不能成立，依照《中华人民共和国行政诉讼法》第八十九条第一款第（一）项之规定，裁定如下：驳回上诉，维持原裁定。

【评析】

一、案件争议焦点的总结

行政行为相对人提起行政主体履行法定职责之诉需满足的条件，在本案中表现为兰州新区国土局是否具有履行公告征地补偿安置方案的法定职责。要使行政主体履行法定职责，首先行政机关具有该项法定职责；其次基于某个履行法定职责事实的存在；最后行政机关基于该事实而产生某项法定职责。本案中，兰州新区国土局履行公告征地补偿安置的法定职责要基于征收事实的存在。根据《中华人民共和国土地管理法》及《中华人民共和国土地管理法实施条例》的有关规定，国家征收土地，应当依照法定程序履行征地方案和征地补偿、安置方案公告职责。如果兰州新区国土局在接到征地批文后，组织实施了征地行为，但未依法履行公告职责，就违反了法定程序。本案中，并无证据证明有兰州新区管委会征收涉案土地的决定，也没有任何征收土地方案的批准文件，表明新区国土局并未实际开始实施征地行为，上诉人请求兰州新区国土局履行公告征地补偿安置的法定职责，缺乏事实根据。

二、过程性行政行为可诉性的认定

本案中，兰州新区国土局公告拆迁安置补偿方案的行为是一种过程性行政行为，过程性行政行为一般不涉及终局性问题，对相对人的权利义务不产生实质影响，属于不成熟的行政行为，因此一般情况下不具有可诉性，相对人提起行政诉讼的，不属于人民法院受案范围。但如果过程性行政行为具有终局性，对相对人权利义务产生实质影响，并且无法通过提起针对相关实体性行政行为的诉讼获得救济的，则属于可诉行政行为，相对人提起行政诉讼的，属于人民法院行政诉讼受案范围。本案中，即使兰州新区国土局负有公告拆迁安置补偿方案的法定职责而未公告，但由于拆迁安置补偿方案的公告只是程序性的告知行为，行为本身并不会对行政行为相对人的权利义务产生实际影响。综上，即使兰州新区国土局应履行而未履行征地补偿安置方案公告的法定职责，也不能仅就此行政行为提起诉讼。

三、确定裁判要旨的理由

1. 行政主体法定职责的确定。行政行为相对人请求履行法定职责之诉成立的前提是行政主体负有法律、法规以及规章设定的职责，有义务、有能力履行的行政主体没有履行或不彻底履行职责时，公民、法人或者其他组织才可以提起履行法定职责之诉，即公民、法人或者其他组织所申请的事项必须具有法定的权利依据和事实依据。基于上述认识，履行法定职责应当具备三个条件：一是行政机关具有该项法定职责；二是基于某个履行法定职责事实的存在；三是行政机关基于该事实而产生某项法定职责。本案中，根据相关法律规定，兰州新区国土局负有公告拆迁补偿安置方案法定职责的前提是收到政府征收涉案土地的决定或征收土地方案的批准文件，开始实施征地行为。在无证据证明上述事实存在的情况下，一审法院和二审法院的裁定并无不当。

2. 一般情况下过程性行政行为不可诉。过程性行政行为在我国不是法律概念，而是行政法学理论上的概念，因此理论界对何为过程性行政行为存在分歧。一般认为过程性行政行为是指为实现行政行为的实体内容所采取的步骤和形式等，旨在解决该行政行为采取什么步骤、遵循什么时限、采用什么形式等问题。对过程性行政行为概念的理解有助于我们更好地认识过程性行政行为，但不应拘泥于概念，而是要抓住过程性行政行为的实质。过程性行政行为一般旨在指引行政程序的进行，比如行政主体作出的行政决定中包含的告知、通知等程序事项，又如行政机关实施强制执行前实施的催告当事人履行义务的行为，这些程序性行为的最大特点在于不会对行政行为相对人的权利义务产生实际影响。因此，我们可以从以下三个方面把握过程性行政行为：(1) 过程性行政行为须是行政主体作出的；(2) 行政主体作出过程性行政行为须是履行与职责相关的活动；(3) 行政主体作出的过程性行政行为对行政行为相对人的权利义务不产生实际影响。对行政行为相对人的权利义务不产生实际影响是需要把握的重点，一般认为“不产生实际影响”指不减损行政行为相对人的权利，也不增加行政行为相对人的义务。本案中，虽然《中华人民共和国土地管理法》及《中华人民共和国土地管理法实施条例》规定在土地征收过程中，相关行政主体具有履行公告征地补偿安置方案的法定职责，但这种职责只是一种程序性的告知行为，告知行政行为相对人有关拆迁安置的有关事项，对行政行为相对人的权利义务不产生实际影响，因此不具有可诉性。

3. 过程性行政行为可诉性判断标准。过程性行政行为在一些情形下会对行政行为相对人的权利义务产生实际影响，为维护这些行政行为相对人的利益，过程性行政行为具有可诉性。2016 年，最高人民法院发布的第 14 批指导性案例之案例六十九——王明德诉乐山市人力资源和社会保障局工伤认定案，为过程性行政行为可诉性提供了判断标准，可资参考。根据上述指导性案例，过程性行政行为可诉性判断标准为：对其权利义务产生明显的实际影响，且无法通过提起针对相关实体性行政行为的诉讼获得救济。乐山市人力资源和社会保障局作出《工伤认定时限中止通知书》属于工伤认定程序中的程序性行政行为，但该行为将导致王明德的合法权益长期乃至永久得不到依法救济，直接影响了王明德的合法权益，对其权利义务产生实质影响，并且王明德也无法通过对相关实体性行政行为提起诉讼以获得救济。因此，乐山市人力资源和社会保障局作出《工伤认定时限中止通知书》的过程性行政行为具有可诉性。而本案中，即使行政主体不对公告拆迁安置补偿方案这一过程性行政行为提起诉讼，也可当实际签订征地拆迁补偿安置协议时提起诉讼，还有其他救济的途径。综上，火某诉兰州新区国土局所履行的拆迁安置补偿方案公告的法定职责就是典型的对行政行为相对人的权利义务不产生实际影响的过程性行政行为，且该行为不具有终局性，因此不具有可诉性。

撰稿：薛扬　甘肃省高级人民法院
黄孝楠　西北师范大学法学院研究生

21

行政主体履行法定职权的权限

——上海至圣工程机械有限公司诉甘肃省质监局不履行法定职责案[①]

【裁判要旨】

行政机关依法履行法定职责，是依法行政原则的体现。行政机关在履行法定职责时，既不能横向越权，也不能纵向越权，要依照法律的规定履行职责。在涉及行政机关的管辖权时，由法律明确规定的行政机关进行管辖。管辖的确定，也就意味着行政机关既不能进行越级管辖，也不能互相推诿塞责，以便更好地履行法定职责。

【索引词】

履行法定职责　权限　管辖

① 一审：兰州市中级人民法院（2015）兰行初字第82号；二审：甘肃省高级人民法院（2016）甘行终205号。

【案情】

2011 年 10 月 10 日 22 点 35 分，在甘肃省酒泉市肃州区工业园区华锐风电科技（甘肃）有限公司厂区，上海至圣工程机械有限公司（以下简称至圣公司）出租给甘肃龙宝风电工程有限公司的 QUY1000 履带式起重机在进行 5MW 风力发电机组机舱的吊装过程中起重机倾覆，造成 5 人死亡、1 人受伤。在酒泉市安监局进行调查并作出处罚决定，被法院判决不具有处罚主体资格以后，省政府要求省质监局重新成立事故调查组对该起事故开展复核调查。2014 年 5 月 8 日，依照法定程序委托的评估机构甘肃中盛资产评估事务所作出“受损设备的损失价值为 6144 万元”的评估结论。2015 年 5 月 25 日，甘肃省质监局给有关单位作出《关于华锐风电科技（甘肃）有限公司“10 · 10”起重伤害事故调查处理情况的通报》。2015 年 6 月 3 日，甘肃省质监局给国家质检总局上报这一情况，并明确告知 5 家事故责任单位，自己并非法定的调查主体，事故调查主体应当依法通过司法程序确定。2015 年 10 月 8 日，至圣公司提起行政诉讼，请求法院判决被告甘肃省质监局履行法定职责，对华锐风电科技（甘肃）有限公司“10 · 10”较大起重伤害事故进行调查和处理。

【审判】

一审法院经审理认为，由于事故评估直接经济损失已达 7116 万元，依据《特种设备安全监察条例》第六十二条第（一）项之规定，本起事故已构成重大事故。根据《特种设备安全监察条例》第六十七条第二款规定，事故调查处理工作依法应移交国家质检总局。因此，至圣公司请求判令甘肃省质监局履行法定职责，对华锐风电科技（甘肃）有限公司“10 · 10”较大起重伤害事故进行调查和处理的理由不能成立，判决驳回原告至圣公司的诉讼请求。

至圣公司不服提起上诉称：1. 本案所涉“10 · 10”起重机倾覆事故发生后，甘肃省质监局负有法定调查职责且怠于履行法定职责，一审判决认定事实不清，适用法律法规错误。本案事故发生后，酒泉市政府成立的调查组确认事故造成 5 死 1 伤，经济损失 3304 万元，故所涉事故为特种设备较大事故，依法负有调查职责的主体应为被上诉人。2. 人民法院作出的生效判决对“10 · 10”起重机倾覆事故相关事实和调查主体进行明确后，甘肃省质监局仍然没有依法履行法定职责，一审判决认定被上诉人积极开展工作显属认定基本事实不清。3. 被上诉人应当依照国家法律法规履行法定职责，不能依领导意志或行政指令的形式逃避和推诿其应当承担的责任。4. 被上诉人在本案所涉事故发生两年半后所委托的评估行为，已无法客观反映事故发生时的状态和实际损失，不能作为界定事故等级和性质的依据，一审判决径行以被上诉人单方委托鉴定的结果作为认定案件事实的依据违反法律规定。5. 被上诉人的上级机关国家质检总局以书面形式确认本案所涉事故应由被上诉人作为调查主体，履行法定职责。6. 被上诉人基于自行委托评估的损失，改变本案所涉事故等级和定性，违反合理行政原则及比例原则，一审判决基于此改变本案所涉事故等级和调查主体的认定，势必放任行政违法所产生的负面影响。综上，一审判决事实不清，适用法律不当，请求撤销一审判决，查清事实后依法改判。

二审法院经审理认为，根据国务院《特种设备安全监察条例》第六十二条，第六十七条第二款、第三款的规定，特种设备的事故等级和特种设备安全监督管理部门的调查处理权限应当根据事故造成的死伤人数或者事故直接经济损失来确定。本案中，被上诉人甘肃省质监局在酒泉市政府撤销其作出的“10·10”较大起重伤害事故的批复后，积极履行了省级特种设备安全监督管理部门会同有关部门组织事故调查组进行调查的职责。经法定程序，受委托评估机构得出“受损设备的损失价值为6144万元”的结论。依据国务院《特种设备安全监察条例》第六十二条第（一）项的规定，此次事故应当定性为特种设备重大事故。被上诉人甘肃省质监局没有继续对“10·10”起重伤害事故进行调查和处理的职权。省质监局根据上述法规的规定，认为自己不应当继续对该起重伤害事故进行调查并作出最终调查报告并无不当。遂判决：驳回上诉，维持原判。

【评析】

一、案件焦点问题

本案被上诉人甘肃省质监局是否有对本案所涉“10·10”起重机倾覆事故进行调查和处理的法定职责。国务院《特种设备安全监察条例》第六十二条规定：“有下列情形之一的，为重大事故：（一）特种设备事故造成10人以上30人以下死亡，或者50人以上100人以下重伤，或者5000万元以上1亿元以下直接经济损失的；……”第六十七条第二款规定：“重大事故由国务院特种设备安全监督管理部门会同有关部门组织事故调查组进行调查。”第三款规定：“较大事故由省、自治区、直辖市特种设备安全监督管理部门会同有关部门组织事故调查组进行调查。”根据国家质量监督检验检疫总局发布的《特种设备事故报告和调查处理规定》第二十七条规定：“事故调查组认为需要对特种设备事故进行直接经济损失评估的，可以委托具有国家规定资质的评估机构进行。直接经济损失包括人身伤亡所支出的费用、财产损失价值、应急救援费用、善后处理费用。接受委托的单位应当按照相关规定和标准进行评估，出具评估报告，对其结论负责”。即事故调查组可以根据调查工作的需要委托评估机构进行评估，以便准确确定特种设备事故的直接经济损失。本案中，该起事故的处理经过事故调查组筛选并经省质监局委托，由甘肃中盛资产评估事务所对华锐风电科技（甘肃）有限公司“10·10”起重伤害事故造成的设备、汽车等直接经济损失进行评估并出具评估结论。即认定该事故所造成的损失价值为61440193元。依据国务院《特种设备安全监察条例》第六十二条第（一）项的规定，此次事故应当定性为为特种设备重大事故。国务院《特种设备安全监察条例》第六十七条第二款规定：“重大事故由国务院特种设备安全监督管理部门会同有关部门组织事故调查组进行调查”，故被上诉人甘肃省质监局没有继续对2011年10月10日华锐风电科技（甘肃）有限公司“10·10”起重伤害事故进行调查和处理的职权。由其作出最终调查处理报告会导致超越职权，并导致对事故等级的定性不准确，因而认定，甘肃省质监局没有对本案所涉事故进行调查和处理的职权。

二、确立裁判要旨的理由

1. 事故性质的确定

根据国务院《特种设备安全监察条例》第六十二条的规定，造成5000万元以上1亿元以下直接经济损失的为重大事故。在甘肃省质监局委托相关评估机构对该起事故的损失进行评估后，认定该事故的性质为重大事故。

2. 本次事故调查和处理主体的认定

根据国务院《特种设备安全监察条例》第六十七条第二款的规定，重大事故由国务院特种设备安全监督管理部门会同有关部门组织事故调查组进行调查。故本案中被上诉人甘肃省质监局因没有履行上诉人所诉请的履行相应职责的义务，所以其没有对该事故进行调查和处理的职权。因此，本案中上诉人要求被上诉人履行法定职责的请求无法律依据。

安全生产涉及责任主体众多，管理体系庞杂，监管难度较大。为营造安全生产氛围，确保经济快速发展与安全生产状况不断改善同步进行，甘肃省委、省政府领导多次在全省范围内开展安全生产检查与调研，着重强调要依法严格监管，明确责任，加强预防治理、综合治理，不断提升安全生产的治理能力，改善安全生产环境，确保万无一失。安全生产事故发生后，确定监管主体，是调查与处理的基础。本案的焦点即关于监管主体资格的问题。在甘肃省质监局进行事故调查中，评估机构所得出的结论显示，“10·10”起重伤害事故应定性为特种设备重大事故，相应的调查主体也应发生变化，即应当由国务院特种设备安全监督管理部门负责调查，甘肃省质监局并非法定的调查与处理主体。由于有明确的法律规定，甘肃省质监局的做法符合法定程序。本案的审理，意在说明作出行政处罚的主体必须严格依照法律法规的规定进行，其既不能横向越权，也不能纵向越权。

3. 法定职责的界定及分类

在本案中，法定职责是其中的核心概念。《中华人民共和国行政诉讼法》第十二条第一款第（六）项规定，申请行政机关履行保护人身权、财产权等合法权益的法定职责，行政机关拒绝履行或者不予答复，公民、法人或者其他组织因此提起诉讼的，人民法院应当受理。此处的法定职责，指的是行政主体依据法律、行政法规、地方性法规、自治条例和单行条例以及规章的规定或授权进行与其职权范围一致的某些行政管理活动，实现其具体行政管理职能所应承担的法定职业内容和责任义务；不包括上级行政机关对下级行政机关、本级人民政府对所属工作部门的层级监督、内部管理职责。行政管理相对人对具有管辖职权的行政机关的处理不满意，可以向上级行政机关或者同级人民政府投诉、举报、反映，要求上级行政机关或者同级人民政府监督、督促具有相应管辖职权的行政机关依法履行职责；上级行政机关或者同级人民政府也有权依据《中华人民共和国地方各级人民代表大会和地方各级人民政府组织法》及相关法律规定进行相应处理。但行政管理相对人对上级行政机关或者同级人民政府的处理不服，以上级行政机关或者同级人民政府为被告，要求人民法院责令上级行政机关或者同级人民政府履行保护人身权、财产权等合法权益的法定职责的，一般不属于人民法院行政诉讼的监督范畴。法定职责一般分为依职权的法定职责和依申请的法定职责。依申请的法定职责是指行政主体根据相对一方当事人的申请而实施的行政行为，它以相对一方当事人的申请为前提条件。没有相对人的申请，行政主体便不能主动作出行政行为。例如，在行政许可中通过颁发许可证、执照等形式，依法赋予行政相对方从事某种活动的法律资格或实施某种行为的法律权利。依职权的法定职责是指行政主体根据其职权而无须行政相对人申请就能主动实施的行政行为，也称主动行政行为和积极行政行为。例如，行政机关作出的行政处罚等。在本案中，应当是依职权的法定职责。

4. 审查履行法定职责案件需要衡量的因素

行政机关实施行政管理，应当依照法律、法规、规章的规定进行；没有法律、法规、规章的规定，行政机关不得作出影响公民、法人和其他组织合法权益或者增加公民、法人和其他组织义务的决定。在现代法治国家，行政权力与公民权利的运行规则有着明显的区别。对于公民而言，“法不禁止即自由”。换言之，只有法律明文禁止时，公民才不能为之。但是行政机关却完全不同，“法无明文规定不得为之”，只有在法律明文规定或者是授权时才能实施相应的行为。之所以存在这种区别主要是因为，行政机关是公共权力机关，公共权力事关公共利益和个人利益，同时又具有自我扩张性和强制性，极易被滥用，一旦行政机关不当行使或滥用这种行政权力，就会对公民的合法权益造成侵害。所以，行政机关在作出可以影响公民合法权益的决定时，必须要有法律的明确授权，行政机关不得享有法律规定以外的任何特权。

法院在审查该类案件中要注意这个问题：在审查中明确不履行法定职责的要件，从而认定该行政行为的合法与违法。行政机关是否履行法定职责的行为才是法院应当审查的重点。只有明确其构成要件，才能在随后的审判活动中作出公正的判决。

5. 行政管辖权的确定

在该案件中，还存在行政管辖权的问题。根据国务院《特种设备安全监察条例》第六十七条第二款的规定，重大事故由国务院特种设备安全监督管理部门会同有关部门组织事故调查组进行调查。因此，甘肃省质监局就不存在作出行政行为的法律依据。

行政管辖权主要指的是行政执法机关之间就某一行政执法事项进行处理所作出的权限划分。行政执法管辖权是行政执法主体依法行政的前提和基础，是行政执法机关执法权力的首要内容。行政执法管辖权的权限划分主要发生在同一性质的上下级行政执法机关之间（纵向权限划分）和不同区域行政执法机关之间（横向权限划分)。对于行政执法机关来说，它明确了某一行政事项应当由哪一个行政执法机关处理的问题。对于当事人来说，它可以确定受理处理行政事项的行政执法机关。管辖权中主要包括地域管辖、级别管辖、指定管辖和特别管辖。在本案中主要是级别管辖的问题。

级别管辖是指同一系统中上下级行政执法机关之间处理行政事项的分工和权限。如何确定行政执法机关的级别管辖，《中华人民共和国行政处罚法》只有原则的规定，行政处罚由违法行为发生地的县级以上人民政府具有行政处罚权的行政机关管辖。法律、行政法规另有规定的除外。国务院《特种设备安全监察条例》第六十七条第二款规定，重大事故由国务院特种设备安全监督管理部门会同有关部门组织事故调查组进行调查。这就属于行政法规的另有规定。因此，本案的一审法院、二审法院作出认定甘肃质监局不是履行法定职责的行政机关是完全正确的。

撰稿：刘晶　甘肃省高级人民法院

王悦　西北师范大学法学院研究生

22

投诉举报引起的争议提起行政诉讼的受理

——朱某某诉兰州市工商行政管理局不履行法定职责案[①]

【裁判要旨】

根据《工商行政管理机关行政处罚程序规定》第五十八条的规定，工商行政管理机关在接受相对人的报案后，具有对报案投诉人告知处理结果的法定义务。当上级行政机关将投诉举报案件转交下级机关办理后，交办机关未告知处理结果时，该行为应归责上级机关，报案投诉人起诉该上级行政机关不履行法定职责，符合起诉条件。

---

① 一审：兰州铁路运输中级法院（2015）兰铁中行初字第32号；二审：甘肃省高级人民法院（2017）甘行终107号。

【索引词】

受案范围　行政不作为

【案情】

2015年8月9日，朱某某针对甘肃某亚公司违法经营事项向兰州市工商行政管理局（以下简称市工商局）进行报案。同年9月15日，市工商局作出（兰）经检案字08号，将举报甘肃泛亚有色金属投资管理有限公司来文转区工商局依法调查处理，并要求将处理结果于9月29日前报市工商局经济检查处，但未明确告知向报案人作出答复。2015年9月18日，市工商局经济检查处向朱某某作出《受理通知书》，称："你向本局提交的报案材料，按照地域管辖原则，已于2015年9月16日转交区工商局查办，调查处理结果由该局直接向你答复。"区工商局未向朱某某作出答复。2015年12月11日，朱某某对市工商局提起行政诉讼，请求市工商局履行审批、监管、认定、查处及答复等法定职责。

【裁判】

一审法院经审理认为，被告市工商局在接到原告朱某某报案之后，转交第三人区工商局查办的行为，对原告的合法权益明显不产生实际影响。原告不服被告转办行为，提起行政诉讼缺乏法律依据。依照《最高人民法院关于适用〈中华人民共和国行政诉讼法〉若干问题的解释》第三条第一款第（八）项之规定，裁定驳回原告朱某某的起诉。

上诉人朱某某上诉称：1. 一审裁定认定事实子虚乌有，系虚构事实。一审裁定认定"原告不服被告转办行为，提起行政诉讼，缺乏法律依据"。上诉人既没有不服被告转办行为，也没有因不服被告转办行为提起行政诉讼，一审裁定对此认定没有事实依据。2. 一审裁定裁非所诉。上诉人的诉求是"请求判令被告依法履行法律法规规定的审批、监管、认定、查处及答复等法定职责"。一审裁定认定上诉人不服被上诉人转办行为，提起行政诉讼，缺乏法律依据。3. 一审裁定认定事实错误。一审裁定认定"被告兰州市工商行政管理局接到原告朱某某报案后，转交第三人兰州市城关区工商行政管理局查办的行为，对原告的合法权益明显不产生实际影响"与事实完全不服，没有事实依据。4. 一审裁定适用法律错误。请求撤销一审裁定，判令被上诉人履行法定职责。

被上诉人市工商局答辩称：1. 一审裁定认定事实清楚，被上诉人已经履行职责。被上诉人已将上诉人投诉事项转交有权办理的机构处理，且依法通知了被答辩人，上诉人的上诉请求无事实及法律依据，答辩人已履行法定职责，被上诉人作出的行政行为适用法律正确、程序合法。2. 一审法院适用法律正确，上诉人的上诉请求无法律依据。请求驳回上诉。

第三人区工商局述称：1. 我局在接到上级机关转办通知后一直积极履行职责，不存在不履行法定职责的情况。2. 我局对甘肃某亚公司进行了日常监管工作。我局自 2014 年以来，按照市工商局和区政府的相关工作要求，对辖区内投资公司开展了清理整顿工作，进行日常检查，尽到监管义务。3. 我局在职权内对甘肃某亚公司作出的行政行为，符合法律和事实，不存在上诉人主观猜想的行为。

二审法院认为，工商行政管理总局《工商行政管理机关行政处罚程序规定》第六条第一款规定："县（区）、市（地、州）工商行政管理机关依职权管辖本辖区内发生的案件。"第五十八条第一款规定："工商行政管理机关对投诉、举报、申诉所涉及的违法嫌疑人作出行政处罚、不予行政处罚、销案、移送其他机关等处理决定的，应当将处理结果告知被调查人和具名投诉人、申诉人、举报人。"据此，市工商局具有对报案投诉人告知处理结果的法定义务。根据《中华人民共和国行政诉讼法》第三十八条规定，在起诉被告不履行法定职责的案件中，原告应当提供其向被告提出申请的证据。本案中，上诉人向被上诉人报案后，虽然被上诉人在受理通知告知上诉人其报案材料按照地域管辖原则，转交区工商局查办，调查处理结果由区工商局直接向其答复，但区工商局未将处理结果向上诉人答复。故，上诉人起诉被上诉人不履行法定职责，符合起诉条件。本案上诉人提起诉讼的请求是"判令被告依法履行法律法规规定的审批、监管、认定、查处及答复等法定职责"。一审裁定认定，"原告不服被告转办行为，提起行政诉讼缺乏法律依据"属于裁定适用法律及裁定结果错误，应依法纠正。依照《中华人民共和国行政诉讼法》第八十九条第一款第（二）项及《最高人民法院关于执行〈中华人民共和国行政诉讼法〉若干问题的解释》第六十八条之规定，裁定如下：一、撤销兰州铁路运输中级法院（2015）兰铁中行初字第 32 号行政裁定；二、本案指令兰州铁路运输中级法院继续审理。

【评析】

该案涉及法院对投诉举报类案件是否属于受案范围的判定以及行政机关在接受相对人的报案申请后，转交相关行政机关办理时对转办机关处理结果负责与否的认定情况。实践中，行政机关有大量的转办行为，但责任承担界限却不明显，相对人的合法权益受到损害后该向谁寻求救济一时难解。司法审查中遇到此类案件时，需要注意以下两点：

一、明确举报投诉类案件作为行政诉讼案件被受理时需要符合的条件

《中华人民共和国行政诉讼法》第二十五条第一款规定，行政行为的相对人以及其他与行政行为具有利害关系的公民、法人或者其他组织，有权提起诉讼。《最高人民法院关于适用〈中华人民共和国行政诉讼法〉的解释》第十二条规定，“与行政行为有利害关系”包括“……（五）为维护自身合法权益向行政机关投诉，具有处理投诉职责的行政机关作出或者未作出处理的”。

首先，是否具有利害关系，最重要的是当事人的投诉举报是否基于“维护自身合法权益”这一点。根据实践中投诉举报的类型来看，可以把其分为两类：一类是维护公益性的，针对与其自身利益并无直接关联的违法行为进行投诉举报；另一类是因违法行为侵犯其自身权益，为维护自身权益而向行政机关投诉举报。基于上述司法解释，只有为了维护自身权益而向行政机关进行投诉举报，因行政机关的作为或不作为，才可以提起行政诉讼。单纯公益性的投诉举报，根据新修订的《中华人民共和国行政诉讼法》，在生态环境和资源保护、食品药品安全、国有财产保护、国有土地使用权出让等领域，针对行政机关不作为或行为，人民检察院可以依法向法院提起诉讼，不属于个人可提起行政诉讼的范围。个人自行提起行政诉讼，法院一般认为行政机关的不作为或行为与当事人不具有利害关系而不予受理。

其次，被诉行政机关具有查处的法定职责。并不是所有投诉举报，行政机关都应当作出查处。比如，一般自然人之间债务纠纷，打110报警的话，公安机关就不会处理，但因为债务纠纷引发了肢体冲突，上升到治安问题的话，那就属于公安机关管辖范围。因此，当事人在进行投诉举报时，应向法律、法规或者规章中明确赋予了行政管理职责的行政机关投诉举报。另外，一般情形下对当地违法行为具有查处职责管辖权的是区、县一级行政机关，如果当事人向省一级行政机关进行投诉举报，那很有可能就被归入信访举报中去，此时如要起诉省级行政机关不作为，就缺

乏事实与法律依据。

投诉举报是实践中监督政府机关、维护当事人权益的一种重要方式，但具体到个案中，当事人是否能够通过提起行政不作为之诉来寻求法律救济，还得看当事人所投诉举报事项是否是为了维护其自身合法权益，被诉行政机关是否具有法定查处职责，是否归其管辖。

二、行政机关转办案件后的责任界定

行政机关不履行法定职责案件中常常出现行政机关转办案件后交办机关不能及时履行行政职责的情形，行政相对人寻求权利救济时责任主体界定困难。本案属于典型的案件转办后交办机关未将处理结果告知举报人的情形，具有一定的代表性，反映了行政机关在实际工作中存在的相关问题。根据《工商行政管理机关行政处罚程序规定》第六条第一款规定："县（区）、市（地、州）工商行政管理机关依职权管辖本辖区内发生的案件。"第五十八条第一款规定："工商行政管理机关对投诉、举报、申诉所涉及的违法嫌疑人作出行政处罚、不予行政处罚、销案、移送其他机关等处理决定的，应当将处理结果告知被调查人和具名投诉人、申诉人、举报人。"据此，市工商局具有对报案投诉人告知处理结果的法定义务。工商管理机关对举报所涉及的违法嫌疑人作出行政处罚、不予行政处罚、销案、移送其他机关等处理决定的，应当将处理结果告知举报人朱某某。市工商局在接到上诉人朱某某报案之后，转交第三人区工商局查办的行为，虽对上诉人的合法权益明显不产生实际影响，但是区工商局未将查办结果告知上诉人的行为应该归责于被上诉人失职的行为。上诉人向被上诉人报案后，虽然被上诉人在受理通知书告知上诉人其报案材料按照地域管辖原则，转交区工商局查办，调查处理结果由区工商局直接向其答复，但区工商局未将处理结果向上诉人答复。故上诉人起诉被上诉人不履行法定职责，符合起诉条件。这一裁判结果将改善行政机关随意转办案件与转办案件后对案件不再过问的现状，有利于行政机关谨慎转办案件，也有利于行政机关在转办案件后继续督促与监督转办机关的行为，更有利于切实保护相对人的权益，具有典型示范意义。

撰稿：薛扬　甘肃省高级人民法院
魏娇　西北师范大学法学院研究生

十三、土地行政登记

23

土地行政登记要件审查

——白银国园房地产开发有限公司诉临夏市政府、临夏市国土资源局土地行政登记案①

【裁判要旨】

申请土地变更登记的，要符合《土地登记办法》规定的形式要件。当事人申请土地变更登记，除双方当事人意思表示真实外，还要求不得违反法律法规的禁止性规定。申请土地登记的材料不全的，登记机关应当及时告知补正。土地登记行为应以其涉及的所有登记活动完成作为终结，以向申请人颁发土地使用证作为凭证。

【索引词】

土地登记　形式要件　司法审查

【案情】

2001 年 9 月 3 日，被告临夏市政府批复，同意甘光公司以出让方式取得临夏市邓家桥以北 6654 平方米国有土地使用权，并同意该公司将土地使用权转让给第三人临夏州消防支队，用于修建办公楼。2001 年 12 月 13 日，被告临夏市政府给第三

---

① 一审：兰州铁路运输中级法院（2016）甘 71 行初 7 号；二审：甘肃省高级人民法院（2017）甘行终 102 号。

人临夏州消防支队核发了编号为“临市国有（2001）字第 MH—083”的国有土地使用证。2010 年 11 月 11 日，第三人临夏州消防支队与原告白银国园房地产开发有限公司（以下简称白银国园公司）签订“委托开发协议”一份，约定第三人委托原告在其单位院内开发“临夏消防支队家属楼项目”，开发用地约 1031.70 平方米，原告为第三人建一栋 5824 平方米的家属楼，所建家属楼由第三人以成本价回购。2010 年 11 月 2 日，第三人制作了“关于将市中队办公用地转变为住宅用地的报告”（临公消字〔2010〕121 号文件），向临夏市国土资源局（以下简称临夏市国土局）提出申请将其院内原划拨的土地改变为商住用地。2010 年 11 月 30 日，原告向临夏市国土局提交报告，申请将第三人 1031.7 平方米土地的使用权过户给原告，进行开发建设。2011 年 5 月 10 日，临夏市国土局给临夏市建设局出具便函，内容为“白银国园房地产开发有限公司在临夏市邓家桥以北的土地，权属明确，土地税费已交清，请予办理相关手续”。2011 年 12 月 30 日，原告和第三人同时向临夏市国土局提交报告，第三人给原告增加土地使用面积 386.3 平方米，申请过户登记。2012 年 1 月 16 日，临夏市国土局出具“临市国土资 2012 第 14 号”便函，内容为“兹证明位于州公安消防支队院内的 1418 平方米土地使用权，已由白银国园房地产开发公司取得，相关税费已交，用地手续正在办理中”。原告在申请办理土地使用权转移登记过程中，临夏市国土局分别计算了 1031.7 平方米和增加面积 208 平方米、178.3 平方米计 386.3 平方米的土地使用权转移税费，原告缴纳了相应的出让金、土地权属调查测绘费、契税等税费。2015 年 3 月 9 日，第三人向临夏市国土局提交《关于撤销临公消字〔2010〕121 号文件的请示》，申请撤销“关于将市中队办公用地转变为住宅用地的报告”。原告以被告不履行职责为由，提起诉讼。

2012 年 11 月 7 日、2012 年 12 月 6 日，原告和第三人分别向临夏市发展改革局（以下简称市发改局）提交住宅楼项目立项报告，市发改局就“关于临夏州消防支队新建宿舍楼的请示”向临夏市政府报告，经 2012 年 3 月 12 日临夏市人民政府常务会议研究，会议原则同意该请示，决定由市发改局及相关部门按规定办理相关手续。2013 年 4 月 2 日，市发改局向临夏州发展和改革委员会提交“关于临夏州消防支队与白银国园房地产开发公司联建临消住宅楼项目备案的报告”。

甘肃省白银市白银区人民法院受理的申请执行人潘万明与被执行人李国塘买卖合同案，于 2013 年 7 月 15 日作出（2011）白执字第 200 号执行裁定书，裁定将白银国园公司名下的"临市国有（2010）字第MH—0830—1"号土地的转让手续予以冻结，并向临夏市国土局发出协助执行通知书，协助冻结原告白银国园公司的土地转让手续。

【审判】

一审法院经审理认为，依照《中华人民共和国土地管理法》第十一条第三款"单位和个人依法使用的国有土地，由县级以上人民政府登记造册，核发证书，确认使用权；其中，中央国家机关使用的国有土地的具体登记发证机关，由国务院确定"的规定，被告作为涉案土地所在地的县级人民政府，具有核发国有土地使用证的法定职责。原告已向土地行政主管部门，即被告临夏市国土局提出申请，现以不履行法定职责为由提起诉讼，符合起诉条件。

《中华人民共和国物权法》第十七条规定："不动产权属证书是权利人享有该不动产物权的证明。不动产权属证书记载的事项，应当与不动产登记簿一致；记载不一致的，除有证据证明不动产簿确有错误外，以不动产登记簿为准。"国土资源部《土地登记办法》第十六条作出了与上述法律条款一致的规定。依照上述规定，被告是否应向原告核发国有土地使用证以证明其土地使用权，前提是不动产登记簿是否已将原告登记为土地使用权人。原告提交了临夏市国土局出具的两份便函，便函载明第三人院内1418平方米土地使用权已由原告取得，该便函系土地登记经办机关出具，属于公文性质，具有较强的证明力。被告认为上述便函系复印件，否认其真实性，但经本院责令其提交的便函存根印证了上述复印件便函内容确系临夏市国土资源局出具；原、被告均向法庭提交了原告和第三人在办理土地手续时，向相关行政机关提交的报告，内容涉及土地使用权转移登记的问题，其中第三人向临夏市国土局的临公消字〔2011〕109号报告中有"在原我支队持有的临市国有（2011）字第MH—083土地使用证中给白银国园房地产开发公司过户了1031.70平方米"的内容、在第三人向临夏市发改局的临公消〔2012〕149号报告中有"支队决定委托白银国园房地产有限公司开发建设，现土地过户已办理完毕，市国土资源局已出据（具）临市国土资2012第14号便函"的内容，原告向土地登记机关的申请中也有土地已经过户的内容，上述证据表明，不仅原告，而且第三人在当时对相应的土地使用权移转登记的事实已知晓并认同；法庭责令被告提供的临夏市国土局

2011 年度领取土地使用证台账表，表格内填写：领证单位“白银国园房地产开发有限公司”，土地证号“MH—0831—1”的内容，证明土地登记机关已对涉案土地使用证进行办理并已至证书具体发放阶段；原、被告均提供了白银市白银区法院冻结原告白银国园公司名下的涉案土地转让手续的执行裁定书和协助执行通知书，上述文书亦可反映涉案土地的登记情况；被告提供土地使用权人为第三人的土地使用权证书，该证书上已加盖作废的印戳，可以印证第三人原土地使用权发生变动的事实。原告称涉案土地使用权已经转移登记到其名下，虽未提供直接证据，但经本院责令被告提供涉案土地的土地登记簿，以查明土地登记簿所登记的涉案土地的使用权人，但被告未予提供。《土地登记办法》第二条规定：“本办法所称土地登记，是指将国有土地使用权、集体土地所有权、集体土地使用权和土地抵押权、地役权以及依照法律法规规定需要登记的其他土地权利记载于土地登记簿公示的行为。”《土地登记办法》第十五条规定：“土地登记簿是土地权利归属和内容的根据……”依据上述规定，土地登记簿作为土地权利归属和内容的根据，是土地登记必备的资料和法律文件，涉案土地已先后确定甘光公司、第三人临夏州消防支队为使用权人情况下，应当有相应的土地登记簿（卡）。《最高人民法院关于行政诉讼证据若干问题的规定》第六十九条规定：“原告确有证据证明被告持有的证据对原告有利，被告无正当理由拒不提供的，可以推定原告的主张成立”。综合上述证据及被告不提供土地登记簿的情形，应当依法认定涉案土地的使用权已经登记在原告名下。第三人虽提供了其为土地使用权人的土地使用证，但系复印件，未能提供原件，且与被告提交的已作废的证书系同一证书，故不能证明涉案土地使用权仍登记在其名下的主张。

根据上述规定，涉案土地的使用权人已经登记为原告白银国园公司，依据《中华人民共和国土地管理法》第十一条第三款规定，人民政府应当依法给登记为国有土地使用权人的原告核发与土地登记簿权利内容一致的使用权证书，以证明其权利。被告以涉案土地第三人未依法办理军用地转移审批手续、第三人撤销土地过户申请为由，对已完成移转登记的土地，拒绝向土地使用权人核发土地使用权证书的理由，没有法律依据。

本案土地登记行政行为的基础民事法律关系，系原告和第三人之间的委托开发协议，而双方土地使用权的移转，并非双方订立协议的主要或最终目的。现原告和第三人就委托开发协议发生争执，委托开发协议能否实际继续履行尚无明确结论，在此情况下，判决被告履行合法土地使用证的职责不具有实际意义，当事人可待委托开发协议争议解决后，就核发土地使用证的问题再行处理。被告不履行职责的行为违法，应予确认，并应采取相应的补救措施，以减少和防止不履行法定职责的行为给行政相对人造成更为不利的影响或损失。综上所述，被告临夏市人民政府不履行向原告白银国园公司核发国有土地使用证法定职责的行为违法。原审法院依据《中华人民共和国行政诉讼法》第七十四条第二款第（三）项、第七十六条之规定，判决：一、确认被告临夏市人民政府不履行向原告白银国园公司核发国有土地使用证法定职责的行为违法；二、责令被告临夏市人民政府采取补救措施。

二审法院经审理认为，本案当事人双方提交的资料从形式上符合申请土地变更登记的规定，双方当事人意思表示真实，违反了法律禁止性规定。该土地变更登记行为虽然没有完成全部登记行为，但该登记行为已经对当事人权利义务产生一定影响，依法应确认违法。依据《中华人民共和国行政诉讼法》第七十四条第二款第（一）项、第八十九条第一款第（二）项之规定，判决如下：一、撤销兰州铁路运输中级法院（2016）甘71行初7号行政判决；二、确认临夏市人民政府依据白银国园房地产开发有限公司和临夏回族自治州公安消防支队申请变更临夏回族自治州公安消防支队院内1418平方米土地的登记行为违法。

【评析】

一、核发权属证书的性质

不动产物权的设立、变更、转让和消灭，依照法律规定应当登记的，自登记于不动产登记簿时发生效力，未经登记则不发生效力。

《中华人民共和国土地管理法》第十二条规定：依法改变土地权属和用途的，应当办理土地变更登记手续。《土地登记办法》第十六条规定：土地权利证书是土地权利人享有土地权利的证明。土地权利证书记载的事项，应当与土地登记簿一致；记载不一致的，除有证据证明土地登记簿确有错误外，以土地登记簿为准。第二十七条规定，依法以出让方式取得国有建设用地使用权的，当事人应当在付清全部国有土地出让价款后，持国有建设用地使用权出让合同和土地出让价款缴纳凭证等相关证明材料，申请出让国有建设用地使用权初始登记。第二十八条规定，划拨国有建设用地使用权已依法转为出让国有建设用地使用权的，当事人应当持原国有土地使用证、出让合同及土地出让价款缴纳凭证等相关证明材料，申请出让国有建设用地使用权初始登记。第二十九条规定，依法以国有土地租赁方式取得国有建设用地使用权的，当事人应当持租赁合同和土地租金缴纳凭证等相关证明材料，申请租赁国有建设用地使用权初始登记。第三十条规定，依法以国有土地使用权作价出资或者入股方式取得国有建设用地使用权的，当事人应当持原国有土地使用证、土地使用权出资或者入股批准文件和其他相关证明材料，申请作价出资或者入股国有建设用地使用权初始登记。第三十一条规定，以国家授权经营方式取得国有建设用地使用权的，当事人应当持原国有土地使用证、土地资产处置批准文件和其他相关证明材料，申请授权经营国有建设用地使用权初始登记。第三十八条规定，本办法所称变更登记，是指因土地权利人发生改变，或者因土地权利人姓名或者名称、地址和土地用途等内容发生变更而进行的登记。第三十九条规定，依法以出让、国有土地租赁、作价出资或者入股方式取得的国有建设用地使用权转让的，当事人应当持原国有土地使用证和土地权利发生转移的相关证明材料，申请国有建设用地使用权变更登记。

从上述法律规定中可以看出，我国法律中明确规定的“登记”属于一项法律行为，登记或交付是我国物权发生变动的条件之一。登记完成的一个侧面要求就是给相对人核发相关的权属证书，合法的权属证书属于登记这一法律行为最终完成的外在表现形式。

行政行为要想成立，必须满足行政行为的形式要件和实质要件。申请土地变更登记的，要符合《土地登记办法》规定的形式要件。当事人申请土地变更登记，除双方当事人意思表示真实外，还要求不得违反法律法规禁止性规定。申请土地登记的材料不全的，登记机关应当及时告知补正。土地登记行为应以其涉及的所有登记活动完成作为终结，以向申请人颁发土地使用证作为凭证。土地变更登记行为要想发生法律确定力、拘束力、执行力，原则上以行政主体及其工作人员行使行政职权对行政相对人做出时为准。这在法律中一般表述为“收到通知之日”，但是收到通知之时必须是行政相对人或者行政相对人委托的人收到通知之时。否则，不能视为已经告知，行政行为还不能发生法律效力。具体体现在本案中，就是土地变更登记部门向白银国园公司核发土地权属证书之时，该土地变更登记行为才能算是对白银国园公司生效。

二、权力转移的时点究竟是否为取得权属证书的时点

权利转移的时点与一个国家的权利变动模式有关。在我国，关于我国的权利变动模式，梁慧星教授认为，中国的物权变动立法模式为债权合同加登记（交付）的权利变动模式①，即债权形式主义变动模式，在这种债权形式变动模式中，当事人之间的债权行为，同时兼为物权变动之意思表示，不存在独立的物权行为。但是仅此意思表示尚不足以发生权利的变动，还需要履行不动产登记或者动产交付的法定形式。由于债权行为也是物权变动的主要生效要件，因此债权行为无效时，权利变动即不发生。在债权形式主义下，其权利变动模式为债权行为加交付或登记。双方存在债权合意时，并不能直接导致物权变动之效果，而仅能产生履行请求权，因此，登记作为一种法律行为，无论在实质内容还是形式上都应当符合法律规定，严格遵守法律程序，方能算作一项法律行为成立并生效。完成登记这项法律程序，必须一环一环地走下来，包括最后行政机关核发证件。而不能理所当然地认为所有的前置程序已经走完，只剩下行政机关择期核发证件的最终程序就认为登记行为已经完成。

核发证件是行政机关依法享有的法定权力之一，亦是一项重要的行政行为。行政行为的成立是指行政行为在法律上的存在，成立是生效的前提。行政行为的成立要件包括：1. 行为的主体必须是拥有行政职权或有一定行政职责的国家行政机关，或者法律、法规授权的组织或者行政机关委托的组织或个人，即主体要件。2. 行为主体有凭借国家行政权产生、变更或消灭某种行政法律关系的意图，并有追求这一效果的意思表示，即主观方面的要件。3. 行为主体在客观上有行使行政职权或履行职责的行为，即由一定的外部行为方式所表现出来的客观行为，即行为成立的客观方面要件。4. 功能要件，即行为主体实施的行为能直接或间接导致行政法律关系的产生、变更或消灭。需要注意的是，行政行为效力的开始，因行政机关本身和相对人的不同而有所不同。对行政机关来说，行政行为的成立和效力开始时间是一致的；对相对人而言，只有在行政行为被相对人知晓后才开始生效。

行政机关进行登记，最后依法核发证件，并将证件交予相对人手中，是行政机

---

① 梁慧星著：《梁慧星谈民法》，人民法院出版社 2017 年版。

关依法行使行政权力的表现。唯有如此，方能算是该项行政行为对当事人发生效力。若未向行政相对人核发证件，说明该项行政行为还未对行政相对人做出并生效，不存在可以视为登记行为完成的说法。因此，权力转移的时点是行政相对人取得权属证书的时点。

三、本案确立的裁判要旨

1. 申请土地变更登记，要符合《土地登记办法》规定的形式要件。《土地登记办法》第三十八条规定，本办法所称变更登记，是指因土地权利人发生改变，或者因土地权利人姓名或者名称、地址和土地用途等内容发生变更而进行的登记。第三十九条规定，依法以出让、国有土地租赁、作价出资或者入股方式取得的国有建设用地使用权转让的，当事人应当持原国有土地使用证和土地权利发生转移的相关证明材料，申请国有建设用地使用权变更登记。本案中，上诉人白银国园公司与上诉人临夏消防支队根据双方签订的《委托开发协议》，共同向临夏市国土局提出申请，白银国园公司提交了《关于申请土地使用权性质变更过户的报告》，临夏消防支队提交了《关于将市中队办公用地转变为住宅用地的报告》，以及双方签订的《合作开发协议》，国园公司的营业执照、法定代表人身份证明、指界委托书等材料。按照《土地登记办法》第三十八条和第三十九条的规定，双方提交的资料从形式上符合申请土地变更登记的规定。

2. 当事人申请土地变更登记，除双方当事人意思表示真实外，还不得违反法律禁止性规定。《军用土地使用权转让管理暂行规定》第十二条规定，转让军用土地使用权，不论数量多少，一律报总后勤部审批。第十三条第（三）项规定，军委、总部批复后，按规定向总后勤部和大单位后勤部缴纳土地转让费和土地管理费，领取《军用土地补办出让手续许可证》，凭许可证到当地人民政府土地管理部门办理土地出让、权属过户手续。本案涉案土地系甘光公司将土地使用权转让给临夏州消防支队用于修建办公楼，2001 年 12 月 13 日，临夏市政府给第三人临夏州消防支队核发了编号为“临市国有（2001）字第 MH—083”的国有土地使用证，该土地由此成为军用土地。按照《军用土地使用权转让管理暂行规定》第十二条的规定，转让该土地应当报总后勤部审批。在本案办理土地变更登记过程中，2015 年 3 月 9 日，临夏州消防支队向市国土地局上报《关于撤销临公消字〔2010〕121 号文件的请示》，称“自 2012 年 12 月中央八项规定颁布后，部队多次清查干部生活待遇住房问题，明确禁止军用土地用于商住楼建设。为了认真贯彻落实部队规定，现申请撤销《关于将市中队办公用地转变为住宅用地的报告》（临公消字〔2010〕121号)”。临夏消防支队在办理涉案土地变更登记过程中，由于政策的变化，因无法继续履行《开发协议》，根据政策和法律规定及时撤销变更登记申请符合规定，依法应予支持。

3. 申请土地登记的材料不全的，登记机关应当及时告知补正。《土地登记办法》第十二条第（三）项规定，对当事人提出的土地登记申请，申请材料不齐全或者不符合法定形式的，应当当场或者在五日内一次性告知申请人需要补正的全部内容。本案中，临夏消防支队作为军用土地使用者，应当知晓军用土地变更性质的相关法律和政策规定，临夏市人民政府作为发布国有土地使用证的机关，亦应当知晓《军用土地使用权转让管理暂行规定》等法律和政策关于军用土地的规定。2010年11月2日，临夏消防支队上报了《关于将市中队办公用地转变为住宅用地的报告》(临公消字〔2010〕121号文件)，向临夏市国土资源局提出申请将其院内原划拨的土地改变为商住用地。2015年3月9日，临夏消防支队作出了《关于撤销临公消字〔2010〕121号文件的请示》，申请撤回土地变更登记申请。临夏市人民政府在申请人提出变更登记申请后长达四年多时间内，既未按照《土地登记办法》第十二条第（三）项规定告知当事人补充材料，也未告知申请人军用土地使用权转让的相关规定，使得双方当事人签订的《合作开发协议》得以继续履行，违反了《土地登记办法》第十二条第（三）项的规定。该土地变更登记行为虽然没有完成全部登记行为，但该登记行为已经对当事人权利义务产生一定影响，依法应确认违法。在申请颁证过程中，临夏市国土局根据临夏消防支队和白银国园公司关于增加土地使用面积386.3平方米的申请，于2012年1月16日出具“临市国土资2012第14号”便函，内容为“兹证明位于州公安消防支队院内的1418平方米土地使用权，已由白银国园房地产开发公司取得，相关税费已交，用地手续正在办理中”。在申请办理土地使用权转移登记过程中，白银国园公司根据规定缴纳了相应的出让金、土地权属调查测绘费、契税等税费。据此，该系列行为，形成了对上诉人白银国园公司可信赖的利益，依法应予以保护。

4. 土地登记行为以涉及所有登记活动完成作为终结，以向申请人颁发土地使用证作为凭证。《土地登记办法》第十六条第一款规定，土地权利证书是土地权利人享有土地权利的证明。本案中，土地登记行为并未完成，临夏市政府亦未向申请人国园公司颁发《土地使用证》，该土地登记行为并未对外发生法律效力。原审判决以土地登记机关已对涉案土地使用证进行办理并至具体发放阶段、白银市白银区法院冻结原告白银国园公司名下的涉案土地转让手续的执行裁定书和协助执行通知书、临夏市政府未提供土地登记簿等理由，认定涉案土地的使用权已经登记在白银国园公司名下缺乏事实和法律依据。

撰稿：毛胜利　甘肃省高级人民法院
许令雅　西北师范大学法学院研究生

十四、土地行政批复

24

一审错列被告且判处不当，二审可以撤销原判并予以改判

——高某诉酒泉市肃州区人民政府土地行政批复案[①]

【裁判要旨】

原告将适格和不适格的被告一并起诉，一审法院没有告知当事人错列被告，也没有给予必要的指导和释明而作出实体判决，二审法院可以依据案情，从更有利于保障当事人合法权益的角度，在判决理由中对一审错列被告情形阐明后，依法撤销原判并直接予以改判。

【索引词】

征地批复　错列被告　改判

【案情】

1998 年 8 月 16 日，原告高某与案外人刘某签订了一份《土地转让协议》，刘某将自己在酒泉市肃州区怀茂乡怀中村一队西侧承包地及所开垦的荒地经营使用权、地上的建筑房屋 20 余间、构筑物等一次性转让给了原告（转让费 590500 元）。1998 年 8 月 19 日，原告与怀茂乡怀中村村委会签订了一份《土地使用权

① 一审：酒泉市中级人民法院（2012）酒行初字第 11 号；二审：甘肃省高级人民法院（2013）甘行终字第 29 号。

转让协议》，双方约定怀中村将村西滩原集体300亩耕地有偿转让给原告，转让期限为50年。1998年9月3日，原告以酒泉市怀茂建新农场（以下简称为建新农场）的名义向原酒泉市农委递交了《申请立项报告书》，申请开垦荒地900亩。1998年10月5日，原酒泉市农委、酒泉市农业开发办分别以〔1998〕14号、〔1998〕15号下发了《关于怀茂建新农场综合开发荒地资源的批复》，同意了建新农场的立项申请，并批准原告开发荒地2000亩。原告收到酒泉市肃州区人民政府（以下简称为肃州区政府）职能部门批复后，向酒泉市国土资源局肃州分局（原酒泉市国土资源局，以下简称为肃州国土分局）申请办理了《国有土地使用权证》，1999年12月20日，肃州国土分局向建新农场办理了酒国用（1999）字第0530号《国有土地使用证》。2000年3月23日，原告向肃州国土分局缴纳了土地出让金28000元、测绘费912元、办证费10元、年检费10元、制证费20元。肃州国土分局为建新农场取得的该宗土地颁发了《土地他项权利证明书》，该证书载明权属性质为国有，使用权类型为出让。2000年4月20日，原告与汪某签订了《合作开发协议书》，双方约定共同对原告取得的土地进行开发经营。2000年6月29日，原酒泉市工商行政管理局向建新农场颁发个体工商户营业执照，字号名称：酒泉市建新农场；经营者姓名：高某；组成形式：个人经营；有效期：2000年6月13日至2004年6月12日（现已注销）。2000年7月20日，原告因经济问题被判刑入狱。2002年9月4日，县级酒泉市撤销，肃州区设立，以原县级酒泉市的行政区域为肃州区的行政区域，原酒泉市人民政府的行政职权归肃州区人民政府行使。2003年11月28日，原酒泉市怀茂乡怀中村村委会向怀茂乡政府提出申请，请求对原告已经取得国有土地使用权的地块进行开发耕种。2003年5月12日，怀茂乡政府向肃州国土分局提交《关于申请注销原建新农场土地使用证的报告》，要求肃州国土分局注销建新农场土地使用权证，肃州国土分局于2005年4月15日作出肃国土发〔2005〕27号《关于原酒泉市怀茂建新农场的调查及处理意见》，决定收回建新农场912.5亩土地，注销土地使用证，将其中300亩调整给兴茂公司耕种，其他612.5亩作为存量土地，保持地貌不变。2005年8月25日，肃州区政府作出酒肃政发〔2005〕185号《批复》[①]，同意了肃州国土分局上述处理意见，并将此文下发怀茂乡政府，文件下发后，乡政府将复印件送达给了酒泉市世纪兴茂农业发展有限责任公司（以下简称为兴茂公司）。据此，300亩土地调整给了兴茂公司耕种，但肃州国土分局未对土地使用证办理注销手续。2011年1月21日，高某刑满释放，得知肃州区政府在没有告知的情况下，将原告的建新农场土地使用权划拨给了他人，多次找到被告要求其归还自己的912.5亩的土地使用权无果，遂提起诉讼，请求确认被告作出的185号《批复》违法。

【审判】

一审法院经审理认为，依据《中华人民共和国土地管理法》第四十条、《中华人民共和国土地管理法实施条例》第三条、《中华人民共和国土地管理法实施条例》第十七条之规定，原告高某通过法定程序提交申请，交纳了土地使用权出让金取得了国有土地使用权，用于农业项目开发，应受法律保护。根据规划立项，该宗土地不属于非农业建设项目，由于怀中村的申请，怀茂乡政府的申报，肃州国土分局作出了收回土地的处理意见，肃州区政府对处理意见作出了批复，并将收回的土地批复给了兴茂公司。肃州区政府在收回国有土地时存在违法：一是将收回国有土地使用权的行政行为和批准新的土地使用者使用这宗国有土地的行政行为混淆，即同一个审批文件既收回国有土地使用权又批准新的土地使用者使用土地，批复只送达新的土地使用者，没有送达原国有土地使用者，且在收回土地的过程中未向高某调查核实，未对调查取得的证据进行听证。二是作出注销原土地使用者国有土地使用证处理意见，没有依照国家《土地登记规则》中“注销土地登记”的规定程序办理。三是收回国有土地使用权时，没有告知原土地使用者申诉权和应当享有的其

---

① 酒肃政发〔2005〕185号《批复》主要内容：一、根据《中华人民共和国土地管理法》第三十七条、第五十八条第四款及《酒泉市人大常委会关于禁止无序开垦荒地资源的决定》等相关规定，决定依法收回已划拨给原酒泉市怀茂建新农场912.5亩国有土地使用权，注销已颁发的编号为酒国用（1999）字第0530号《国有土地使用证》。二、同意将收回的912.5亩国有土地中已开垦的300亩土地的使用权调整给兴茂公司，实行有偿使用；其余612.5亩作为国有存量土地保持原有地貌不变。三、由你局会同怀茂乡人民政府做好土地权属变更中地面附着物权属的确认及处理工作，确保土地调整工作顺利进行。

他权利。根据《中华人民共和国土地管理法》第五十八条、《土地登记规则》第六章“注销土地登记”和国土资源部办公厅资函〔2000〕215 号文件的有关规定，县级以上人民政府收回土地使用者的国有土地使用权，必须通知原土地使用者依法办理注销土地登记手续，为公共利益需要或者为实施城市规划进行旧城区改造，收回国有土地使用权的，应当依法给予适当补偿。依法收回国有土地使用权，注销国有土地使用证后，方可批准新的土地使用者使用该宗土地。肃州区政府作出批复并将文件下发至乡政府，乡政府依据《批复》内容将复印件交付兴茂公司，该行为已由内部行政审批行为转化为对外调整相对人权利义务的外部行政行为，实际影响了当事人的合法权益，且兴茂公司依据该批复实际拥有了文件所指的土地使用权。肃州国土分局提出，所诉《酒泉市肃州区人民政府关于原怀茂建新农场土地有关问题的批复》不是由其作出，但《批复》所依据的调查处理意见由其上报，其行政行为对政府作出的具体行政行为有关，应作为诉讼主体参与诉讼。所提高某的土地被他人占有是民事行为，不属行政诉讼受案范围的理由亦不能成立。第三人兴茂公司作为《批复》的利害关系人应当参与诉讼。综上所述，肃州区政府作出的《批复》实际影响了建新农场业主高某的合法权益，作出的具体行政行为程序违法，缺乏法律依据，属无效行政行为。依照《中华人民共和国土地管理法》第四十条，《中华人民共和国土地管理法实施条例》第三条、第十七条，《中华人民共和国行政诉讼法》第五十四条、第六十七条，《最高人民法院关于执行〈中华人民共和国行政诉讼法〉若干问题的解释》第五十七条第二款、第五十八条之规定，判决酒泉市肃州区人民政府作出的《批复》违法。

肃州区政府不服一审判决上诉称：1.《批复》是行政机关之间的内部审批行为，不是外部具体行政行为，不具有可诉性。2. 高某的土地被他人耕种是基于怀中村委会作出的《关于西滩弃耕地和荒地整体对外承包及相关问题的决定》和怀中村委会于 2003 年 3 月 28 日与杨某签订的《土地承包合同》，怀中村委会和杨某至今没有取得争议土地的使用权，该纠纷应当属于民事纠纷，不属于行政诉讼受案范围。3.《批复》属于内部行政审批行为，尚没有对外发生效力，对高某的合法权益没有实际影响，高某的土地使用权并没有被收回，兴茂公司也没有取得土地使用权。请求二审法院撤销原审判决，依法改判。

被上诉人高某答辩称：1.《批复》是具体行政行为，该批复将答辩人的土地使用权划拨给第三人兴茂公司，直接侵害了答辩人的合法权益，被答辩人的行为完全具备行政行为的特征。2. 肃州区政府和肃州国土分局作为本案被告参加诉讼符合事实，于法有据。上诉人根据肃州国土分局上报的肃国土发〔2005〕27号《关于原酒泉市怀茂建新农场的调查及处理意见》和《关于原酒泉市怀茂建新农场地面附着物权属的调查及处理意见》作出《批复》，肃州国土分局也执行了该批复。3.《批复》作出后，被答辩人拥有使用权的912.5亩土地被他人耕种，答辩人的合法权益受到了实质侵害。4. 被答辩人的行为符合行政诉讼法规定的受案范围，具有可诉性。请求二审法院依法维持一审判决。

第三人兴茂公司述称，第三人耕种涉案土地前后，向所在地政府及土地管理部门逐级申报土地使用情况，经过现场调查确认和当地政府的相关文件认可，土地来源合理合法，严格履行了申报程序。第三人取得土地耕种后投入了大量的资金，积极植树造林，把荒地改造成林地，最大限度地把荒地开垦改造，产生优化环境的生态效益。请求二审法院依法维持原审判决。

二审法院认为，根据《中华人民共和国行政诉讼法》第二十五条第一款，《最高人民法院关于执行〈中华人民共和国行政诉讼法〉若干问题的解释》第十九条之规定，被诉185号《批复》是肃州区政府于2005年8月25日针对肃州国土分局肃国土发〔2005〕27号《关于原酒泉市怀茂建新农场的调查及处理意见》作出的，该批复是肃州区政府履行法定职权的行为，肃州国土分局无此职权，本案适格被告是区政府，原审判决将肃州国土分局列为共同被告不当，依法应予纠正。

根据《中华人民共和国土地管理法》（2004年修改）第四十条，《中华人民共和国土地管理法实施条例》（1999年实施）第十七条第三款，《土地登记规则》（1996年实施）第五十四条之规定，本案中，1999年12月20日，原酒泉市人民政府向建新农场颁发了酒国用（1999）字第0530号《国有土地使用证》，被上诉人高某交纳了土地使用等相关费用，并依法取得了土地使用权。肃州区政府作出《批复》前，既没有向被上诉人高某调查核实相关情况，也没有依法注销建新农场的土地使用权证，直接将建新农场300亩土地的使用权调整给兴茂公司，既缺乏事实依据，也违反了相关法定程序。另外，《批复》第一项“根据《中华人民共和国土地管理法》第三十七条、第五十八条第四款及《酒泉市人大常委会关于禁止无序开垦荒地资源的决定》等相关规定”，但《中华人民共和国土地管理法》（2004年修改）第五十八条只有两款，而《批复》却适用了第四款，属适用法律错误。并且，该批复笼统地适用《酒泉市人大常委会关于禁止无序开垦荒地资源的决定》等相关规定，未引用具体条文，亦属于适用法律不当。据此，肃州区政府作出的《批复》认定事实不清，主要证据不足，适用法律不当，违反法定程序。由于《批复》同时将涉案部分土地划拨给第三人兴茂公司，故被上诉人高某请求确认《批复》违法的请求成立，依法应予支持。

肃州区政府作出《批复》后，将文件下发至乡政府，乡政府将《批复》的复印件交付第三人兴茂公司，兴茂公司依据该批复占有使用了部分土地，该行为已由内部行政审批行为外化为调整相对人权利义务的行政行为，对高某的权利义务产生了实际影响。故对上诉人肃州区政府提出《批复》是行政机关之间的内部审批行为，不是外部具体行政行为，不具有可诉性的理由不予支持。

依据《行政诉讼法》第六十一条第（三）项，《最高人民法院关于执行〈中华人民共和国行政诉讼法〉若干问题的解释》第五十八条之规定，判决：一、撤销酒泉市中级人民法院（2012）酒行初字第11号行政判决；二、确认肃州区政府作出的《批复》违法；三、责令肃州区政府采取相应的补救措施。

【评析】

一、背景情况介绍

《最高人民法院关于执行〈中华人民共和国行政诉讼法〉若干问题的解释》第四十四条第（三）项规定，起诉人错列被告且拒绝变更的应当裁定不予受理；已经受理的，裁定驳回起诉。另外，《最高人民法院印发〈关于依法保护行政诉讼当事人诉权的意见〉的通知》（法发〔2009〕54号）第四条规定，由于起诉人导致起诉状内容欠缺错列被告等情形的，人民法院应当给予必要的指导和释明。据此，一审法院在立案阶段就应当告知当事人适格的被告，如果一审法院没有正确引导的情况，也没有给予必要的指导和释明，同时将错列被告一并受理且作出实体裁判的情形，正常的做法是发回原审法院重审。但是，"发回原审法院重审"在审理程序上意味着"清零"，也就是回到当事人起诉的原点。在此情形下，一审对当事人实体权利义务审查与裁断的司法效果将化为乌有，将造成司法资源的浪费，也无形中增加了当事人的讼累，同时，使得司法的运转程序出现了更多的不确定性，也直接影响社会关系的稳定性。如果二审对原审的程序性错误加以纠正，并就原审中合理部分予以肯定，既可以实现对当事人诉权的保护，也将原审中的错误予以及时纠正，既实现了个案公平，也合理有效地利用了司法资源，兼顾了实体正义与程序正义的实现，也将对类似案件的审理具有指导意义。

二、确立裁判要旨的理由

本案审理的焦点是肃州区政府作出185号《批复》行为的定性问题。由此衍生的问题是一审将区政府与肃州区国土局列为共同被告是否合适，以及二审法院对此如何裁断将更为合理。

上级行政部门的“批准”或“批复”行为不应机械地界定为内部行政行为，而是应根据该行为对外产生的实际效果，以及外在表现形式的不同而定。从《批复》的内容看，涉及原告的权利义务，虽然表面上是内部批复，但实际上直接对外发生了效力，符合具体行政行为的要件，具有可诉性。根据《最高人民法院关于执行〈中华人民共和国行政诉讼法〉若干问题的解释》第十九条规定，当事人不服经上级行政机关批准的具体行政行为，向人民法院提起诉讼的，应当以在对外发生法律效力的文书上署名的机关为被告。《批复》是区政府于2005年8月25日针对市国土局肃州分局肃国土发〔2005〕27号《关于原酒泉市怀茂建新农场的调查及处理意见》作出的，该批复是区政府履行法定职权的行为，不属于上诉人市国土局肃州分局职权行为，因此，一审法院将二者列为共同被告不妥，依法应予纠正。

二审对一审错列被告且做了实体裁决的情形作何处理出现分歧。一种意见主张一审错列被告属程序违法，应裁定撤销原判，发回重审。第二种意见坚持在撤销一审判决的同时，依法直接予以改判。此观点坚持在查明案件事实、保证公正裁判的前提下，在撤销原判的同时，对错列的被告在判决理由中予以陈述，并以改判，并就一审中的不当之处通过内函予以指出。这两种做法都有着法定的理由，也分别对应着不同的法律理念。在法律思维上，前者可以归属于严格的法定主义，后者则属于追求个案公平，在不违背形式正义的基础上追求审判内在合理性的司法功能主义。本案判决采纳了第二种意见。这种意见紧紧围绕如何妥善解决一审的程序性瑕疵，又能使其实体性审理的合理部分发挥效果而展开。这在法律上并没有明确的规定，需要在尊重现有法律的前提下，充分发挥法官综合判断的能力。

从对当事人诉权保护的角度看，由于《批复》既处理了原告高某的土地使用权，同时又将涉案部分土地划拨给了第三人兴茂公司，故被上诉人请求确认《批复》违法的请求成立，一审法院也予以支持。根据《最高人民法院关于执行〈中华人民共和国行政诉讼法〉若干问题的解释》第五十八条之规定，被诉具体行政行为违法，但撤销将会给国家利益或者公共利益造成重大损失的，人民法院应当作出确认违法的判决，并责令被诉行政机关采取相应的补救措施。一审适用该条规定，但没有作出责令被诉行政机关采取相应的补救措施，属于适用和理解法律错误。二审可以对此直接予以纠正。由于一审裁判过程中存在诸多程序性瑕疵与错误，二审法院撤销一审判决符合法律规定。为了避免出现在撤销原判发回重审时所可能出现的审理程序“倒转”，甚至“空转”情形，二审法院另辟蹊径，对一审审理过程中存在的问题予以纠正，并责令区政府采取相应的措施予以补救。二审有效地避免了当事人损失的扩大，对原告的合法权益予以保护，实现了纠错与诉权保护的双重目的，也发挥了法院督促政府依法行政的作用，在确保个案公平的同时，通过周密、合理的论证提升了裁判文书的司法公信力，凸显了法官综合运用法律、社会、经济等多方面知识的司法能力。

三、运用裁判要旨应当注意的问题

法官的使命是将“死的法律变为活的法律的过程”。二审法院没有简单地作出“发回原审法院重新审理”，而是在法定范围内，充分运用法律推理能力，使得二审判决既能解决案子的实际问题，确保个案公平，也合情、合理、合法。二审的做法是基于案件实际情形的考量，是从更有利于保护当事人实质性诉权，以及为防止因诉讼程序空转造成司法资源的浪费和增加当事人诉累的角度做出的。因此，二审不是排斥“发回重申”的法律适用，更不能机械地在二审中直接改判，而是要切实把握案情，在不违背立法原意的基础上，争取实现实体正义与程序正义兼顾，维护原告合法权益与监督行政并重，合理利用司法资源，促进社会和谐稳定。

撰稿：石鹏飞　姚振勇　甘肃省高级人民法院

十五、土地及房屋征收补偿

25

房屋征收部门以房屋征收补偿决定替代房屋征收程序的行为属于违反法定程序的行为

——武威森鹏新型建材有限公司诉武威市凉州区人民政府房屋征收补偿、武威市人民政府行政复议案①

【裁判要旨】

房屋征收涉及公共利益的发展，也关系到被征收人的切身利益，因此，为了维护公共利益，保障被征收房屋所有权人的合法权益，房屋征收必须由有权限的人民政府作出决定，并严格按法定程序进行。房屋征收部门未作出房屋征收决定，直接以房屋征收补偿决定替代房屋征收决定，将房屋征收程序和房屋征收补偿程序合二为一，剥夺了被征收人对征收行为可以提起行政诉讼或者行政复议的救济权利，也规避了行政机关在房屋征收过程中应当履行的法定程序和职责，违反《国有土地上房屋征收与补偿条例》的规定，属于违反房屋征收法定程序的行为。

【索引词】

房屋征收　房屋征收补偿　法定程序

① 一审：甘肃省金昌市中级人民法院（2017）甘03行初2号；二审：甘肃省高级人民法院（2017）甘行终395号。

【案情】

2013 年 1 月 10 日，原告缴纳土地出让金 38.96 万元，以出让方式取得位于凉州区高坝镇蔡家村 9652.16 平方米（14.48 亩）国有土地使用权，使用期限为 50 年，用途为工业，办理了土地使用权证。2014 年 11 月 25 日，经凉州区政府批准，征收民武高速公路凉州区段项目用地，武威市国土资源局凉州区分局作出《关于民武高速公路凉州区段项目征地补偿安置方案公告》。2014 年 12 月 1 日，武威市国土资源局凉州区分局发布《征地告知书》。2014 年 12 月 4 日，凉州区政府发布《凉州区政府征用土地公告》。同日，凉州区政府办公室作出《关于印发民武高速公路（凉州区段）项目征地拆迁补偿安置方案的通知》（凉政办发〔2014〕234 号），经区政府研究同意该项目征地拆迁补偿安置方案。原告以出让方式取得的涉案国有土地使用权在涉案项目建设征用土地范围内，需要收回，涉案地上建筑物需要拆迁。2015 年 11 月 4 日，凉州区国土资源局下发《通知》，要求原告携带相关资料办理征地拆迁补偿事宜。2016 年 5 月 25 日，凉州区国土资源局向原告作出《通知书》，要求原告在接到通知之日起 2 日内到凉州区国土资源局高坝国土资源所办理土地补偿事宜。

2016 年 5 月 31 日，凉州区政府作出《关于收回武威森鹏新型建材有限公司国有土地使用权的批复》（凉政发〔2016〕75 号），同意将位于凉州区高坝镇蔡家村境内，G569 高速公路项目建设用地范围内，武威市政府（武国土资建〔2013〕82 号）文件批准出让给武威森鹏新型建材有限公司（以下简称森鹏公司）的 14.48 亩国有建设用地，按规定给予补偿后，依照有关法律、法规的规定，收回其国有土地使用权，作为 G569 高速公路项目建设用地。2016 年 6 月 7 日，凉州区国土资源局作出《关于收回武威森鹏新型建材有限公司国有土地使用权的决定》（凉国土收字〔2016〕1 号），根据《中华人民共和国土地管理法》第五十八条、第八十条之规定，责令原告在收到决定书之日起 3 日内到凉州区国土资源局办理土地登记补偿事宜，并交出所使用的 14.48 亩国有土地，作为 G569 高速公路项目建设用地。

2016 年 6 月 13 日，凉州区国土资源局委托甘肃志青房地产咨询估价有限公司，对凉州区高坝镇蔡家村六组原告所拥有的建筑物及土地使用权拆迁价值进行评估，经评估全部资产价值为人民币 728648 元。2016 年 6 月 21 日，凉州区国土资源局向原告送达《评估报告送达通知书》，同时要求其在 2016 年 6 月 23 日前到凉州区国土资源局办理拨款事宜。2016 年 7 月 29 日，凉州区政府作出《房屋征收补偿决定》，决定对原告位于凉州区高坝镇蔡家村六组建材公司院内的 5 间砖木结构房屋面积 128 平方米及地面其他附着物全部征收，以货币补偿方式向原告支付收回国有土地使用权及征收房屋的补偿款 728648 元。限原告在收到决定书之日起 3 日内，与凉州区国土资源局签订收回国有土地使用权及征收房屋的补偿协议书，并将被收回的土地和被征收的房屋腾空。如逾期未履行，其将依法强制执行。2016 年 8 月 5 日，凉州区国土局向原告送达《征收补偿决定公告》，送达方式为张贴送达。原告对凉州区政府作出的《房屋征收补偿决定》不服，向武威市政府申请行政复议。武威市政府于 2016 年 8 月 15 日受理后，延期至 2016 年 10 月 20 日作出《行政复议决定书》，决定维持凉州区政府作出的《房屋征收补偿决定》。2016 年 8 月 29 日，凉州区国土资源局审批 728648 元专项资金。原告不服，诉至本院。

【审判】

一审法院认为，根据《国有土地上房屋征收与补偿条例》的有关规定，凉州区政府具有作出房屋征收补偿决定的行政职权。该条例第二章征收决定之第八条规定，“为了保障国家安全、促进国民经济和社会发展等公共利益的需要，有下列情形之一，确需征收房屋的，由市、县级人民政府作出房屋征收决定：……（二）由政府组织实施的能源、交通、水利等基础设施建设之需要”。本案中，被告凉州区政府为实施 G569 高速公路设施建设项目，征收国有土地使用权上之房屋，符合公共利益之需要。该条例第十三条第一款规定：“市、县级人民政府作出房屋征收决定后应当及时公告。公告应当载明征收补偿方案和行政复议、行政诉讼等事项。”因此，被告如确需征收沿线房屋，应当先行作出房屋征收决定。第二十六条第一款规定：“房屋征收部门与被征收人在征收补偿方案确定的签约期限内达不成补偿协议，或者被征收房屋所有权人不明确的，由房屋征收部门报请作出房屋征收决定的市、县级人民政府依照本条例的规定，按照征收补偿方案作出补偿决定，并在房屋征收范围内予以公告。”据此，征收决定与补偿决定是两个不同的程序，按照上述条款的规定，凉州区政府在作出征收补偿决定之前应该先行作出房屋征收决定并及时公告，载明征收补偿方案和行政复议、行政诉讼权利等事项，再按照征收补偿方案及时作出补偿决定。庭审中，凉州区政府委托代理人辩称是将征收决定和征收补偿决定一并做出的，其辩称与本院查明的基本事实不符。被告的辩解不符合《国有土地房屋征收与补偿条例》之规定，应当承担相应的法律责任。

另外，《国有土地上房屋征收与补偿条例》第二十条第一款规定："房地产价格评估机构由被征收人协商选定；协商不成的，通过多数决定、随机选定等方式确定，具体办法由省、自治区、直辖市制定。"《甘肃省实施〈国有土地上房屋征收与补偿条例〉若干规定》第七条规定："省住房和城乡建设行政主管部门应当公布房地产价格评估机构名录。房屋征收部门实施征收项目时，应当向被征收人提供房地产评估机构名录，由被征收人在公布的名录中协商选定具有相应资质的评估机构。被征收人以协商方式无法选定房地产评估机构的，可以通过投票方式选定，投票同意率应达到半数以上。被征收人在房屋征收部门提供房地产价格评估机构名录之日起5日内无法达成一致的，可以采取抽签放式选定，抽签应当在公证机构的监督下进行。"根据凉州区政府提供的证据，无法看出评估公司是如何确定的，依照凉州区政府的答辩意见，是原告和高坝镇政府及征地拆迁工作组协商无果的情况下，根据原告向市委主要领导的上诉信件中请求以市场评估对其进行补偿的要求，凉州区政府再次和原告协商共同委托评估机构进行评估，但原告拒不配合，也不共同委托评估机构进行评估。在这种情况下，凉州区政府委托了甘肃省志青房地产咨询估价有限公司进行了评估作价。因此，凉州区政府委托评估机构的程序不当。

综上，被告凉州区政府作出《房屋征收补偿决定》的程序违反《国有土地上房屋征收与补偿条例》的规定，应当予以撤销。被告武威市政府在作出行政复议的过程中，未能依法查明凉州区政府在作出《房屋征收补偿决定》过程中程序违法的事实，其作出的行政复议决定不当，依法也应予撤销。至于武威市政府提出原告起诉期限问题，经查属于立案过程中的程序不当，但并不能因此而剥夺原告依法起诉的权利。依照《中华人民共和国行政诉讼法》第七十条第（三）项之规定，判决撤销被告武威市人民政府2016年10月20日作出的《行政复议决定书》（武政行复字〔2016〕7号）；撤销被告武威市凉州区人民政府于2016年7月29日作出的《房屋征收补偿决定》（〔2016〕6号）。

上诉人凉州区政府不服一审判决上诉称，G569高速公路系国家重大基础设施建设项目，北仙（蒙甘界）至民勤至武威至仙米寺（甘青界）公路是其中的重要组成路段。该项目由甘肃省发改委批准立项，武威市人民政府为项目建设单位。项目建设确定后，于2013年11月25日向沿线征地乡镇人民政府发布了《征地告知书》，2014年11月25日凉州区国土资源局向公路建设沿线乡镇发布了《凉州区段项目征地补偿安置方案公告》，2014年12月4日发布了《征用土地公告》，同时凉州区政府办公室发布了《项目征地拆迁补偿安置方案的通知》，征地拆迁工作于2015年1月开始，涉及被上诉人拆迁补偿问题。2016年5月31日，凉州区政府作出《关于收回武威森鹏新型建材有限公司国有土地使用权的批复》，并先后多次与被上诉人协商未能达成一致意见。在项目严重受阻的情况下，上诉人根据相关法律法规的规定，委托中介机构对被上诉人房屋、土地进行评估后，于2016年7月29日作出《房屋征收补偿决定》并进行了送达，目前补偿款专户专存，但被上诉人至今未予领取。原审判决认为，征收决定和补偿决定是两个不同的程序，上诉人在做出征收补偿决定之前应该先行做出征收决定。对此，上诉人认为，当事人在国有土地上合法建筑的房屋的征收，征收人必然要予以补偿，这是前提与结果的关系，因此，上诉人在查明事实的基础上就征收与补偿一并做出决定并无不当。综上，请求二审法院撤销一审判决，驳回被上诉人的诉讼请求。

上诉人武威市人民政府不服一审判决上诉称：1. 被上诉人起诉超过法定期限。2015年8月15日，上诉人依法受理森鹏公司对凉州区政府作出的《房屋征收补偿决定书》复议申请。2016年10月20日，上诉人作出武政行复字〔2016〕7号《行政复议决定》，2016年10月25日送达被上诉人。依据《中华人民共和国行政诉讼法》第四十五条的规定，公民、法人或者其他组织不服复议决定的，可以在收到复议决定书之日起十五日内向人民法院提起诉讼。被上诉人起诉时效应在2016年11月9日前，被上诉人提供证据显示案件登记时间为2016年12月1日，一审判决认定起诉时间为2017年1月4日，故被上诉人起诉已超过十五日的法定起诉时限，对其起诉依法应予驳回。2. 房屋征收补偿决定符合法定程序。上诉人认为，根据《中华人民共和国土地管理法》第五十八条第一款第（一）项规定，“有下列情形之一的，由有关人民政府土地行政主管部门报经原批准用地的人民政府或者有批准权的人民政府批准，可以收回国有土地使用权：（一）为公共利益需要使用土地的”。该条第二款规定，“依照前款第（一）项、第（二）项的规定收回国有土地使用权的，对土地使用人应当给予适当补偿”。凉州区政府为了公共利益的需要，顺利实施G569高速公路项目，根据《中华人民共和国土地管理法》等法律法规的规定，对项目用地制订拆迁补偿安置方案并进行公告，依法收回出让给被上诉人的9652.16平方米（14.48亩）国有土地使用权作为G569高速公路项目建设用地，并按《国有土地上房屋征收与补偿条例》的规定，委托有资质的评估机构对申请人资产进行评估后作出征收补偿决定，复议决定并无不当。请求二审法院撤销一审判决，驳回被上诉人的诉讼请求。

被上诉人森鹏公司答辩称：1. 被上诉人起诉未超过法定起诉期限，对此问题一审法院已经过认真核实。2. 征收决定和补偿决定属于两个不同的程序，上诉人凉州区政府一并作出不符合法律规定。3. 被上诉人无证据证明对经过论证后的方案向社会进行过公布，也无证据证明征收方案经过修改以及将修改过的方案进行公布；无证据证实在作出被诉行政决定前进行过社会稳定风险评估；张贴送达无法律依据。4. 被上诉人凉州区政府作出的《关于收回武威森鹏新型建材有限公司国有土地使用权的决定》已被一审法院凉州区人民法院确认违法。5. 凉州区政府委托评估机构的程序不合法。6. 被上诉人武威市人民政府在行政复议过程中未能尽到严格审查义务，一审判决撤销其作出的行政复议决定符合法律规定。请求二审法院驳回上诉，维持原判。

二审法院认为，本案争议的焦点是上诉人凉州区政府作出的〔2016〕6号《房屋征收补偿决定》是否遵循了法定的程序。《国有土地上房屋征收与补偿条例》第二条规定："为了公共利益的需要，征收国有土地上单位、个人的房屋，应当对被征收房屋所有权人（以下称被征收人）给予公平补偿。"据此，负责房屋征收与补偿工作的市、县级人民政府应当遵循决策民主、程序正当、结果公开的原则，维护公共利益，保障被征收房屋所有权人的合法权益。依据《国有土地上房屋征收与补偿条例》第二章的规定，由政府组织实施的能源、交通、水利等基础设施建设的需要，确需征收房屋的，由市、县人民政府作出房屋征收决定。该条例第三章规定了对被征收人进行补偿的具体规定。房屋征收和房屋征收补偿是独立的行政程序，房屋征收补偿是建立在房屋被依法征收后，被征收人应当获得的公平补偿权利的基础之上的。本案中，凉州区政府办公室作出的《关于印发民武高速公路（凉州区段）项目征地拆迁补偿安置方案的通知》不能视为凉州区政府依法作出了房屋征收决定。凉州区政府未作出房屋征收决定，直接作出房屋征收补偿决定，剥夺了被上诉人对征收行为可以提起行政诉讼或者行政复议的救济权利，也规避了行政机关在房屋征收过程中应当履行的法定程序和职责，故上诉人凉州区政府就征收与补偿一并作出房屋征收补偿决定，违反了法定程序。

关于评估机构选定是否符合法定程序的问题。《国有土地上房屋征收与补偿条例》第二十条第一款规定：“房地产价格评估机构由被征收人协商选定；协商不成的，通过多数决定、随机选定等方式确定，具体办法由省、自治区、直辖市制定。”《甘肃省实施〈国有土地上房屋征收与补偿条例〉若干规定》第七条规定：“省住房和城乡建设行政主管部门应当公布房地产价格评估机构名录。房屋征收部门实施征收项目时，应当向被征收人提供房地产评估机构名录，由被征收人在公布的名录中协商选定具有相应资质的评估机构。被征收人以协商方式无法选定房地产评估机构的，可以通过投票方式选定，投票同意率应达到半数以上。被征收人在房屋征收部门提供房地产价格评估机构名录之日起5日内无法达成一致的，可以采取抽签方式选定，抽签应当在公证机构的监督下进行。”根据以上规定，凉州区政府在和被上诉人就评估机构的选定协商不成的情形下，可以采取抽签方式选定评估机构，单方委托甘肃省志青房地产咨询估价有限公司进行评估作价，属于评估程序违法。

关于被诉房屋征收补偿决定内容是否保障了被征收人合法权益的问题。《国有土地上房屋征收与补偿条例》第二十五条第一款规定：“房屋征收部门与被征收人依照本条例的规定，就补偿方式、补偿金额和支付期限、用于产权调换房屋的地点和面积、搬迁费、临时安置费或者周转用房、停产停业损失、搬迁期限、过渡方式和过渡期限等事项，订立补偿协议”。第二十六条规定“房屋征收部门与被征收人在征收补偿方案确定的签约期限内达不成补偿协议，或者被征收房屋所有权人不明确的，由房屋征收部门报请作出房屋征收决定的市、县级人民政府依照本条例的规定，按照征收补偿方案作出补偿决定，并在房屋征收范围内予以公告。补偿决定应当公平，包括本条例第二十五条第一款规定的有关补偿协议的事项……”本案中，凉州区政府作出的《房屋征收补偿决定》中仅决定以货币补偿方式向原告支付收回国有土地使用权及征收房屋的补偿款728648元。不符合《国有土地上房屋征收与补偿条例》规定的在补偿决定中应当包括的各项事项，侵犯了被上诉人应当享有的合法权益。综上，凉州区政府作出的〔2016〕6号《房屋征收补偿决定》违反法定程序，依法应予撤销。

关于上诉人武威市人民政府作出的武政行复字〔2016〕7号《行政复议决定

书》的合法性问题。武威市人民政府在作出行政复议的过程中，未能依法查明凉州区政府在作出《房屋征收补偿决定》过程中程序违法、证据不足的事实，其作出的维持凉州区政府作出的《房屋征收补偿决定》的行政复议结果不当，依法应予撤销。

关于上诉人武威市人民政府提出被上诉人起诉超过法定起诉期限的问题，二审庭审中，武威市人民政府的委托代理人陈述复议决定的送达时间为2016年10月25日。根据二审查明的事实，被上诉人第一次向一审法院递交起诉材料的时间为2016年11月3日，并未超过《中华人民共和国行政诉讼法》第四十五条规定的起诉期限。对此上诉理由本院不予采纳。

综上，一审判决认定事实清楚，适用法律正确，判决结果适当。上诉人的上诉理由不能成立。依据《中华人民共和国行政诉讼法》第八十九条第一款第（一）项之规定，判决如下：驳回上诉，维持原判。

【评析】

近年来，随着我国城市化进程的不断深入和推进，土地征收、城市房屋拆迁案件急剧增加，社会矛盾日渐突出，已成为人民群众关心的热点问题。2011年1月21日，《国有土地上房屋征收与补偿条例》的颁布实施，为解决征收拆迁中的行政纠纷，实现国有土地上房屋征收补偿领域规范有序进行，提供了良好的法律基础。人民法院在审查此类案件时应严格依法进行，切实保护被征收人的合法权益。本案的典型性在于：

一是严格区分房屋征收程序和房屋征收补偿程序，监督行政机关依法行政。为了规范国有土地上房屋征收与补偿活动，维护公共利益，保障被征收人的合法权益，就要求房屋征收部门必须严格依照《国有土地上房屋与征收补偿条例》的要求，遵循法定程序，保护被征收人权益不受非法侵害。《国有土地上房屋征收与补偿条例》第二章对房屋征收程序进行专门规定，对于国有土地上房屋的征收情形、征收相关建设的要求，房屋征收决定及征收公告等事项进行具体规定。《国有土地上房屋征收与补偿条例》第三章对房屋征收补偿相关事宜进行具体规定，如对房屋征收补偿范围、房地产价格评估机构、房屋征收补偿协议的签订、房屋征收补偿决定的作出、先补偿后搬迁等事项进行具体规定。根据《国有土地上房屋征收与补偿条例》规定的内容可知，房屋征收和房屋征收补偿是独立的行政程序，房屋征收补偿是建立在房屋被依法征收后，被征收人应当获得的公平补偿权利的基础之上。被征收人在征收补偿中处于被动地位和弱势一方，如果行政机关不依据法定程序实施房屋征收与补偿工作，则被征收人的财产权利和人身权利无法得到切实保障。征收程序的规定是规范当地政府是否有权处置被征收人合法拥有的房产，如果房屋征收部门直接以征收补偿决定代替征收程序，则规避了行政机关在房屋征收过程中应当履行的法定程序和职责，规避了司法机关对其是否有权进行征收的司法审查。本案中，凉州区政府辩称是将征收决定和征收补偿决定一并做出的，该辩称理由没有法律依据，不能成立，一、二审法院严格依法审查，撤销被诉房屋征收补偿决定结果正确。本案的典型意义在于通过严格司法审查监督，规范人民政府房屋征收工作的合法进行，坚决禁止房屋征收部门随意规避法定征收程序，直接以征收补偿决定替代房屋征收，将房屋征收程序和房屋征收补偿程序合二为一的情形发生，监督和促进行政机关依法行政，保护被征收人的合法权益。

二是确保评估程序遵循正当程序，切实保护被征收人合法权益。随着我国城市化进程的发展，房屋拆迁也成为城市建设和发展的重要活动。城市房屋拆迁的核心是拆迁补偿金额的多少，而补偿金额的确定需依据拆迁评估价格。因此，房屋拆迁中评估价格成为全社会关注的热点问题，房地产价格评估机构的确定，会直接影响被征收人的利益。程序正当是指征收和补偿行为的程序必须合法、合理、正当。正当程序能够使征收过程中征收人、被征收人、评估机构的关系被控制在良性互动的框架内。在程序中，各方主体要明确在征收过程中的角色规范，不能恣意妄为。房屋征收部门应当遵循公开、公平、公正的原则选定房地产评估机构，促进征收工作的依法顺利进行。关于评估机构的选定，行政法规对此作出专门规定。《国有土地上房屋征收与补偿条例》第二十条第一款规定：“房地产价格评估机构由被征收人协商选定；协商不成的，通过多数决定、随机选定等方式确定，具体办法由省、自治区、直辖市制定。”《甘肃省实施〈国有土地上房屋征收与补偿条例〉若干规定》第七条规定：“省住房和城乡建设行政主管部门应当公布房地产价格评估机构名录。房屋征收部门实施征收项目时，应当向被征收人提供房地产评估机构名录，由被征收人在公布的名录中协商选定具有相应资质的评估机构。被征收人以协商方式无法选定房地产评估机构的，可以通过投票方式选定，投票同意率应达到半数以上。被征收人在房屋征收部门提供房地产价格评估机构名录之日起5日内无法达成一致的，可以采取抽签方式选定，抽签应当在公证机构的监督下进行。”本案上诉人凉州区政府在和被上诉人就评估机构的选定协商不成的情形下，可以采取抽签方式选定评估机构，凉州区政府单方委托甘肃省志青房地产咨询估价有限公司进行评估作价，属于评估程序违法。一、二审法院严格依法审查，对被诉行政行为全面审查，切实保护了相对弱势一方的被征收人的合法权益。

土地征收、房屋拆迁事关人民群众切身利益和社会稳定大局，是社会高度关注的问题，也是社会矛盾多发的领域。房屋征收部门应当严格依照法律规定作出征收决定并依法补偿，以公开、公正的程序实施征收行为，以严谨审慎的态度对待征收工作，在行使职权时不能任意妄为，坚决反对和抵制以“服务大局”为名、行危害大局之实的错误观点和行为，要坚决防止因违法征收而导致矛盾激化，甚至引发恶性事件发生。人民法院在审查征收拆迁类案件时应当根据法律规定严格依法审查，监督行政机关依法行政，依法保障被征收人的合法权益，切实践行让人民群众在每一个司法案件中都感受到公平正义的司法理念。

撰稿：刘晶　赵静莉　甘肃省高级人民法院

闫莉倩　西北师范大学法学院研究生

26

国有土地上房屋征收的要件审查

——柴某等5人诉肃州区人民政府房屋行政征收案①

【裁判要旨】

地方人民政府需要对棚户区地上房屋改造予以征收的，应当分别依据《中华人民共和国土地管理法》《中华人民共和国土地管理法实施条例》《国有土地上房屋

① 一审：张掖市中级人民法院（2016）甘07行初34号；二审：甘肃省高级人民法院（2017）甘行终213号。

征收与补偿条例》的相关规定进行，并且要充分保障被征收人的各项权利。如果在征收过程中地方政府不能提供履行法定程序的证据，人民法院应依法予以撤销，如撤销将会给社会公共利益造成重大损害的，应依法确认违法。

【索引词】

房屋征收　法定程序　确认违法

【案情】

2016年4月19日，肃州区人民政府发布酒肃政公发〔2016〕4号《关于北新街片区棚户区改造项目国有土地上房屋征收决定公告》，确定房屋征收范围主要为北环东路平房区和北新街老楼群，共706户（包括本案柴某等5人的房屋）。

此前，肃州区人民政府做了以下的工作：2015年11月26日，肃州区城乡建设局与酒泉中正房地产评估咨询有限责任公司签订《房地产咨询委托合同》一份，委托该公司对北新街楼群片区的商品房市场价格进行调查咨询，出具调查咨询报告。2015年12月14日，酒泉中正房地产评估咨询有限责任公司向肃州区城乡建设局出具书面函，确定询价对象在询价时点的价格为4418元/平方米。2015年12月23日，肃州区人民政府办公室下发肃政办发〔2015〕248号《关于印发肃州区棚户区改造工作实施方案的通知》。同日，肃州区人民政府发布《关于对肃州区北新街片区棚户区房屋征收补偿方案（征求意见稿）征求意见的公告》，并附《肃州区北新街片区棚户区改造房屋征收补偿方案（征求意见稿）》，公告载明的征求意见的期限为：2015年12月25日至2016年1月23日。2016年2月21日，肃州区棚户区改造工作领导小组办公室就北新街棚户区改造《房屋征收补偿方案》意见征求情况进行公示，对共征求到的10条意见和建议进行了公示。2016年3月4日，肃州区棚户区改造工作领导小组办公室作出《肃州区北新街片区棚户区改造房屋征收社会稳定风险评估报告》，同年3月22日，该办公室就《关于对肃州区北新街片区棚户区改造房屋征收补偿方案（征求意见稿）修改情况》进行公示，并附《肃州区北新街片区棚户区改造房屋征收补偿方案（征求意见稿）修改情况》，公示时间为：2016年3月22日至3月26日。2016年4月11日，肃州区人民政府召开常务会议，研究了《肃州区北新街片区棚户区改造房屋征收补偿方案》和《肃州区北新街片区棚户区改造安置房分配方案》，原则同意由区棚改办提请，并经区棚户区改造工作领导小组初步审定的房屋征收补偿方案和安置房分配方案。

2016年4月19日，肃州区人民政府发布酒肃政公发〔2016〕4号《关于北新街片区棚户区改造项目国有土地上房屋征收决定公告》，确定房屋征收范围主要为北环东路平房区和北新街老楼群，共706户。征收期限：2016年4月20日至2016年10月30日，并告知对房屋征收决定不服的，可在房屋征收决定发布之日起60日内依法向肃州区人民政府申请行政复议，或在3个月内直接向人民法院提起行政诉讼。该公告所附《肃州区北新街片区棚户区改造房屋征收补偿方案》，对私有住宅的征收补偿为：按照所处位置、同类地段的商品房市场均价4418元/平方米给予补偿，经双方签订协议后一次性支付给被征收人，由被征收人选择购买征收部门提供的房源或向市场购买存量商品房解决住房问题。被征收房屋的产权所有人对房屋征收补偿价值有异议的，可以申请房地产价格评估机构进行评估。对评估价值仍有异议的，可以申请复核评估。

肃州区政府的上述征收行为共涉及被征收人706户，其中房屋征收区域内93%的住户已签订房屋征收补偿协议，已安置住户642户，实际搬迁592户。

【裁判】

一审法院认为，关于原告主张其居住房屋是否属于棚户区改造范围的问题，根据国务院《国有土地上房屋征收与补偿条例》第四条第一款“市、县级人民政府负责本行政区的房屋征收与补偿工作”的规定，被告酒泉市肃州区人民政府负责其行政辖区内的房屋征收与补偿工作。本案原告居住房屋所在区域被酒泉市列入“2015年市本级新增棚户区改造项目”，并经酒泉市相关行政机关批复同意后，被告决定对北新街片区棚户区改造项目范围内的房屋进行征收，符合《国有土地上房屋征收与补偿条例》第八条“为了保障国家安全、促进国民经济和社会发展等公共利益的需要，有下列情形之一，确需征收房屋的，由市、县级人民政府作出房屋征收决定：（五）由政府依照城乡规划法有关规定组织实施的对危房集中、基础设施落后等地段进行旧城区改建的需要”之规定，原告房屋所在区域实际属于征收范围；征收决定前，肃州区人民政府制订了棚户区改造工作实施方案，成立了肃州区棚户区改造工作领导小组，对北新街片区棚户区房屋征收补偿方案（征求意见稿）

发布公告，征求公众意见。在征求意见期满后，对征收意见情况及征收补偿方案修改情况及时公布，按规定进行社会稳定风险评估。因房屋征收所涉及被征收人数量较多，提交区政府常务会进行了研究讨论，在作出房屋征收决定之前，征收补偿费用已足额到位，在作出房共屋征收决定后，及时进行公告，并在公告中载明了征收补偿方案，告知了行政复议、行政诉讼的权利等事项，被告实施的上述行政行为符合法律规定。

但被告在房屋征收决定中载明的“对房屋征收决定不服的，可在房屋征收决定发布之日起60日内依法向肃州区人民政府申请行政复议，或在3个月内直接向人民法院提起行政诉讼”，不符合《中华人民共和国行政复议法》第十三条第一款“对地方各级人民政府的具体行政行为不服的，向上一级地方人民政府申请行政复议”和《中华人民共和国行政诉讼法》第四十六条第一款“公民、法人或者其他组织直接向人民法院提起诉讼的，应当自知道或者应当知道作出行政行为之日起六个月内提出。法律另有规定的除外”之规定，该告知事项错误，因该错误告知未实质影响原告诉权，故不影响被告作出的房屋征收决定的结果。

关于原告所提被告作出房屋征收决定前未经政府常务会讨论决定的主张，根据查明的案件事实，被告作出房屋征收决定前，召开常务会议对《肃州区北新街片区棚户区改造房屋征收补偿方案》和《肃州区北新街片区棚户区改造安置房分配方案》进行研究讨论，常务会原则同意经区棚户区改造工作领导小组初步审定的房屋征收补偿方案和安置房分配方案，原告的该主张与查明的事实不符，其主张不能成立，不予支持。

关于原告所提被告对被征收房屋进行询价而未委托具有资质的评估机构进行评估、程序违法的主张，因该主张所涉及的实质问题是对房屋征收补偿提出的异议，并非针对本案被告作出的房屋征收决定所提，与本案不属于同一法律关系，在本案中依法不予审理。原告若认为被告的行为损害其合法权益，可依法另行解决。

综上，被告酒泉市肃州区人民政府作出的〔2016〕4号《关于北新街片区棚户区改造项目国有土地上房屋征收决定公告》，事实清楚，证据充分，程序合法，符合法律规定，原告柴某等五人要求撤销该房屋征收决定的请求不能成立，不予支持。一审法院依据《中华人民共和国行政诉讼法》第六十九条的规定，判决驳回原告柴某、卢某、邢某、朱某、范某的诉讼请求。

二审法院认为，本案系因国有土地上房屋征收引起的行政争议，争议的焦点是：肃州区政府作出的酒肃政公发〔2016〕4号《关于北新街片区棚户区改造项目国有土地上房屋征收决定公告》是否依据国务院《国有土地上房屋征收与补偿条例》等法律法规作出。

本案属于棚户区改造项目，符合《国有土地上房屋征收与补偿条例》第八条第（五）项的规定，被上诉人肃州区政府作出的〔2016〕4号《关于北新街片区棚户区改造项目国有土地上房屋征收决定公告》，该征收行为出于公共利益的需要，也就是说明肃州区政府的征收行为是有法律依据的。对于这个项目是否纳入了市、县级国民经济和社会发展年度计划，即“一计划”，被上诉人肃州区政府未提供相应证据予以证实。根据《国有土地上房屋征收与补偿条例》第八条以及第九条规定，此项目应当纳入市、县级国民经济和社会发展年度计划称为“一计划”。并且从所提供的证据来看，酒泉市国土资源局同意按规划进行棚户区改造，并决定肃州区城区范围内的棚户区改造工作由肃州区政府负责组织实施；酒泉市发展和改革委员会作出同意酒泉市住房保障和房地产管理局上报的《酒泉市肃州区2015年新增棚户区改造及基础设施配套项目可行性研究报告》。

本案中，2015年12月23日，肃州区政府发布《关于对肃州区北新街片区棚户区房屋征收补偿方案（征求意见稿）征求意见的公告》，附《肃州区北新街片区棚户区改造房屋征收补偿方案（征求意见稿）》，并对此意见征求情况进行公示，对共征求到的10条意见和建议进行了公示，此行为完全符合《国有土地上房屋征收与补偿条例》第十条“房屋征收部门拟定征收补偿方案，报市、县级人民政府。市、县级人民政府应当组织有关部门对征收补偿方案进行论证并予以公布，征求公众意见。征求意见期限不得少于30日”的规定。故本案被上诉人肃州区政府已经履行了征收方案的征求意见和修改意见情况。

对于肃州区棚户区改造工作领导小组办公室作出的《肃州区北新街片区棚户区改造房屋征收社会稳定风险评估报告》是否提交政府常务会议讨论，则没有相关证据证实。所以不符合《国有土地上房屋征收与补偿条例》第十二条第一款“市、县级人民政府作出房屋征收决定前，应当按照有关规定进行社会稳定风险评估；房屋征收决定涉及被征收人数量较多的，应当经政府常务会议讨论决定”的规定。本案中，2015年11月26日，肃州区城乡建设局与酒泉中正房地产评估咨询有限责任公司签订《房地产咨询委托合同》一份，委托该公司对北新街楼群片区的商品房市场价格进行调查咨询，出具调查咨询报告。2015 年 12 月 14 日，酒泉中正房地产评估咨询有限责任公司向肃州区城乡建设局出具书面函，确定询价对象在询价时点的价格为 4418 元/平方米。肃州区政府以询价的方式确定补偿标准为 4418/平方米，缺乏法律法规规定，侵犯了被征收人对于被征收房屋价格评估权、选定评估机构选择权和房屋评估结果复核权等权利。作为征收补偿方案，应当依据《国有土地上房屋征收与补偿条例》的规定充分保障被征收人享有的权利，如果未依法保障则意味着违法。本案被上诉人肃州区政府作出的〔2016〕4 号《关于北新街片区棚户区改造项目国有土地上房屋征收决定公告》的行政行为，侵犯了被征收人对于被征收房屋价格评估权、选定评估机构选择权和房屋评估结果复核权等权利，该程序性权利足以影响了被征收人实体权益，故属于违法行为。

《中华人民共和国行政复议法》第十三条第一款规定，对地方各级人民政府的具体行政行为不服的，向上一级地方人民政府申请行政复议。《中华人民共和国行政诉讼法》第四十六条第一款关于公民、法人或者其他组织直接向人民法院提起诉讼的，应当自知道或应当知道作出行政行为之日起六个月内提出的规定。本案中，被上诉人在被告房屋征收决定中载明："对房屋征收决定不服的，可在房屋征收决定发布之日起 60 日内依法向肃州区人民政府申请行政复议，或在 3 个月内直接向人民法院提起行政诉讼。"征收决定中告知当事人复议机关的主体和起诉权的期限违反了《中华人民共和国行政复议法》第十三条第一款和《中华人民共和国行政诉讼法》第四十六条第一款的规定。原审判决认为该告知事项错误，因该错误告知未实质影响原告诉权，故不影响被告作出的房屋征收决定结果的理由错误，依法应予纠正。

通过对以上问题的分析，肃州区人民政府作出的〔2016〕4 号《关于北新街片区棚户区改造项目国有土地上房屋征收决定公告》的行政行为，虽然符合《国有土地上房屋征收与补偿条例》关于征收行为公共利益、"四规划"等相关规定，但以下几个方面存在违法：一是被上诉人肃州区政府未将本案征收项目纳入入市、县级国民经济和社会发展年度计划；二是制定的社会风险评估报告没有按照《国有土地上房屋征收与补偿条例》第十二条的规定，由肃州区政府常委会讨论；三是被上诉人在作出征收决定时，采取询价方式，由酒泉中正房地产评估咨询有限责任公司向肃州区城乡建设局出具书面函，确定询价对象在询价时点的价格为 4418 元/平方米，这种方式确定被征收房屋补偿数额，违反了《国有土地上房屋征收与补偿条例》第二十条规定，剥夺了被征收人对于被征收房屋的评估权、评估机构选定权、房屋评估结果的复核权等权利；四是征收决定没有给予被征收人对补偿以货币方式和房屋产权调换的选择权利；五是在征收决定中告知当事人复议机关的主体和起诉权的期限违反了《中华人民共和国行政复议法》第十三条第一款和《中华人民共和国行政诉讼法》第四十六条第一款的规定。据此，肃州区人民政府作出的〔2016〕4号《关于北新街片区棚户区改造项目国有土地上房屋征收决定公告》的行政行为，存在较多违法之处。《中华人民共和国行政诉讼法》第七十四条第一款第（一）项规定，行政行为依法应当撤销，但撤销会给国家利益、社会公共利益造成重大损害的，人民法院判决确认违法，但不撤销行政行为。肃州区人民政府作出的〔2016〕4号《关于北新街片区棚户区改造项目国有土地上房屋征收决定公告》的行政行为，符合《国有土地上房屋征收与补偿条例》关于征收行为公共利益、"四规划"等相关规定，撤销该征收决定会给国家利益、社会公共利益造成重大损害，故依据《中华人民共和国行政诉讼法》第七十四条第一款（一）项规定，本案应依法确认违法。

综上，原审判决认定事实清楚，但适用法律和裁判结果不当，依法应予以纠正。依据《中华人民共和国行政诉讼法》第八十九条第一款第（二）项、第七十四条第一款第（一）项之规定，判决如下：一、撤销张掖市中级人民法院（2016）甘07行初34号行政判决；二、确认肃州区人民政府作出的〔2016〕4号《关于北新街片区棚户区改造项目国有土地上房屋征收决定公告》的行政行为违法。

【评析】

该案例涉及地方政府在征收房屋时，在程序上未做到合法操作，而是采取简单推进形式的问题。实践中，这种操作方式在"城中村"改造工作中具有一定普遍性，对相对人合法权益造成了较大影响。此类案件在当前的征收拆迁类案件中也占有相当比例，成为引发行政争议的一大诱因。对此，无论是行政执法方面还是司法实务方面，都需要引起一定重视。

一、关于征收项目是否属于公共利益

"公共利益"一直都是一个宽泛且具有争议的概念。《中华人民共和国宪法》

第十条规定，国家为满足公共利益需要，可依法对土地实行征收或征用，并给予补偿。《中华人民共和国物权法》第四十二条规定，为满足公共利益需要，可依法对集体所有土地和单位、个人房屋及其他不动产进行征收。《中华人民共和国土地管理法》第二条第四款规定，为满足公共利益需要，国家可依法对土地实行征收。《中华人民共和国城市房产管理法》第二十条规定，为满足公共利益需要，可依法提前收回出让土地使用权。可见，在城市房屋拆迁中，有关法律法规都明确指出土地、房屋及不动产的征收或征用要以满足"公共利益"为前提，但是所有法规都只对"公共利益"进行原则性规定，并未对其内涵进行阐述。受这一因素的影响，有关"公共利益"含义的争论一直存在，也引发了司法实践中城市房屋拆迁自由裁量权的滥用。

《国有土地上房屋征收与补偿条例》第八条规定，为了保障国家安全、促进国民经济和社会发展等公共利益的需要，有下列情形之一，确需征收房屋的，由市、县级人民政府作出房屋征收决定：（一）国防和外交的需要；（二）由政府组织实施的能源、交通、水利等基础设施建设的需要；（三）由政府组织实施的科技、教育、文化、卫生、体育、环境和资源保护、防灾减灾、文物保护、社会福利、市政公用等公共事业的需要；（四）由政府组织实施的保障性安居工程建设的需要；（五）由政府依照城乡规划法有关规定组织实施的对危房集中、基础设施落后等地段进行旧城区改建的需要；（六）法律、行政法规规定的其他公共利益的需要。这一条款对于"公共利益"的界定是一大完善。

在"公共利益"含义解读方面，一些学者认为"公共利益"泛指对象不确定的多数人或社会全体享有的利益。也有学者认为，"公共利益"为特定个人群体或多数人的利益。在"公共利益"界定方面，主持起草《物权法草案学者建议稿》的王利明教授认为需采用抽象概括方式界定"公共利益"，无须对其内涵进行具体界定。但参与起草《中华人民共和国物权法》的梁慧星教授则认为，应当将"公共利益"以列举的方式进行界定，包含公共道路交通、环境保护、科学及文化教育事业。从这些争论可以看出，难以给予"公共利益"明确、具有可操作性的定义，但是无论从哪个角度来看，"公共利益"都是涉及社会大众福祉、国家安全和社会稳定的。所以"公共利益"应当为公私权利的融合，为社会整体性的或区域整体性的，需要与国家利益、政府利益区分开来。

从行政法角度来看，城市房屋拆迁中无论是土地还是房屋及其他不动产的征收或征用，都是出于“公共利益”需要，依法强制取得他人土地及地上附着物全部物权的一种具体的行政行为，需要依法给予在该过程中利益遭受损失的行政相对人以补偿，以维持个人利益与“公共利益”的平衡。在城市房屋拆迁的过程中，个人利益与“公共利益”的关系十分微妙，一时对立，一时统一。从城市房屋拆迁意义角度来看，个人利益与“公共利益”为统一的。但是，房屋拆迁针对特定对象，即房屋陈旧、存在坍塌危险、无法满足人们生产生活需要。对于被拆迁人来讲，个人利益与“公共利益”为对立的。无法维持这一关系的平衡，将引发个人利益与“公共利益”冲突。从行政法角度来看，保持个人利益与“公共利益”的平衡，还要保持行政征用权或征收权与公民财产权的平衡。未能进行“公共利益”准确界定，将导致行政主体不断扩大“公共利益”解释。受政府部门自由裁量权的干预，城市房屋拆迁将以满足商业利益为目的，打破这些平衡，导致原本为公共利益的拆迁行为变为带有较强行政色彩的商业利益拆迁，最终使公益事项演变为拆迁人、开发商谋求私利的途径。面对这种情况，被拆迁人的个人利益将受到损害，导致其采取极端方式消极对待拆迁行为。与此同时，行政主体也将出现滥用行政权力的问题，继而造成“公共利益”受到损害。

同时，从行政学角度思考城市房屋拆迁中“公共利益”的界定问题可以发现，只有实现对“公共利益”的准确界定，才能在保证“公共利益”得到满足的同时，对个人利益进行兼顾，从而保证社会公平正义的实现，维系行政权力与公民财产权利的平衡。因此在城市房屋拆迁中，还要寻求方法准确界定“公共利益”，继而更好地推动社会主义法治国家的建设与发展。

1. 明确公益目的

针对城市房屋拆迁，需要将商业拆迁从整体拆迁制度中分离出来，明确政府拆迁行为的公益目的，以免拆迁制度陷入混乱。为达成这一目标，还要从立法上对“公共利益”进行明确，制定拆迁的立法原则。首先，需要将公益原则看成拆迁立法的首要原则，将满足“公共利益”需要的拆迁行为界定为政府征收行为，通过制定明确的法律规定对政府拆迁权限、程序和补偿标准进行规定，明确拆迁中房屋权属关系的变更流程，保证拆迁行为的合法性。针对违法拆迁造成公民财产损失的行为，需要依法承担行政责任、民事责任，如果构成犯罪需依法追究刑事责任。其次，为防止行政机关任意运用行政权力，还要遵循法定原则，从立法上明确城市房屋拆迁各项标准，避免“公共利益”被扩大解释，以维护政府的公权力不受侵害。最后，还要对“公共利益”进行合理衡量，确认房屋拆迁行为是否能够达成满足“公共利益”的必要。通过科学的衡量，才能保证房屋拆迁带来的公益价值更高，确保个人利益与“公共利益”得到较好的平衡。综合考虑这些原则，在立法方面，可以采取列举加概括的方式，在对涉及“公共利益”的事项进行列举的同时，结合“公共利益”的宽泛性特征进行排除性条款的设定，从而明确“公共利益”的范畴，为公权力裁判提供正确的指引。

2. 确立相关标准

在房屋拆迁实践中，“公共利益”的判断还应有明确的标准，才能在“公共利益”陷入理论解释困境时实现司法权利救济。在标准确立上，还应保证“公共利益”的特征与其根本性质相吻合。具体来讲，就是“公共利益”为动态的概念，将随着社会的发展而发展。同时，“公共利益”具有共享性，能够满足社会公共利益需求。“公共利益”也具有可实现性，能够还原特定类型、特定群体的私人利益，符合以人为本的发展理念。所以从实质上来讲，满足“公共利益”应当坚持公共收益，维系个人利益与“公共利益”平衡，以坚持法律公平。在标准制定上，要明确补偿标准，还应做到公开、公正，实现权责统一。为此，还应在法律法规授权范围内，对以“公共利益”为由进行房屋拆迁的主体进行明确，以便使主体成为具体责任机构。现阶段，国内负责房屋拆迁的机构较为复杂，包含土地管理部门、房管部门等多个部门，造成了复杂的房屋拆迁局面。针对这一情况，还要明确房屋拆迁的主体，以便使“公共利益”的界定主体和责任主体得以明确，从而对行政机构行使行政权力给予监督和有效控制。此外，在“公共利益”界定上，司法机关也应当为界定主体，恪守职权范围，依法解决有关“公共利益”拆迁中的纠纷。在此基础上，确保各界定主体严格按照标准进行“公共利益”界定，则能为社会正义的维护提供有效的法律屏障。

3. 界定内容范围

从“公共利益”内容和范围界定上来看，不能仅从理论层面进行界定，还应实现法律化，才能为法律法规的落实提供保障。结合我国国情，同时对国外的法律法规进行借鉴，可以尝试进行“公共利益”内容范围的界定。从总体上来看，可以划分为七个范围。第一，国防建设领域，包含军用设施建设等；第二，经济发展领域，包含城镇化建设、区域经济规划、旧城改造、城市规划、道路拓展与改造、高速公路或高架道路营建等；第三，公共安全、公共卫生和环境保护领域，包含公共医疗机构改建、公共卫生危机基础设施建设、应对自然灾害基础设施建设、公共绿化与污水处理设施建设等；第四，公共文化事业，包含教育学术机构建设、历史文化遗产保护、图书馆等公众文化休闲娱乐场所建设、风景名胜古迹保护等；第五，社会福利与救济领域，包含慈善事业、敬老院建设、再就业服务中心建设等；第六，其他公共基础设施建设，包含供水供气等日常公用设施建设、公共交通建设等；第七，其他以公共利益为目的为公众需要的公共事业。在明确界定“公共利益”内容与范围的基础上，在城市房屋拆迁中，凡满足“公共利益”需要且合法的政府拆迁行为，都应按照法律规定开展拆迁工作，在必要的情况下牺牲个人利益，同时通过给予补偿维系个人利益与“公共利益”的平衡，继而更好地推动城市的建设发展。

二、房屋征收中对于公民权利的保护

城市房屋征收是实现加快社会经济建设、城市化进程、重新规划城市目标的手段之一，是实现旧房改造、改变城市面貌、加快城市基础性设施建设及改善人们生活水平、质量的重要途径。因此是进一步推进我国现代化进程的重要举措。近年来，全国各地纷纷掀起了一股“房屋征收风”。道路变宽了，街道干净了，高楼大厦多了，城市漂亮了。城市规划为主要方式的城市房屋征收得到了全社会的普遍认可。然而在人们为城市规划所带来的改变而欢喜之时，城市房屋征收过程中公民私权利受到侵犯的现象越来越多，我们在征收房屋的过程中不能忽视公民权利的保护问题。

在征收过程中，公民私权利主要在以下几个方面受到影响：

1. 财产权

城市房屋征收作为一项改变人们生活现状的活动，这项活动的进行必然产生一定的费用。特别是对于房屋被征收人而言，一个好端端的家被搬离，必然会增加开支，再加上由于城市房屋征收中对作为被房屋征收人的公民财产补偿不到位，因而在城市房屋征收实践中，公民私有财产权受到损害。

2. 房屋所有权

房屋属于不动产，是人们的生活住所或生产经营场所。对于公民个人来说，失去对房屋的所有权，便是失去了维持生存发展的保障，公民对房屋的所有权具有完全性、恒久性、单一性、弹力性及社会性。就房屋所有权性质中的恒久性来说，其社会作用是确定财产的归属，城市房屋征收行为改变了房屋的原有状态，这在一定程度上破坏了公民对其使用、收益及处分等各项权利的享有。

3. 土地使用权

城市房屋征收中被征收人作为一方主体，其私有财产及现实利益均受法律保护，作为房屋的所有权人，自然享有对各自房屋的土地使用权。在实践中，土地使用权的保护常被忽略。城市房屋征收过程中，享有土地使用权的私权主体的利益因为公权力的介入而发生了变更，依法应当享有补偿请求权。

4. 居住权

房屋作为人类的安身之所，是人类生存的基础，因而可以说居住权是一项基本人权。从热点新闻中不难看到类似的情况，如某地某人房屋半夜被强拆，只能露宿街头等，这样的新闻让人心头顿生悲怆。这种以暴力方式强行拆除公民房屋的行为在实践中偶有发生，该行为剥夺了公民居住权，侵犯了公民的人身权。虽然《国有土地上房屋征收与补偿条例》的出台使得行政强拆从此退出了历史舞台，但是在实践中，仍然应当重视对公民居住权的保护。

城市房屋征收活动使公民的各项私权利如公民财产权、房屋所有权、土地使用权和居住权均在一定程度上受到了侵害。然而究其原因主要是理论与实践间存在的差距，即房屋征收中公民私权利保护制度与实践间存在的差距。应当严格执行相关条例，保证公民合法的财产权、房屋所有权、土地使用权和居住权不受侵害。

《国有土地上房屋征收与补偿条例》秉持了规范公权和保障私权的基本法制理念，界定了公共利益的范围，从而明确了征收的前提条件，这是一重大立法完善。城市房屋征收是由政府牵头的一项活动。房屋征收是否正当、合法直接影响房屋征收工作的进行，关系到房屋被征收人的切身利益，严格把关启动程序有利于减少问题出现，确保正当、合法的房屋征收活动及公民利益。政府在房屋征收程序启动时期对满足条件的颁发房屋征收许可证，严格规范启动程序，避免盲目追求房屋征收项目的表面启动。在房屋征收工作的前期做好准备工作，调查摸底、分析准备、座谈宣传、征求意见、人员培训、资金到位、手续办理等，是保证房屋征收项目快速推进的重要前提。应当建立较为完备的专业的监督体系，在房屋征收决定做出时，通过各个方式对启动程序进行监督。完善城市房屋征收中对公民私权利保护体系，应当涉及对公民私有财产权、房屋所有权、土地使用权、居住权四项私权利的保护；在实践立法中，严格执行房屋征收启动程序；明确城市房屋征收行为主体；坚持以人为本，实事求是，确定城市房屋征收中对公民的补偿范围三大途径。只有保护公民合理正当的私权利，才是真正做到一切为了人民。

三、关于房屋拆迁评估机构的选定

《国有土地上房屋征收与补偿条例》第二十条规定，房地产价格评估机构由被征收人协商选定；协商不成的，通过多数决定、随机选定等方式确定，具体办法由省、自治区、直辖市制定。房地产价格评估机构应当独立、客观、公正地开展房屋征收评估工作，任何单位和个人不得干预。《国有土地上房屋征收与补偿条例》第十九条第二款规定，对评估确定的被征收房屋价值有异议的，可以向房地产价格评估机构申请复核评估。对复核结果有异议的，可以向房地产价格评估专家委员会申请鉴定。本案中，2015 年 11 月 26 日，肃州区城乡建设局与酒泉中正房地产评估咨询有限责任公司签订《房地产咨询委托合同》一份，委托该公司对北新街楼群片区的商品房市场价格进行调查咨询，出具调查咨询报告。此行为缺乏法律法规规定，侵犯了被征收人对于被征收房屋价格评估权、选定评估机构选择权和房屋评估结果复核权等权利。

《城市房屋拆迁估价指导意见》第六条第二款规定："拆迁估价机构的确定应当公开、透明，采取被拆迁人投票或拆迁当事人抽签等方式。"但各地在实施过程中，操作模式不统一，程序不规范，这种现象已经成为当前拆迁工作的焦点问题。

在拆迁评估机构选择的方式主要有以下三种：

1. "推举式"选定估价机构

拆迁人在整个拆迁工作中处于主导地位，被拆迁人则处于从属地位。被拆迁人所获得的补偿金是由拆迁人负责支付的，拆迁人掌握着被拆迁人的补偿金支付。从民法的角度讲，拆迁与被拆迁是一种平等的民事法律关系，但从权利和义务的质量上来区分，其自然形成了权利和义务的主次之分，形成了法律关系中的主体、客体和内容三者关系。建设工程项目中的房屋拆迁工作，拆迁人只有一个，而拆迁人的相对人，即被拆迁人却有若干个。如果因对被拆房屋的评估机构选择由被拆迁人选择，就有可能在同一个拆迁项目中出现两个或两个以上甚至若干个评估机构参与估价。这样，不便于拆迁管理，不便于掌握估价标准的平衡性，不便于实施过程中的可操作性。

拆迁人应当向被拆迁人公示具有相应资质等级的评估机构，其公示的内容包括：房屋拆迁估价资质证书、有效的工商营业执照、估价人员的个人估价资格证书、估价机构的组织机构名称及技术素质情况简介、规范的房屋拆迁估价报告样本等。公示估价机构的目的是便于被拆迁人了解估价机构的合法性、专业技能及社会信誉情况。选择估价机构时，拆迁人应当组织召开由被拆迁人代表、估价机构、拆迁管理部门组成的“听证会”，主动推举合适的估价机构供被拆迁人参考，如被拆迁人代表无反对意见的，即为确定。如被拆迁人代表半数以上持反对态度的，拆迁人可另行推举估价机构，再次征求被拆迁人代表的意见。拆迁人在推举估价机构时，一次只能推举一个，这样便于确定。

2. “抽签式”选定估价机构

当拆迁人与被拆迁人选择估价机构无法达成一致意见时，则应由拆迁管理部门出面干涉。按照《国有土地上房屋征收与补偿条例》的规定，拆迁管理部门有权对拆迁人、被拆迁人、拆迁实施单位、评估机构施行监督、管理的行政职能。因此，当拆迁人与被拆迁人因估价机构的选定发生矛盾时，则应当由拆迁管理部门在已经公示的估价机构名录中抽签确定估价机构，这就是法律上所讲的“救济”手段。当采取“抽签式”的方法选定估价机构时，拆迁管理部门应当邀请司法公证机关现场监督，并对抽签的器具、程序、方法、结果进行全过程的监督，抽签结果应当众宣布，并制作司法公证文书。

3. “自选式”选定估价机构

所谓“自选式”选定估价机构，是指被拆迁人对原估价报告有争议，经申请复核仍有异议的，被拆迁人可自行选择已公示并符合条件的估价机构，按照同一计算标准重新作出估价报告。自行选择估价机构的方式不同于自由选择，其限制条件是，必须具备估价资质，估价人员必须具备估价资格，执行估价标准必须切合实际，符合被拆房屋所在城市中的类别质差、房地产市场基准值。自行选择估价机构的前置条件应当是当事人对原估价结果提出异议，经估价机构解释、说明仍有异议的，当事人方可自行选择估价机构。

“自选式”选定估价机构产生的后果是，有可能出现两种截然不同的估价结果。当估价结果出现不同时，应当由估价专家委员会鉴定，而不应由当事人选择。估价专家委员会鉴定的依据是：估价的公正性、合理性、客观性，经鉴定产生的结果不一定是高标的估价报告，也不一定是低标的估价报告。应当说，估价专家委员会作出的评判结论属权威机构结论，具有一定的公正性和合法性。估价专家委员会所处的位置应当是维护拆迁当事人双方的合法权益，维护两个估价机构所作出的估价报告的严肃性，其立场等同于裁判员，当事人应当无条件接受裁判员的裁处。经估价专家委员会裁判的有效估价报告同样应当公示，告知拆迁人和所有被拆迁人，以示消除争议，判定其裁判的估价报告生效。

按照目前各地拆迁动态情况分析，城市房屋拆迁矛盾已由过去的安置矛盾转化为现行的估价矛盾。这是社会主义市场经济发展过程中产生的不可避免的利益矛盾，也是由于人们对物的价值观念发生了根本性的变化。因此，房屋拆迁估价已经成为全社会关注的热点问题，这就告诉我们从事房屋拆迁工作的机构必须提高认识，应最大可能地减少拆迁矛盾。把握好评估机构的选定工作，其基本原则是公开、公平、公正；基本程序是先采取“推举式”，后采用“抽签式”，再实施“自选式”。这样，才能提高评估机构的选定率，确保社会稳定，确保城市房屋拆迁工作的顺利进行。不管是采取哪一张选定模式，都应当在选择过程中确保被拆迁人的权利。

四、本案典型意义

由于房屋征收工作的复杂性，部分地方政府在征收工作中常常“化繁为简”，有意无意省略部分法定程序，忽略了房屋征收应有的法定程序，侵犯了被拆迁人的合法权益。比如，有的未取得国务院或者省、自治区、直辖市人民政府批准，有的未履行公告和听取意见的程序，有的则直接套用国有土地上房屋征收的程序和补偿标准等。这种情况，在“城中村”改造工作中表现得尤为明显，成为影响相对人合法权益的突出问题，又因为此类工作涉及范围大、人数多且直接触及群众切身利益，因此，此类案件的依法妥善处理，对于地方经济社会的稳定发展影响重大。

本案具有相当的代表性，真实反映了地方政府在开展此类工作中存在的相关问题。对于涉案征收片区中的征收房屋应当明确征收程序，合法按照程序流程征收，在选择评估机构的时候明确保护被征收人的权利，明确公共利益的范围。本案对于在房屋征收过程中保护被征收人的合法权益，促使行政机关在征地拆迁过程中选择合法的征收补偿程序，预防和减少违法征收行为，具有典型示范意义。

撰稿：毛胜利　甘肃省高级人民法院
陈钰　西北师范大学法学院研究生

图书在版编目（CIP）数据

行政纠纷典型案例评析 / 杜睿哲，张萍，毛胜利主编．—北京：中国法制出版社，2019.10
ISBN 978-7-5216-0558-7

Ⅰ．①行… Ⅱ．①杜… ②张… ③毛… Ⅲ．①行政诉讼-案例-中国 Ⅳ．①D925.305

中国版本图书馆 CIP 数据核字（2019）第 208548 号

策划/责任编辑：薛强（editor_xue@163.com）　　封面设计：周黎明

行政纠纷典型案例评析

XINGZHENG JIUFEN DIANXING ANLI PINGXI

主编/杜睿哲　张萍　毛胜利

经销/新华书店

印刷/三河市紫恒印装有限公司

开本/730 毫米×1030 毫米　16 开　　印张/13.25　字数/222 千

版次/2019 年 10 月第 1 版　　2019 年 10 月第 1 次印刷

中国法制出版社出版

书号 ISBN 978-7-5216-0558-7　　定价：48.00 元

北京西单横二条 2 号

邮政编码 100031　　传真：010-66031119

网址：http://www.zgfzs.com　　**编辑部电话：010-66054900**

市场营销部电话：010-66033393　　**邮购部电话：010-66033288**

（如有印装质量问题，请与本社印务部联系调换。电话：010-66032926）